四川长江职业学院·长江书院丛书

清末民初皖江诗人韩宝忠研究

叶当前　主编

商务印书馆国际有限公司
中国·北京

图书在版编目（CIP）数据

清末民初皖江诗人韩宝忠研究 / 叶当前主编 . 北京：商务印书馆国际有限公司，2024. 12. -- ISBN 978-7-5176-1154-7

Ⅰ. K825.6-53

中国国家版本馆 CIP 数据核字第 2024Q9V971 号

QINGMOMINCHU WANJIANG SHIREN HANBAOZHONG YANJIU

清末民初皖江诗人韩宝忠研究

主　　编	叶当前
出版发行	商务印书馆国际有限公司
地　　址	北京市朝阳区吉庆里 14 号楼 佳汇国际中心 A 座 12 层
邮　　编	100020
电　　话	010-65592876（编校部） 010-65598498（市场营销部）
网　　址	www.cpi1993.com
印　　刷	北京建宏印刷有限公司
开　　本	710mm × 1000mm　1/16
字　　数	254 千字
印　　张	16
版　　次	2024 年 12 月第 1 版第 1 次印刷
书　　号	ISBN 978-7-5176-1154-7
定　　价	68.00 元

目录

第一部分　文学地理学视阈下的诗人韩宝忠

韩宝忠祖籍安徽省望江县，出生地与宦游地主要集中在北京、河北、天津、山西，其诗歌也与这些地方文人官僚密切相关。从文学地理学视阈审视诗人，揭示韩宝忠的怀乡之情、宦游之意，能够以点代面，凸显一个时代普通文人的集体心态。

第二部分　文本细读下的韩宝忠诗歌

韩宝忠诗歌主要载于手稿《不如痴斋诗草》，系年抄撰，起于光绪二十六年（1900），止于1939年，其中1904、1908、1909和1912年不存。《不如痴斋诗草》属于作者自定别集，反映诗人独特的诗学思想。

第三部分　诗社唱酬视阈中的韩宝忠

韩宝忠参加著涒吟社、梁园诗社、稊园诗社、净业诗社等结社联诗活动，持续时间比较长，唱和面比较广，体现了中国“诗可以群”的文学活动特点。

第四部分　多维文化语境中的韩宝忠

韩宝忠以书法存诗稿，体现出较高的书学水准。同时，韩氏又有较深的佛学造诣，其子韩镜清更是唯识学专家。综观韩宝忠生平，儒释兼修，为学有道，从政有功。其人生轨迹，是一个时代的缩影。

绪论

叶当前[①]

诗人韩宝忠（1875—1939），祖籍安徽望江，出生于北京，宦迹主要在山西、河北，诗文酬唱交游人物以安徽、山西、河北三省文人居多。要探索韩氏文学思想，仍离不开其祖籍所处的长江文化语境。

一、军事重镇大雷戍

安徽省望江县地处长江北岸，是长江文化带的重点区域。

《隋书·地理志》载同安郡辖望江，注："陈置大雷郡。开皇十一年改曰义乡，十八年改名焉。"[②]《通典》载古扬州同安郡辖望江，注谓："汉皖县地。晋大雷戍在此。陈置大雷郡。"[③]可见，隋前的望江，以大雷著名，大雷又因军事要塞而累载史籍。

周万宁乾隆《望江县志·序》谓："望邑古称大雷，为楚豫门户。考刘裕破卢循于雷岸。庾亮亦有勿过大雷之语。盖皖郡要区也。"[④]魏晋南北朝时期，长江作为军事天险，沿江的荆州、江州、镇江等地都有重兵把守，大雷戍扼楚豫门户，军事地位在刘宋时期凸显出来。

《晋书·卢循传》载："裕先遣群率追讨，自统大众继进，又败循于雷

---

① 叶当前（1972— ），男，安徽太湖人。博士，安徽省特聘教授，安庆师范大学皖江历史文化研究中心主任。

② 魏徵等:《隋书》，中华书局，1973，第 876 页。

③ 杜佑:《通典》，中华书局，1988，第 4811 页。

④ 乾隆《望江县志》，收入《中国地方志集成·安徽府县志辑》第 13 册，江苏古籍出版社，1998，影印本，第 297 页。

池。”[①]《宋书·武帝本纪》有详细记叙：“循方治兵旅舟舰，设诸攻备。公欲御以长算，乃屯军雷池。贼扬声不攻雷池，当乘流迳下。公知其欲战，且虑贼战败，或于京江入海，遣王仲德以水舰二百于吉阳下断之。十二月，循、道覆率众数万，方舰而下，前后相抗，莫见舳舻之际。公悉出轻利斗舰，躬提幡鼓，命众军齐力击之。又上步骑于西岸。右军参军庾乐生乘舰不进，斩而徇之。于是众军并踊腾争先。军中多万钧神弩，所至莫不摧陷。公中流蹙之，因风水之势，贼舰悉泊西岸。岸上军先备火具，乃投火焚之，烟焰张天，贼众大败，追奔至夜乃归。循等还寻阳。……留辅国将军孟怀玉守雷池。”[②]《资治通鉴·晋纪》义熙六年（410）对战况亦有描述：“刘裕军雷池。卢循扬声不攻雷池，当乘流径下。裕知其欲战，十二月，己卯，进军大雷。庚辰，卢循、徐道覆帅众数万塞江而下，前后莫见舳舻之际。裕悉出轻舰，帅众军齐力击之；又分步骑屯于西岸，先备火具。裕以劲弩射循军，因风水之势以蹙之。循舰悉泊西岸，岸上军投火焚之，烟炎涨天。循兵大败。”[③]胡三省在“大雷”下夹注：“杜佑曰：‘晋大雷戍，舒州望江县是。今皖口之西有雷江口，即其地。’《宋书·志》云：‘望江县西岸有大雷江，自寻阳柴桑沿流三百里入江，即望江县。’”然刘宋时期并没有望江县，此条引文不知所出何据。刘裕水战火攻大败卢循，正是周万宁所言的第一件史实。

“勿过大雷”事出庾亮《报温峤书》，《晋书·庾亮传》载：苏峻与祖约举兵反，“温峤闻峻不受诏，便欲下卫京都，三吴又欲起义兵，亮并不听，而报峤书曰：‘吾忧西陲过于历阳，足下无过雷池一步也。’”[④]足见雷池戍在长江流域的重要性。

查《宋书》，多次记载大雷或者雷池战事。如：《向靖传》：“卢循退走，高祖南征，弥为前锋，于南陵、雷池、左里三战，并大捷。”[⑤]《张兴世传》：“兴世欲率所领直取大雷，而军旅未集，不足分张。”[⑥]《臧质传》：“加鲁弘辅国将

---

① 房玄龄等：《晋书》，中华书局，1974，第 2636 页。

② 沈约：《宋书》，中华书局，1974，第 22 页。

③ 司马光：《资治通鉴》，胡三省音注，中华书局，1956，第 3640 页。

④ 房玄龄等：《晋书》，中华书局，1974，第 1918 页。

⑤ 沈约：《宋书》，中华书局，1974，第 1374 页。

⑥ 同上书，第 1453 页。

军，下戍大雷。”[①]《文五王传》：“大雷戍主杜道欣驰下告变。道欣至一宿，休范已至新林，朝廷震动。”[②]《邓琬传》：“遣将军俞伯奇率五百人出断大雷，禁绝商旅，及公私使命。遣使上诸郡民丁，收敛器械。十日之内，得甲士五千人，出顿大雷，于两岸筑垒。”[③]《夷蛮传》：“二十九年，新蔡蛮二千余人破大雷戍，略公私船舫，悉引入湖。”[④]大雷戍作为东晋南朝都城建康的屏障，商旅虽受禁限，但因刘裕于此作战而常被文人书写，成为望江文学的一个重要意象。

二、文学地理学上的雷池

谢灵运《撰征赋》写刘裕出征事，赋及雷池：“遇雷池而振曜，次彭蠡而歼涤。”[⑤]雷池与刘裕相联系、与军事戍地相联系是该地文学书写的一个特点。谢朓《祭大雷周、何二神文》祭三国周瑜及晋末助刘裕的何无忌，亦与大雷戍相关[⑥]。唐代诗人司空曙《送郑况往淮南》：“西楚见南关，苍苍落日间。云离大雷树，潮入秣陵山。登戍因高望，停桡放溜闲。”[⑦]诗人送别郑况前往淮南的大雷戍，设想彼地山水，亦用“戍”字点明其军事特点。清人黄遵宪致意勿过雷池的典故，《西乡星歌》：“雷池一步不得过，天网所际难逃生。”[⑧]《台湾行》：“不许雷池越一步，海城五月风怒号。”[⑨]两处的用典非常自然，已经赋予不越雷池的现代意义。

郭璞《江赋》述长江之美，写到雷池：“其旁则有云梦、雷池，彭蠡、青草。”李善注引《吴录》：“雷池，在皖。”[⑩]此处雷池，还只是一种地名的铺排。雷池作为故土的经典地名，久居北地的庾信在《谢赵王赉干鱼启》中亦提及：

---

① 沈约：《宋书》，中华书局，1974，第1916页。

② 同上书，第2050页。

③ 同上书，第2131页。

④ 同上书，第2398页。

⑤ 谢灵运：《谢灵运集校注》，顾绍柏校注，中州古籍出版社，1987，第254页。

⑥ 谢朓：《谢宣城集校注》，曹融南校注集说，上海古籍出版社，1991，第93页。

⑦ 司空曙：《司空曙诗集校注》，文航生校注，人民文学出版社，2011，第240页。

⑧ 陈铮编《黄遵宪全集》，中华书局，2005，第92页。

⑨ 同上书，第142页。

⑩ 萧统：《文选》，李善注，上海古籍出版社，1986，第568页。

"某本吴人，常想江湖之味，及其饥也，惟资藜藿之余。兹赉渥恩，膏腴流灶，不劳狮子之亭，即胜雷池之长。"[①] 由鱼干想及长江边的雷池，思乡之情委婉道来，身世之感油然而生。

《太平御览》地部"雷水"条记："《水经》曰：南经大雷戍，西注大江，谓之大雷口；一派东南流入江，谓之小雷口也。宋鲍明远《登大雷岸与妹书》，乃此地。"[②] 便从长江确立了其位置。其中提及鲍照的文章，堪称大雷最早的文学书写。

《登大雷岸与妹书》写道：

> 始以今日食时，仅及大雷，涂登千里，日逾十晨，严霜惨节，悲风断肌，去亲为客，如何如何！向因涉顿，凭观川陆；遨神清渚，流睇方曛；东顾五洲之隔，西眺九派之分，窥地门之绝景，望天际之孤云，长图大念，隐心者久矣。南则积山万状，争气负高，含霞饮景，参差代雄，凌跨长陇，前后相属，带天有匝，横地无穷。东则砥原远隰，亡端靡际，寒蓬夕卷，古树云平。旋风四起，思鸟群归。静听无闻，极视不见。北则陂池潜演，湖脉通连。苧蒿攸积，菰芦所繁。栖波之鸟，水化之虫，智吞愚，强捕小，号噪惊聒，纷乎其中。西则回江永指，长波天合。滔滔何穷，漫漫安竭！创古迄今，舳舻相接，思尽波涛，悲满潭壑，烟归八表，终为野尘，而是注集，长写不测，修灵浩荡，知其何故哉！西南望庐山，又特惊异。基压江潮，峰与辰汉连接。上常积云霞，雕锦褥。若华夕曜，岩泽气通，传明散彩，赫似绛天。左右青霭，表里紫霄。从岭而上，气尽金光，半山以下，纯为黛色。信可以神居帝郊，镇控湘汉者也。若潨洞所积，溪壑所射，鼓怒之所豗击，涌澓之所宕涤，则上穷荻浦，下至狶洲，南薄燕爪，北极雷淀，削长埤短，可数百里。其中腾波触天，高浪灌日，吞吐百川，写泄万壑。轻烟不流，华鼎振涾。弱草朱靡，洪涟陇蹙。散涣长惊，电透箭疾。穹溘崩聚，坻飞岭覆。

① 庾信：《庾子山集注》，倪璠注，许逸民校点，中华书局，1980，第583页。
② 李昉：《太平御览》，中华书局，1960，第309页。

回沫冠山，奔涛空谷，碪石为之摧碎，碕岸为之虀落。仰视大火，俯听波声，愁魄胁息，心惊慓矣。至于繁花殊育，诡质怪章，则有江鹅、海鸭、鱼鲛、水虎之类，豚首、象鼻、芒须、针尾之族，石蟹、土蚌、燕箕、雀蛤之畴，折甲、曲牙、逆鳞、返舌之属。掩沙涨，被草渚，浴雨排风，吹涝弄翮。夕景欲沉，晓雾将合，孤雏寒啸，游鸿远吟，樵苏一叹，舟子再泣。诚足悲忧。不可说也。[①]

此信从各个方位写雷池周边的山水云霞及动植人物，极尽铺张之能事，被历代文人雅士所称道。许梿评选《六朝文絜》眉评多处赞叹这段文字的铺写之美。如："历言形胜之奇，运意深婉，铸词精缛。""沈郁语，非身历其境者不知。""烟云变灭，尽态极妍，即使李思训数月之功，亦恐画所难到。""惊涛骇浪，恍然在目。""览景述事，意调悲凉。"[②]画工难摹，如临其境，如在目前，正是这篇骈体书信呈现的审美效果，也是雷池最经典的文学书写。李白《秋浦寄内》"我今寻阳去，辞家千里余。结荷见水宿，却寄大雷书"[③]，即直用鲍照《登大雷岸与妹书》典事，表达对妻子的思念之情。唐代女诗人李冶《寄校书七兄（一作送韩校书）》亦写道："因过大雷岸，莫忘八行书。"[④]诗人以鲍令晖自比，设想校书七兄远行后的寂寞之情，以鲍照寄书之事叮嘱七兄表达自己的惦念之意。清人王丹林《悼亡妹》："急雪罢吟檐外絮，大雷空寄袖中书。"此联用谢道韫柳絮之喻大雪对鲍照大雷岸之与妹书，深得沈德潜赞赏："昔人论诗，实事贵虚用，死事贵活用。道韫咏雪，明远寄书，实事死事也，用'罢吟''空寄'四字由虚且活矣。悲悼之语，出以悃款，其情自深。"[⑤]的确如此，此处的"大雷"既是地名，又双关雷声以对大雪，活化了雷池的文学性。刘禹锡《历阳书事七十韵（并引）》："庐阜香炉出，湓城粉

---

① 鲍照：《鲍照集校注》，丁福林、丛玲玲校注，中华书局，2016，第877—878页。

② 许梿评选《六朝文絜》，文学古籍刊行社，1955，第85—89页。

③ 李白：《李太白全集》，王琦注，中华书局，1977，第1188页。

④ 李冶、薛涛、鱼玄机：《李冶·薛涛·鱼玄机诗集》，吴柯、吴维杰补注，中国书店，2017，第3页。

⑤ 沈德潜等：《清诗别裁集》，上海古籍出版社，2013，第849页。

堞明。雁飞彭蠡暮，鸦噪大雷晴。”[1] 历览庐山、湓城、彭蠡、大雷，既写出雷池的地理位置，又概咏大雷风光，与鲍照铺陈的写法相通。

三、清代县令师范与县邑文人的文学交往

清代文人着意雷池，作品更多，特别是师范于嘉庆六年（1801）至十三年（1808）期间任望江县令，重筑小停云馆，与桐城派文人、望江本地文人及其时地方僚吏诗文往来唱酬，留下很多诗文；解任后依然流连于望江，直至嘉庆十六年（1811）卒于大雷，成为望江文学史上重要流寓文人[2]。其间，辑《小停云馆芝言》《雷音》《二余堂丛书》等书，收录大批望江文人文学与学术著述，弥足珍贵。

清代诗文中的雷池，已成为整个望江县的代称。杨䜣撰《雷音序》说：“荔扉明府，奇士也，以诗文擅名者二十年，令古大雷，勤民之暇，不废纂述，乃蒐辑邑人所为诗文，自龙石楼太史而下，至山林布衣，凡数十人，皆录而刊之，名曰‘雷音’。……荔扉之辑是编也，雷池之风土民情，可坐观而得。国家太平百六十余年矣，计此邑百数十年中物产之登耗，民俗之雕朴，刑赋之简繁，征发之舒数，略见于编。”[3]

张葆光序则从鲍照书信及余阙事写起：“始，予读鲍参军《大雷岸寄妹书》，已壮斯邑之形势。而余忠宣又谓其风俗清美，天资忠义，益心企焉。前年访荔扉先生，为授餐者数月，得旷览山川古迹，意此间人，殆磊落英多者耶。时先生方成《二余堂丛书》，邑人之文居其四，采其文则必采其诗，其文美诗必佳也。”[4]

题大雷池长滇西师范采辑的《雷音》十二卷，前六卷为诗，后六卷为文，均为望江籍文人之作，兹按编排顺序统计如下：

---

① 刘禹锡：《刘禹锡集》，中华书局，1990，第577页。

② 方树梅：《师范年谱》，收入《年谱三种：杨一清、担当、师范》，生活·读书·新知三联书店，2014，第255—346页。

③ 师范：《雷音》，清嘉庆刻本。

④ 同上。

表 1《雷音》诗、文统计表

卷次	姓名	篇数	卷次	姓名	篇数
卷一	龙燮	73	卷三	龙珠盘	4
	龙光	14		余懋勤	3
	王应珮	17		张本	4
卷二	鲁笔	148 附“跋语”一首		朱振藻	2
卷三	龙峤	2		陈人中	3
	龙云曹	2	卷四	鲁冈	8
	龙资深	3		鲁匡	2
	龙鳞	4		鲁有怿	3
	龙壥	1		陈履谦	51
	龙和	2		鲁启丰	3
	龙冲霄	2		鲁启宇	50
	龙廷栋	2		方城	3
	龙台	1		金润	6
	韩贻	2		周用嘉	7
	韩锡第	1		周斌	9
	韩学爽	1	卷五	沈镐	5
	韩菡	3		檀萃	40
	韩士章	1	卷六	檀萃	89
	韩兆祥	1	卷七	龙燮	45
	朱镛	3	卷八	檀萃	10
	欧国铭	4	卷九	檀萃	15
	李汉涛	1	卷十	檀萃	21
	韩锡龄	1	卷十一	檀萃	28
	曹京	1	卷十二	檀萃	9
	王朝标	17		韩士琼	5
	韩士琼	29		鲁启宇	3
	朱芾	18		龙之珠	8
	龙嵩	3		沈镐	5

从上表可以看出，至师范采辑的嘉庆年间止，包括大量的当代文人在内，入《雷音》集者46人，其中所占篇幅最多的是檀萃，卷五、卷六录诗合计129首，卷八至卷十二录各类文章83篇；诗文并存的文人有韩士琼、龙燮、鲁启宇、沈镐、檀萃等5人；所及人物以龙、韩两姓居多，龙氏包括龙冲霄、龙光、龙和、龙峤、龙鳞、龙嵩、龙台、龙廷栋、龙燮、龙壎、龙云曹、龙之珠、龙珠盘、龙资深等14人，韩氏则有韩菡、韩士琼、韩士章、韩锡第、韩锡龄、韩学奭、韩贻、韩兆祥等8人，可见此两姓为清代前中期望江文学望族。

师范在望江宦居时间长，与韩氏先贤亦结下深厚友谊。光绪《韩氏宗谱》载："嘉庆九年清明前一日，邑侯师范同儒学教谕朱毓贤、训导汪问舟备少牢亲诣忠节公墓前致祭文。"即师范带领县吏祭奠南城兵马司正指挥使韩应震的祭文。后附韩锡极《谢邑侯师公致祭伯卿公诗》，"下马寻荒陇"句后双行夹注："祭毕，并访若孩公墓，且索其奉章遗稿，刊入丛书。"附《邑侯师公依韵和之》诗末夹注："时获忠节长君若孩先生《切时政要》，刊入丛书。"[①] 此注文即指韩应震长子韩学浑的《切时政要》一书被师范辑入《二余堂丛书》一事。此后一版家谱按诗文分类收录《祭忠节伯卿公文》及韩锡极诗，并附时任安徽巡抚朱珪赠联："报国以身，岭表至今犹堕泪；求忠于孝，家庭自昔有遗书。"[②] 此处涉及韩氏三人，韩应震入乾隆《望江县志》忠节传，其事迹甚详甚壮烈，韩应震于顺治六年己丑除广东信宜令，治乱有方，政迹显著，得巡抚荐，"升南城兵马指挥使，未出广，遇贼犯信宜，守将田自强叛，从贼，缚震送贼营。应震大骂不屈，尽节于罗陉港。贼屠戮家属十余口。此顺治十一年甲午岁十二月事，其《绝命词》曰：'国家何所赖，赖有社稷臣。贪位而慕禄，苟全乎性命？……一朝贼犯境，顾家不顾城。幸有忠义士，全身卫吾君。事至不可为，一死报君恩。国事虽无助，昂昂气节新。贪官今何在？精忠贯日明。千秋万世后，贤奸公论分。'雍正八年奉旨以震主入忠义祠。"[③] 师范在韩应震尽节150周年时致祭，具有较强的纪念意义，其《切时政要序》亦交代了此次祭奠的始末："望江韩伯卿先生，由顺治己丑岁贡，考授广东信宜令，重农除暴，察吏安民，兵燹之区，几成乐土。制帅李公栖凤以卓异

---

① 《韩氏宗谱》（瑞云堂），光绪十七年辛卯重镌，卷末·艺文。

② 《望江韩氏宗谱》（瑞云堂），1944年重刊本，卷末下·艺文，第51页。

③ 乾隆《望江县志》，收入《中国地方志集成·安徽府县志辑》第13册，江苏古籍出版社，1998，影印本，第512—513页。

荐，甲午擢任南城兵马司正指挥，已卸篆，候代先所创。土寇纠众围城，叛弁田自强缚送贼营，大骂不屈，赋《绝命词》而死。已照例设主忠义祠事，详《通志》。今皇上亲政之三载，诏自开国以来，凡天下文武官之死义者，俾各省据实汇奏。于是先生之六世孙生员茂品得袭恩骑尉，甲子二月部牒到县，谨择清明前一日率僚属以少牢祭先生墓，且告成礼。”①

韩学浑为韩应震长子，“字若孩，行一，贡生”②，师范《二余堂丛书》十册十二种，卷首二余堂主人手识：“韩若孩、沈新周、鲁雁门、檀默斋，皆望邑往哲，默斋则又老友，以齿次之，终于课余随录，而丛书粗具。”③可见，韩学浑在望江先贤中占有一席之地。师氏《切时政要序》则记载了辑录韩学浑著作的缘由：“（祭奠韩应震）蒇事，（韩）茂品宴予于先生旧宅。时予有《雷音》之刻，因索先生著作。越数日，髯裔明经手《政迹录》及令子若孩先生《切时政要》四篇见示。《政迹录》，茂品欲刊以单行。予遂取《切时政要》梓入丛书中。或评其意太激，其言太戆，其所设施亦迂阔而难行，谓为大文章则可；谓为达时务则不可。予曰：‘嘻。是何言？君子读书稽古，欲知其人必先论其世。既知其世，方能论其人。先生丁鼎革之际，凡所裂眦而谈，垂涕而道者，皆隆、万之坏局，天、崇之稗政，惟祈新天子力洗污俗，上追一代，至其胎息之古，议论之醇，贾长沙、董江都，何多让焉？盖处承平之日而妄事更张，则必为刘歆、王安石；当开创之初，而极意斟酌，安在不可为耶律楚材、廉希宪欤？伯卿先生以忠为孝，先生则以孝为忠，一堂授受，父与子，易地皆然。独怪得书者壅于上闻，使先生仅以明经老，而《经世全书》竟未获一窥其端绪也。惜哉。”④韩应震《政绩录》是否单刻，已不得而知。韩学浑《切时政要》依师范丛辑而得以留存，实是幸事。韩学浑以江南安庆府望江县一贡生论时政要义，谓“第一要端本以崇儒术”“第二要正学校并以正取士之典”“第三要重农”“第四要尚俭朴”，均为崇本之谈。师范评韩氏父子以忠孝传家，于史实文献皆有依据。

韩锡极，“讳春，字显承，号愚村，又号秋圃”⑤，为韩应震的五世孙。家谱载有受业沈先声撰小传。韩茂品，“字时清，号立夫，邑庠生，世袭恩骑

① 师范：《二余堂丛书》，清嘉庆九年小停云馆刻本，第六册。

② 《望江韩氏宗谱》（瑞云堂）卷之四“克宪公股世系”，1944年重刊本，第17页。

③ 师范：《二余堂丛书》，清嘉庆九年小停云馆刻本，卷首。

④ 同上书，第六册。

⑤ 《望江韩氏宗谱》（瑞云堂）卷之四“克宪公股世系”，1944年重刊本，第67—68页。

尉”[①]。家谱载有庠生张省三撰小传，谓其“性敏过人，渊源家学，壮年游泮，一时名宿，莫不尊重焉。旋叨祖荫，旨授恩骑尉职。公即投营习学临《选》，而神游箕尾，虽未大抒经略，亦可以见公之抱负矣”。[②]茂品承祖荫，在学林有一定交游，之后韩有源、韩昌隆、韩家宴三代世袭恩骑尉，但都没有进一步发展，韩应震四个儿子及其子孙，在功名宦业方面不过县教谕，均不算显达。

《望江韩氏宗谱》又载师范作《邑明经〈韩沁梅先生遗集〉序》，谓“韩君髯裔持其先人沁梅先生诗文、制艺共四册，索序于予……而其文则理举词达，诗则情深调和，制艺则雅炼清腴，不名一体”[③]，可见《韩沁梅先生遗集》编为四册，有一定的篇幅，亦已形成自己的风格特点。韩沁梅即韩士琼，字玉嘉，号沁梅，一号蛰堂，属克用公股学博公长子从誉公支下。家谱收有受业方玉撰小传。光绪十七年（1891）方兆霖《韩氏续修族谱序》说：“予曩读师邑侯《雷音集》，最爱韩氏先人诸著作。”[④]虽有誉美之嫌疑，但也说明韩氏先人诗文在后代有一定影响。特别是从誉公支下兄弟三人，子孙繁衍，在望江韩氏中，读书出仕人数众多，传承书香最为突出。

四、诗书传家的韩从誉后裔

《望江韩氏宗谱》有昌化知县方城撰韩从誉小传，盛称其“膝前佳儿皆醇谨有父风，伯仲两君铨入太学，其少嗣琼能文章，诗词清隽，茂龄即饩胶庠，他日卓然有所成就，正未可量”[⑤]。的确如此，长子韩士玉，主家政，所生三个儿子中，长子、三子“俱入成均”；从誉公次子韩士璘，亦生三子，长子入成均；从誉公三子韩士琼，“蜚声黉序”，任雷阳书院主讲。正因为兄弟三人均得读诗书，故韩氏此支入太学读书人数最多，寄居北京、天津等地人数也最多。兹按瑞云堂《望江韩氏宗谱》世系表列克用公股学博公世系学誉公支裔表，家谱中继嗣或祧嗣者，均列入其生父支下，以见血缘源流，以见本支裔繁衍大概。

---

① 《望江韩氏宗谱》（瑞云堂）卷之十，1944 年重刊本，第 3 页。
② 《望江韩氏宗谱》（瑞云堂）卷末上，1944 年重刊本，第 59 页。
③ 《望江韩氏宗谱》（瑞云堂）卷末下 · 艺文，1944 年重刊本，第 51 页。
④ 《韩氏宗谱》（瑞云堂），光绪十七年辛卯重镌，卷首。
⑤ 《望江韩氏宗谱》（瑞云堂）卷末上，1944 年重刊本，第 31—32 页。

表 2　韩从砦支裔繁衍表

士字辈	兆字辈	锡字辈	茂字辈	邦字辈	昌字辈
一、韩士玉，字玉衡，号斗崖，太学生，康熙五十二年—乾隆四十五年。	（一）韩兆源，字群一，太学生，乾隆二年—乾隆五十六年。	1. 韩锡藩，字接三，乾隆二十六年—乾隆五十七年。	（1）韩茂才，字照贤，乾隆四十九年—道光六年。	①韩邦泰，字国安，道光五年生。	
		2. 韩锡冕，字贲元，乾隆二十九年—嘉庆十二年。	（1）韩茂棣，字美华，乾隆五十六年。未娶。		
		3. 韩锡韡，字帷九，乾隆三十六年—嘉庆十一年。	（1）韩茂林，字竹修，嘉庆元年—道光十年。		
			（2）韩茂千（出继弟锡冠），字增万，嘉庆六年—道光二十九年。		
			（3）韩茂常，字长万，嘉庆九年生。	①韩邦闻，字廷誉，道光十五年生。	
				②韩邦显，字德余，道光十七年生。	❶韩昌述，字名望，光绪三年生。往外未归。
		4. 韩锡芾，出继母舅方儒林。			
		5. 韩锡裘，字治良，乾隆四十六年—道光十二年。			

续表

士字辈	兆字辈	锡字辈	茂字辈	邦字辈	昌字辈
一、韩士玉，字玉衡，号斗崖，太学生，康熙五十二年—乾隆四十五年。	（二）韩兆顺，字廷一，乾隆十四年—嘉庆五年。	1. 韩锡鞶，字大绅，乾隆三十八年—乾隆五十九年。			
		2. 韩锡冠，字切云，乾隆四十三年—嘉庆十年。			
		3. 韩锡绢，字画堂，乾隆四十五年—道光二十九年。			
		4. 韩锡绅，字贤书，乾隆四十八年—道光四年。			
		5. 韩锡胄，字甲先，乾隆五十二年—道光十一年。			
	（三）韩兆奇，字庆一，太学生，乾隆二十年—嘉庆十二年。	1. 韩锡裳，字慕璋，乾隆四十二年—嘉庆十七年。	（1）韩茂葳，字春田，嘉庆五年生。		
			（2）韩茂音，字荣田，嘉庆七年生。		
			（3）韩茂育（出继陈鲁祥）。		
			（4）韩茂皋（出继兄韩锡鞶），字鹤鸣，嘉庆十四年—道光二十二年。		

续表

士字辈	兆字辈	锡字辈	茂字辈	邦字辈	昌字辈
二、韩士璘，字玉绪，太学生，康熙五十六年—乾隆三十九年。	（一）韩兆雯，字配霞，号约斋，太学生，乾隆十三年—嘉庆二十五年。	1. 韩锡辂，字乘股，乾隆四十二年—嘉庆十七年。			
		2. 韩锡舆，字乘駥，乾隆四十六年—道光十六年。	（1）韩茂风，字德薰，嘉庆九年—道光十五年。	①韩邦乐，名步瀛，字大文，更字大章。国学生。道光六年—光绪二十一年。	❶韩昌汝。
			（2）韩茂雅，字韵宜，嘉庆十一年—道光十一年。		
		3. 韩锡辇，字乘轮，乾隆五十五年—道光二年。			
	（二）韩兆蔼，字沛孚，乾隆十七年—乾隆五十年。	1. 韩锡缨，字瀚清，号星源，太学生，乾隆四十年—道光二十六年。	（1）韩茂荫。		
			（2）韩茂珍，字席聘，号竹云。太学生，诰封奉政大夫。嘉庆八年—光绪元年。	①韩邦极，字建中，更字一元，号楚池。太学生。道光九年—同治十三年。	❶韩昌运，字文华，号荫黎。从九品职衔。咸丰八年—光绪二十六年。
					❷韩昌熙，字庆三，号镇枢，更字意诚。从九品。咸丰九年—光绪二十五年。
					❸韩昌勋，字畅华，号朗泉。从九品。同治五年—民国十五年。
				②韩邦梧，字惟良，更字两仪，号凤冈，道光十六年—光绪十六年。	❶韩昌文，字棣华，号萼楼，咸丰八年—同治十三年。

续表

士字辈	兆字辈	锡字辈	茂字辈	邦字辈	昌字辈
二、韩士璘，字玉绪，太学生，康熙五十六年—乾隆三十九年。	（二）韩兆蔼，字沛孚，乾隆十七年—乾隆五十年。	1. 韩锡缨，字瀚清，号星源，太学生，乾隆四十年—道光二十六年。	（2）韩茂珍，字席聘，号竹云。太学生，诰封奉政大夫。嘉庆八年—光绪元年。		❷韩昌德，生卒未详。葬商家山。
					❸韩昌忠，字咏华，号少仪。从九品。同治二年—民国十八年。
				②韩邦梧，字惟良，更字两仪，号凤冈，道光十六年—光绪十六年。	❹韩昌鑫，字佩华，号钰钧。从九品。同治七年—民国二十五年。
					❺韩昌荣，字德华，号绍黼。从九品。同治九年—民国十一年。
					❻韩昌炽，字树华，同治十二年—光绪十三年。
			（3）韩茂豫，讳子春，字象予，号桐生。议叙八品衔。嘉庆二十年—同治七年。	①韩邦启，字若符，更字三槐，号植庭，国学生，候选主簿。道光十六年—光绪二十年。	❶韩昌汇，原名焰昌，字毓华，光绪二年—民国二十五年。
				②韩邦枢，字四知，号树仁。道光二十年—民国三年。	
				③韩邦槐，字五云，号瑞征，道光二十三年—光绪二十二年。	❶韩昌轫，字启华，光绪四年—光绪二十年。
					❷韩昌濂，原名荣昌，字茂华，号学康。光绪九年生。
				④韩邦檍，字六鳌，号海珊。道光二十五年—民国四年。	❶韩昌渊，原名燮昌，号尽庵。同治十一年—民国二十六年。

续表

士字辈	兆字辈	锡字辈	茂字辈	邦字辈	昌字辈
二、韩士璘，字玉绪，太学生，康熙五十六年—乾隆三十九年。	（二）韩兆蔼，字沛孚，乾隆十七年—乾隆五十年。	1. 韩锡缨，字瀚清，号星源，太学生，乾隆四十年—道光二十六年。	（3）韩茂豫，讳子春，字象予，号桐生。议叙八品衔。嘉庆二十年—同治七年。	④韩邦檍，字六鳌，号海珊。道光二十五年—民国四年。	❷韩昌睿，原名子昌，字望华，号敏哉。光绪元年—民国十六年。
					❸韩昌济，原名应昌，字庆华，号国铨。光绪五年—民国二十二年。
				⑤韩邦杰，字七贤，道光二十八年—光绪三十年。	
				⑥韩邦梓，字八谐，号瑞祥，又号云乡。咸丰元年—光绪三十四年。	❶韩昌燠，原名国昌，字萃华，号荟轩。光绪十年生。
					❷韩昌鸿，原名遐昌，号棣华。光绪二十四年生。卒葬未详。
				⑦韩邦来，字九畴，号筱云。咸丰四年—民国十一年。	❶韩昌沛，原名万昌，字寿华，号继堂。光绪十七年—民国二十三年。
				⑧韩邦俊，字哲人，号守廉。邑庠生。咸丰七年—光绪十九年。	❶韩昌灏，原名秀昌，字润华。光绪六年—宣统二年。
	（三）韩兆雩，字佩仁，乾隆二十一年—嘉庆十九年。	1. 韩锡盾，字体成，乾隆四十二年—嘉庆十三年。	（1）韩茂源，字增华，嘉庆八年—道光十三年。		
			（2）韩茂茵，字肃朝。嘉庆十一年生。往外。		

续表

士字辈	兆字辈	锡字辈	茂字辈	邦字辈	昌字辈
二、韩士璘，字玉绪，太学生，康熙五十六年—乾隆三十九年。	（三）韩兆雩，字佩仁，乾隆二十一年—嘉庆十九年。		（1）韩茂生，字荣高，嘉庆七年—同治元年。		
			（2）韩茂金，字永年，嘉庆十一年—道光十七年。	①韩邦柱，殇。	
		2. 韩锡钺，字佐黄，乾隆四十六年—道光二十九年。	（3）韩茂发，字芳林。嘉庆二十二年—咸丰三年。	①韩邦焱，字夔臣，道光二十八年—光绪二十八年。公于光绪八年携带全眷迁往宿松县东乡豆溪庄碎石岭衔贸易，至今后嗣寓焉。	❶韩昌期，原名期昌，字甲荣。光绪七年生。卒葬未详。
					❷韩昌瑞，原名瑞昌，字有镕。光绪十年生。卒葬未详。
			（4）韩茂起，字灿明，敕赠登仕郎。道光二年—光绪十八年。	①韩邦华，字启元，候补典史。道光二十九年—光绪十七年。	❶韩昌永，字绍先。同治十一年—光绪十九年。
					❷韩昌咏，字绍文。同治十三年—民国二十三年。
		3. 韩锡鈇，字瓒谐，号谦吉，乾隆四十八年—道光二十二年。	（1）韩茂杞，字松祥，嘉庆十八年—光绪十年。	①韩邦育，字祖佑，号俊英，更字雪元，从九品，同治四年—民国三十一年。	❶韩昌金，字树榕，光绪十四年—民国十七年。
				②韩邦基，字祖喜，号礼元。同治十年—光绪三十三年。	❶韩昌銮，字伯兴，光绪二十二年—民国十二年。
					❷韩昌铭，原名秦昌，字仲建。光绪二十五年—1976 年。
					❸韩昌亚，原名满昌，字叔家。光绪二十八年—1974 年。

续表

士字辈	兆字辈	锡字辈	茂字辈	邦字辈	昌字辈
二、韩士璘，字玉绪，太学生，康熙五十六年—乾隆三十九年。	（三）韩兆雩，字佩仁，乾隆二十一年—嘉庆十九年。	3. 韩锡鈇，字瓒谐，号谦吉，乾隆四十八年—道光二十二年。	（1）韩茂杞，字松祥，嘉庆十八年—光绪十年。	②韩邦基，字祖喜，号礼元。同治十年—光绪三十三年。	❹韩昌泽，原名银昌，字季声。光绪三十二年—1951 年。
		4. 韩锡戟，字列廷，乾隆五十五年—道光十三年。	（1）韩茂光，字明彩，嘉庆十九年生。公往外。以邦基为嗣。		
			（2）韩茂宗，字凤彩，道光二年—道光二十六年。		
		5. 韩锡会，字朝恩，乾隆五十八年—嘉庆二十一年。			
三、韩士琼，字玉嘉，号沁梅，一号蛰堂，岁贡生，候选训导，雍正七年—乾隆五十九年。	（一）韩兆魏，字晋裔，乾隆十八年—道光十二年。	1. 韩锡国，字乘千，号道之，职员，乾隆四十二年—嘉庆十七年。			

续表

士字辈	兆字辈	锡字辈	茂字辈	邦字辈	昌字辈
三、韩士琼，字玉嘉，号沁梅，一号蛰堂，岁贡生，候选训导，雍正七年—乾隆五十九年。	（二）韩兆苏，字髯裔，号酌天，岁贡生，候补训导，乾隆二十一年—道光四年。				
	（三）韩兆范，字文裔，诰封奉政大夫，乾隆二十九年—道光十二年。	1. 韩锡都，字景皇，敕赠儒林郎，乾隆五十三年—道光二十二年。	（1）韩茂彧，字佔田。嘉庆十四年—咸丰二年。		
			（2）韩茂朴，字元兴，赐赠儒林郎。道光元年—光绪十三年。	①韩邦杰，字鸿恩，号守谦。议叙从九品，分发山西候补委办徐沟县坐卖等处厘金坐办，旋以资劳保升即补通判，加花翎同知衔。同治十三年—光绪三十年。	
			（3）韩茂棠，字康兴。道光六年—同治十年。		

续表

士字辈	兆字辈	锡字辈	茂字辈	邦字辈	昌字辈
三、韩士琼，字玉嘉，号沁梅，一号蛰堂，岁贡生，候选训导，雍正七年—乾隆五十九年。	（三）韩兆范，字文裔，诰封奉政大夫，乾隆二十九年—道光十二年。	2. 韩锡邦，字式南，貤赠儒林郎，乾隆五十七年—道光十一年。	（1）韩茂樱，字荐之，从九品，诰封奉政大夫。道光八年—同治十年。	①韩邦诰，字敬修，五品衔，以知县用候补州判。诰封奉政大夫。咸丰四年—光绪十七年。	❶韩昌祺，名海保，字国键，号效贤，一字芸孙。安徽高等巡警学校毕业，历任安徽第一警察分署署员，福建省警察分署署员。光绪十一年—民国十六年。卒暂厝北平安徽义园。 ❷韩昌祉，名海福，字国钧，亦字芝荪，号效先。保定军官学校第一期工兵科毕业。混成模范团第一期甲班工兵科毕业，历充模范团工兵第一连第二排排长、第一连连长，第九师工兵营营副，第十六混成旅交通队中队长，训练处工兵队队长、工兵上尉。光绪十三年—民国十四年。卒暂厝北平安徽义园。

续表

士字辈	兆字辈	锡字辈	茂字辈	邦字辈	昌字辈
三、韩士琼，字玉嘉，号沁梅，一号蛰堂，岁贡生，候选训导，雍正七年—乾隆五十九年。	（三）韩兆范，字文裔，诰封奉政大夫，乾隆二十九年—道光十二年。	3. 韩锡熣，字景扬，诰封奉政大夫，乾隆六十年—道光九年。	（1）韩茂榕，字柳臣，贡生，补授京师南城副指挥，改官詹事府主簿，补阙后蒙王大臣保送仓差，历任旧太禄米南兴北兴富升各仓，监督期满，京察一等，记名通判诰授奉政大夫，晋封朝议大夫。嘉庆二十三年—光绪十三年。	①韩邦谋，字让甫，取詹事府供事，充当军机处供事，即补巡检。道光二十四年—同治三年。	
				②韩邦训，字启明，补巡检。道光二十六年—光绪四年。	
				③韩邦谟，字子修，取詹事府供事，充当总理衙门供事，以典史分发并加理问，签分浙江补授台州府临海县典史，调补海盐县典史，升任湖州府长兴县县丞，补知县，敕授承德郎。道光二十八年—光绪五年。	❶韩昌福，字继臣，议叙从九品，补授广西怀聚县慈罗司巡检，升授怀远县主簿。同治十三年—民国十二年。卒暂厝北平安徽义园。
				④韩邦耆，字少臣，五品衔，候先县丞。光绪元年—民国十一年。	❶韩昌容，字亚珠，号柳孙。光绪二十五年—民国二十年。
				⑤韩邦义，字达生，号儒臣，国学生。光绪九年—民国十五年。	❶韩昌华，字盼春，号润明。光绪三十三年—民国三十七年。
					❷韩昌鸣，字秀春。宣统元年—民国二十二年。
					❸韩昌云，字应春，号颂川，一字逸孙。民国七年—2004年。
					❹韩昌余，字友春。民国十二年—1952年。

续表

士字辈	兆字辈	锡字辈	茂字辈	邦字辈	昌字辈
三、韩士琼，字玉嘉，号沁梅，一号蛰堂，岁贡生，候选训导，雍正七年—乾隆五十九年。	（四）韩兆富，字郑裔，诰封奉政大夫，乾隆三十二年—乾隆五十八年。	1. 韩锡甸，字兰芳，诰封奉政大夫，乾隆五十四年—嘉庆十三年。			
	（五）韩兆岳，字忠裔，乾隆三十八年—嘉庆十九年。	1. 韩锡觋，字惠频，乾隆六十年—道光十四年。			
		2. 韩锡腆（出继学礼公股兆朴），字惠增，嘉庆七年—咸丰七年。			
		3. 韩锡赢，字惠余，嘉庆十一年—道光十四年。			

从上表可以看出，韩从訾后裔中，从13世至18世，康熙以迄清末的二百多年间，士字辈兄弟3人，兆字辈11人，锡字辈28人，茂字辈28人，邦字辈26人，昌字辈38人。其中太学生或国学生有韩士玉、韩士璘、韩兆源、韩兆奇、韩兆雯、韩锡缨、韩茂珍、韩邦乐、韩邦极、韩邦启、韩邦义等11人。看其族裔宦绩，大都官品较低，唯以韩茂榕最为突出。家谱载有同乡檀球撰《茂榕公传》，颇具传奇色彩：

诰授奉政大夫五品衔詹事府主簿，韩公榕字柳臣，世居邑城小北门。祖文裔，父兰芳，生父景扬，代有隐德。公少读书有远志，逐队童子军，累试不售。道光季年，邑被水灾，艰于生计，乃徒步入京师，考取供事，分“国史方略馆”当差。积时议叙以从九品用。咸丰初加捐兵马司副指挥，选授西城实缺。是时粤逆扰乱，东南人情汹汹，辇毂之下，虑藏奸宄，公巡缉稽查，晓夜不懈，所辖地面静谧如常。平日居官勤慎，判决讼狱，案无积牍。巡城察院，无不称其能。方将保荐升用，然慷慨使气，遇事敢言，无所顾忌，尤痛惩吏役，需索若辈，无所容奸。积恨久，适有公牍误期，因援例坐治部议革职。城宪悉其冤，奏请开复，改詹事府主簿。詹事府署属清要地也，自正詹事，迄赞善，任斯职者，均系翰院出身，不数年即跻通显。公在府久，因得见知各当道。同治初，各部署保奏仓差，公与其选引见，奉旨记名，寻传补禄米仓监督。公履任，申明旧章，约束书役，凡侵渔偷漏诸积弊，厘剔尽净。天庾正供，赖以充羡。而仓书花户等莫不畏威感德，守法奉公。三年任满，仓宪课能称最，专折奏请留任，调太平仓监督。又三年，奏留如初。公三任监督，前后凡九年。从来监督差无再留者，盖异数也。光绪乙酉，积资例得京察引见，奉旨以同知通判用外放有期，群为公贺。丁亥夏，以疾薨于京邸。其时余观政秋曹，见公身后萧然，幼子稚孙，实深凄恻。爰集皖省同人助川资，俾其婿史廷桢护公丧以归。是年冬，余改官江西，阅己丑奉先大夫回里。辛卯，公族修辑宗牒，公之子邦者，乞余为公立传。予不文，何足以传公？然余与公既属同邑旧交，续又同官京师，悉公之生平者莫如余，曷敢以谫陋辞？爰叙次公之大略如此。俾邦耆镌之家乘，庶以传公一二云尔。[①]

韩茂榕出生于嘉庆二十三年（1818），卒于光绪十三年（1887）。道光晚年，安徽连年水灾，光绪《重修安徽通志》杂志类·祥异部分道光二十八年（1848）："怀宁、桐城、宿松、望江、贵池、铜陵、东流、当涂、芜湖、繁昌、无为、凤阳、宿州、灵璧、和州、五河俱大水。"道光二十九年（1849）："怀宁、桐城、宿松、望江、宣城、南陵、贵池、铜陵、东流、当涂、芜湖、繁昌、庐江、无为、和州、含山、五河俱大水没田庐，人畜有入市深丈余者。"[②]可以推测，韩茂榕当在此季徒步入北京，并顺利谋到差事。其祖辈代有隐德，生父与嗣父同祖韩士琼，伯祖韩兆苏髯裔亦与县令师范颇有往来，或者正是这些隐德，为韩茂榕入京提供了一定条件。

正是韩茂榕的仕宦基础，为望江韩氏全方位进入北京打开了方便之门。其后裔韩邦谋取詹事府供事，充当军机处供事；韩邦谟取詹事府供事，充当总理衙门供事；堂侄孙韩昌祺任安徽第一警察分署署员，福建省警察分署署员；堂侄孙韩昌祉任第十六混成旅交通中队长、训练处工兵队队长等职，虽有其父亲韩邦诰历五品衔的照应，但肯定也离不开京官的提携[③]。韩宝忠作为清末民国时期古体诗人，应该与望江韩氏家族的积淀分不开。

五、韩宝忠出身之谜

韩宝忠所有档案都注明望江籍，说明其出自望江韩氏无疑。然而，到底出自哪一支，至今仍是个谜。

《望江韩氏宗谱》（瑞云堂）韩家耐撰韩邦耆传载："自辛亥（1911）国变后，携眷返里。又承同族剑芝直刺函邀赴束鹿任所，专管会计。束为河北著名大邑，出入款项甚巨，剑公精明谙练，非知公深，不轻假手也。公经纪期

---

① 《望江韩氏宗谱》（瑞云堂）卷末上，1944 年重刊本，第 65—67 页。

② 沈葆桢、吴坤修等修，何绍基、杨沂孙等纂光绪《重修安徽通志》，收入《续修四库全书》第 655 册，上海古籍出版社，2002，第 570 页。

③ 《望江韩氏宗谱》（瑞云堂）克用公股学博公支裔，1944 年重刊本。

年，丝毫无误。由束鹿而新乐而唐山，剑公极力挽留，为之臂助。奈积劳成疾，至民十年辛酉（1921），公深虑病危，遂由唐山旋里。”[①] 民国时期，韩邦耆在韩宝忠身边任职，1911 年在束鹿，随后到新乐，再至唐山，直至 1921 年，邦耆回归故里，十多年同族二韩一直是僚吏关系。此处“同族”，应该是同支裔。《春秋左传・襄公十二年》载：“同姓于宗庙，同宗于祖庙，同族于祢庙。”杜预注：“宗庙即周庙。”“祖庙，始封君之庙。”祢庙，“父庙也。同族谓高祖以下。”[②] 可见，韩宝忠与韩邦耆作为同族，最可能共高祖。韩邦耆曾祖按生父与继嗣考虑，有二，一为韩兆范，一为韩兆富，韩宝忠、韩邦耆二人高祖均为韩士琼。如此看来，韩宝忠可能出于韩士琼族裔。

然而，韩士琼支裔后辈传承都非常清晰，家谱中并没有注明外出人员。如果从外出人员着手，考证韩宝忠支裔，亦不失为一个方向。

梳理韩氏家谱，外出人员从光绪家谱、民国家谱乃至现代家谱，都有明确记载。清代以迄民国初年外出人员一览表如下：

表 3　外出人员一览表

世代	姓名	字号	排行	生年	后裔或墓葬情况
16	韩茂茵	字肃朝	行二	嘉庆十一年丙寅五月初三日亥时生	往外
16	韩茂光	字明彩	行一	嘉庆十九年甲戌十月十三日辰时生	往外。以兄茂杞三子基分祧为嗣
16	韩茂传	字缵勋	行一	乾隆四十九年甲辰九月初三日巳时生	配张氏，生子一，全。往外
16	韩茂驹	字伟人	行一	乾隆三十四年	配张氏，生子三：贡、聘、兴。往外
16	韩茂宜	字义门	行一	乾隆四十八年	配李氏，生子一：骏。往外
16	韩茂冠	字制起	行一	乾隆三十四年	往外
16	韩茂贵	未详			往外
17	韩邦和	字凌云	行二	道光元年辛巳八月二十四日辰时生	以胞兄邦泰次子秀为嗣

① 《望江韩氏宗谱》（瑞云堂）卷末上，1944 年重刊本，第 83—86 页。

② 杨伯峻：《春秋左传注》，中华书局，2009，第 996 页。

续表

世代	姓名	字号	排行	生年	后裔或墓葬情况
17	韩邦日	字来宾		嘉庆十一年丙寅八月初一日辰时生	配徐氏，生子二：昌球、昌琳
17	韩邦宗	字鲁周	行二	道光十一年	配徐氏，以兄宇次子仁为嗣。往外
17	韩邦榕	字佩鸣	行一	道光十二年	往外。以兄驸四子发分祧为嗣
17	韩邦彩	字灿如	行二	乾隆四十五年	配周氏，以兄荣三子遇为嗣，生女二。往外
17	韩邦任	字福成	行二	嘉庆六年	配王氏。生子一，徕。配余氏，生子三，从、往、微。往外
17	韩邦绅	字荐之	行三	嘉庆十二年	以二兄纶次子念为嗣。往外未归。韩昌念，字义高，行二。道光十七年生。生子一：宝，殇。女一适徐
17	韩邦纯	字殿鳌	行三	嘉庆十三年	往外未归。锡朋公次子茂义公生子六。邦纲，字学余，行一，嘉庆七年生。邦纪，字有南，行二，嘉庆十年生。生子一：图
17	韩邦组	字有成	行四	嘉庆十五年	往外未归。邦缓，字有勋，行五。嘉庆十八年生。卒葬均未详。邦绳，字继先，行六，嘉庆二十四年生。卒葬均未详
17	韩邦本	字定余	行三	道光十四年	以兄芝子廷为嗣。往外
18	韩昌阳	字太明	行二	道光五年乙酉正月十九日亥时生	往外。以弟昌裕次子煌分祧为嗣（卷五，望江东门）
18	韩昌述	字名望	行一	光绪三年丁丑八月十二日午时生	往外未归。以弟金子乐分祧为嗣
18	韩昌粕	未详	未详	未详	随祖往外。以弟昌银子豪分祧为嗣
18	韩昌球	字朝玉	行一	道光八年戊子七月初一日辰时生	往外。以弟福三子和分祧为嗣
18	韩昌熠	字恒元	行二	道光五年	以弟灼次子玉为嗣。往外
18	韩昌遇	字立泰，更字逢泰	行三	嘉庆十七年	配徐氏。生子二：福、桂。女一。往外
18	韩昌源		行一	道光六年	往外

续表

世代	姓名	字号	排行	生年	后裔或墓葬情况
18	韩昌培	字滋材	行一	道光六年	配鲁氏，生子二：佑、作。女一。公往外
18	韩昌龙	字云风		道光六年	以弟聚长子福为嗣。往外
18	韩昌运	字挺中		道光八年	配王氏。生子二，至、晶。往外
19	韩家正	字焕扬	韩昌期长子	道光十七年生。妣朋氏	公出外未归。妣卒葬未详。（卷五）望江东门
19	韩家先	字松言	行一	道光二十三年	配童氏，生子一，凤。往外
20	韩世应	字廷弼		光绪五年	以弟耀次子禄为嗣，往外。
20	韩世俊	字雁扬	行三	光绪七年	往外未归
20	韩世龙	字怀珍	行一	光绪元年	配徐氏往外
20	韩世馨	字桂芳		光绪十四年	往外未归
21	韩安芑	字绍培	行一	光绪十九年	往外
21	韩安鑁	字前余	行一	民国十六年	早年往外。韩世钊子。茂槿公以弟茂乘子邦柱为嗣祧，柱公卒葬未说。生昌后、昌阳。昌阳公往外。以弟昌裕次子家煌为嗣。家煌以胞兄家驹次子钊炎嗣

从上表可以看出，望江韩氏外出从茂字辈开始有记载，直至民国时期的安字辈，已跨六代。考证韩宝忠家世，理应从乾嘉时期考起。韩宝忠生于光绪元年，其父韩士俊或者有河北同名人员，但其作为安徽代表人物，与李鸿章一起倡议在北京建安徽会馆，是不争的事实。韩士俊信息有好几条史料：

其一，《光绪起居注》辛酉年载，韩士俊任北城兵马司指挥使。无论韩氏出于什么地方，其任官处与韩宝忠主持的望江会馆位置很近。

其二，《北京安徽会馆志稿》卷一载：安徽籍京官吴廷栋、鲍源深、吕锦文、江人镜、程祖诰等七十五人同签《倡议书》，设置驻京安徽会馆，排最后一位即韩士俊。[1]然而令人费解的是，捐款名单中没有韩士俊。

① 王灿识：《北京安徽会馆志稿》，北京燕山出版社，2001，第2—4页。

由此可见，韩士俊信息错综复杂，不得而知。所以史籍记载的韩士俊，到底是不是韩宝忠父亲，只能存疑。

韩宝忠在慈禧西幸过程中有诗歌反映，韩氏几代在内务府任职也有迹可寻。至于韩宝忠祖父韩曒到底是谁，只能揣测。

看上面望江韩氏外出表，最早者为韩茂茵，出生于嘉庆十一年（1806），最晚为韩安籛，出生于1927年。可以肯定的是，出生于光绪年间的外出人员，均不可能是韩宝忠祖辈。而韩茂茵、韩茂光、韩茂传、韩茂驹、韩茂宜、韩茂冠、韩茂贵等茂字辈外出者，要么有家族为之继嗣香火，要么信息无存。唯韩茂茵，虽然继嗣不明显，家谱却在补遗里注明其香火传承的办法："学博公支下锡盾公次子茂茵公，字肃朝，壮年出外，未归。乏嗣，第三次续修宗谱时，因无昭穆相当之人承祧姒续，遂付阙如。现虽经家有设法，将邦柱公（茂金子）承继为子，又将昌瑞暨子家福并己之第四子世贤依次承嗣，俾妥先灵，奈谱已告成，法无更正，惟有付之保留，俟下次续修时再行刊入。"[①] 此处以韩茂金承续，又以世贤承嗣，看起来没有什么问题。

韩茂茵是学博公后裔，韩兆雩为其祖父。按本支推测，后裔在北京定居并以监生任官，与本支在北京的亲缘积淀有不可分的关系。不妨大胆推测，假设韩茂茵即韩曒，二十几岁生育，1835年左右生儿子韩士俊（此处"士"字肯定不是辈分字），士俊1875年生韩宝忠，为第六子，四十年时间应能吻合。如此推算，韩曒为茂字辈，韩士俊为邦字辈，韩宝忠为昌字辈。按照上文同族的说法，韩邦耆与韩宝忠或者同高祖，或者同从字辈祖。当然，这种推测，没有非常过硬的一手证据，还是要存疑待考。

六、韩宝忠不入家谱之谜

韩宝忠与韩邦耆同族，却没有进入家谱，仍然是一个谜团。

《望江韩氏宗谱·宗谱历届纂修沿革》载：首辑墨牒在康熙三十年，由学奭公主修，此时以克让公股应赞公支裔为修谱主持人。第一次筹议付梓于

---

① 《望江韩氏宗谱》（瑞云堂）卷末下·补遗，1944年重刊本。

康熙五十四年，第二次筹议付梓于乾隆二十年，主修为兆贻公，此时以克俭公股学益公世系士拔公支裔为家谱主持人。乾隆三十九年创修家谱以韩士玉、韩兆中为主修，韩士璘、韩兆瞬等为督修，韩士琼为纂修，韩兆芳、韩锡爵等为协修，此际家谱纂修已转到韩学喾后裔了。创修家谱肯定有韩宝忠祖辈，但到底属于哪一支，却不得而知。

第二届续修于道光十七年，主修为韩锡鬯，督修为韩邦伦，协修为韩锡缨、韩邦彦等，校正有韩茂榕，本届可能已经遗漏韩宝忠一支，其缘由是什么，难以推测。

第三届续修于光绪十七年，未设主修，督修为韩茂起、韩昌裕等，纂修为韩邦俊，协修为韩昌伟、韩家驹等，校正为韩昌棫、韩昌文等，编辑为韩邦耆、韩家铨。韩邦耆与韩宝忠有交集，作为家谱编辑人，为什么遗漏韩宝忠一支，似有道理可讲。光绪十七年，韩邦耆才十七岁，可能并没有结识与之同年的韩宝忠。故韩宝忠族裔又没有进入家谱。韩邦耆此后虽然为韩宝忠僚属，但留存信息极少。1919 年《旅京安徽同乡录》记其名为“韩耆年，字少臣”，寄居地点在油房胡同望江邑馆[①]，正是韩宝忠曾经打理过的会馆。然而，韩邦耆及其子韩昌容，字亚珠，号柳孙者去世均比较早；继配刘氏生韩昌龙，殇，以弟韩邦义三子韩昌云为嗣。2023 年 11 月 10 日，我们到望江县城专访韩昌云长子韩家戟，亦即韩邦耆继孙，所得信息非常有限。韩家戟说：“比我们更老一辈的人，基本都去世了。我今年七十二岁，对过去的事情知道的更少。你们根据家耐公写的传记，知道我爹爹（安徽望江县一带，爹爹属于祖辈，即爷爷）和韩宝忠曾在一起共事，做官。但我们这一房是过继来的，我父亲就是继嗣的。邦耆这位爹爹是七爹，生我父亲的是八爹[②]。七爹原来亲生的儿子，十七八岁时得羊角风病去世了（应指继配所生子韩昌龙）。爹爹因为儿子去世，也突然去世，没有什么交代。我的记忆当中，当年父亲与娘对家世这个事情非常忌讳。父亲小时候在九江做学徒，自己都没有见过继嗣的

---

① 《旅京安徽同乡录》，民国八年，第 34 页。

② 韩茂榕嫡配柯氏生子三，继配张氏生子四（头三子均殇，最小者为韩邦耆），庶配李氏生子一，即韩邦义。参见《望江韩氏宗谱》（瑞云堂）卷十一，1944 年重刊本，第 122—123 页。

这位爹爹。父亲回家以后，自己亲生父母都不在了，也没有房子，就过继给邦耆爹爹，后来住的房子就是七爹爹的房子。这房子就在望江县小北门的韩家老屋，2008 年才拆掉。韩家老屋一共有三栋，连在一起，三进，有三个天井。前面临街大门两边是店面，有照壁，照壁过来就是天井，天井两边有厢房。石库门现在不知道搬到什么地方去了。老屋住着韩氏一房、二房、三房。邦字辈有一些人搬出来住，就是小北门的韩家新屋。韩家新屋还有一些老房子没有拆。”虽然人物关系的信息比较模糊，但韩家老屋的记忆犹存。比如韩家耐就写有《夜宿小北门外韩家新屋口占》诗：“午夜荒斋思愀然，虫飞灯烬雨连绵。壮时未早营三窟，老去宁能值一钱。揽镜自怜凋白发，扪心尚可对青天。闲愁往事今抛去，欲觅欢虞趁死前。”① 虽然抒发的是荒景闲愁、老境落寞之情，却清晰可鉴浓郁的乡愁。也许韩宝忠祖辈就是从韩家老屋外出谋生而与家族失去联系的，韩氏地理空间上的根应该可以推测。

第四届续修于民国三十三年（1944），主修为韩家耐。家耐撰《韩邦耆传》时，言及韩剑芝，肯定认识韩宝忠。然韩宝忠族裔又一次错过家谱，亦有其原因。家谱卷末下载韩家耐跋，曰：“光绪辛卯岁，至今又阅五十余年矣。盖岁序之过长，世系不无散漏，前此虽经提议，预备四修，无如屡值天灾，适逢恶岁，救死不暇，筹款无从。至民国丁丑年（1937），族众旧事重提，意见已归一致。由亚侯叔主持一切，总其大成，耐也不才，耑任编查。……迄各股草稿编齐，至戊寅年（1938）麦秋共入宗祠清缮，乃突遭国变，烽火漫天，蕞尔谱堂，立时星散，昙花一现，事辍中途。清稿全编藏诸乡股，值空前之浩劫，叹好事之多磨，讵料辛巳（1941）之春，亚侯叔遽归道山，谱事益成僵局，似漫漫之长夜，徒耿耿于予怀。”② 四修家谱从倡修，到最终完稿，前后经历 8 年，又处于日本侵华战争时期，家族后裔流散全国各地，实难访全。韩家耐《癸未四月九日始续宗谱志感》写道：“停修家乘五三年，妇孺都教望眼穿。难得今朝重理稿，未知何日始开镌。金融筹措劳全体，笔政勛勷赖象贤。我愧衰颓徒附骥，纷纭巨任共谁肩。”③ 经济困境，精力有

① 《望江韩氏宗谱》（瑞云堂）卷末下 · 艺文，1944 年重刊本，第 74 页。

② 《望江韩氏宗谱》（瑞云堂）卷末下 · 跋，1944 年重刊本，第 1—3 页。

③ 《望江韩氏宗谱》（瑞云堂）卷末下 · 艺文，1944 年重刊本，第 74 页。

限，艰难程度可窥一斑。

查1919年《旅京安徽同乡录》，籍贯望江的韩姓人物中，韩宝忠、韩颐寿父子，韩嵩寿、韩金寿、韩钟寿、韩彭寿四人，均未入望江韩氏家谱[①]。韩宝忠《不如痴斋诗草》提到的几位旁系亲属，也没有入家谱。如:《沈穆堂六十征诗步元韵以和》夹注"堂侄述组与先生世兄游英同学"，《四家嫂钟夫人七十寿（代陈穆卿拟祝）》夹注亦提及二侄述组曾留学美国[②]。查樊荫南编《当代中国名人录》，"韩述组，字志勤，河北宛平人。英国利物浦大学文科硕士，现任国立北京大学心理系教授、国立北平大学法学院讲师。"[③]韩述组游英，与韩宝忠注释吻合，但籍贯已写成河北宛平了。《七月十八日得家书知胞弟佩卿病亡痛作》[④]，知韩宝忠有胞弟名佩卿，但家谱亦没有任何信息。倒是《和王可鲁〈春日感怀〉元韵》夹注提及的族人谐笙[⑤]，见载于《韩氏宗谱》卷六，系学益公股后裔韩家驹长子，名韩世镛，"字谐笙，号小芍，行一，国务院主事，天津高等法院书记官，北平政务委员会科员，光绪十八年壬辰六月十四日寅时生。"[⑥]1955年去世。此支后裔依然散居北京、苏州等地，电话采访，记忆不太清楚。

总之，《望江韩氏宗谱》（瑞云堂）失载韩宝忠一支，有多方面的原因。探源溯流，考镜文献，就是希望能够为再续家谱提供依据，为区域文化建设提供素材。

七、韩宝忠诗歌研究可以充实皖江诗学

"皖江"概念的生成与确立，朱洪《皖江文化概念的历史生成》[⑦]、汪祚民

---

① 《旅京安徽同乡录》，民国八年，第34页。

② 韩宝忠:《不如痴斋诗草》，邓稳整理，巴蜀书社，2020，第81、193页。

③ 樊荫南:《当代中国名人录》，上海良友图书印刷公司，1931，第436页。

④ 韩宝忠:《不如痴斋诗草》，邓稳整理，巴蜀书社，2020，第22页。

⑤ 同上书，第236页。

⑥ 《望江韩氏宗谱》（瑞云堂）卷六，1944年重刊本，第48—49页。

⑦ 朱洪:《皖江文化概念的历史生成》，《安庆师范学院学报》2005年第3期，第61—62页。

《皖江文化与江南文化的地域空间及其关系》[①]等已做历时性梳理，基本厘清了“皖江”概念的地域空间与文化指向。然从诗学视角考察“皖江”意象的生成，仍有必要。

从现存文献看，“皖江”意象早在明代即已入诗，明清之交逐渐丰富，清代《皖江酬唱集》的出现可视作“皖江”意象最终形成的标志。

明代正嘉年间桐城贡生谢宗《蟂矶孙夫人庙》“身沉皖江水，波涌剑门魂”[②]写传说中的孙夫人沉江事，以长江水联系蜀地的刘备与在芜湖沉江的孙夫人，此处“皖江水”应指芜湖段的长江水，然而“皖江”作为诗歌意象，与长江上下游联动的意味更强一些。明代胡缵宗诗文中多次用到“皖江”，嘉靖十年至十五年间（1531—1536）写作的《出门吟》曰：“君不见蜀栈树攀引，皖江波击舂，震泽广鼋鼍，会稽多蛟龙。”[③]诗人将“皖江”与长江流域的各地并列，既有互文意味，又有隐刺明王朝社会状况的寓言义，具备诗歌立象见意的特征。明末清初的郭之奇《皖江雪望》诗写连朝江雪“铺张吴地同梅峤，妆点南天接玉京”[④]，从天地南北的广袤空间将皖江的雪与吴地直至远在粤地的家乡连起来，皖江地域因思乡而模糊了边界，“皖江”一词亦有着诗意的寄寓。由此可证，“皖江”意象早就兴起于明代。

清代安庆府所辖六县，文风鼎盛，桐城派盛极清朝，自不待言，其他各县诗文创作亦堪称繁富。这里面一批怀宁籍或离安庆较近的桐城籍文人以安庆为文学活动中心，选取安庆历史文化与自然景观赋诗酬唱，逐渐生成“皖江”意象群，有意识打造皖江诗人群，为推动皖江诗学走出江南、面向全国做出贡献。

潜山人熊宝泰《师友小传·张袖山传》载时人称张法可（袖山）、徐兆禩（世锦）、杨月舫（全蕴）、鲁研山（琢）为“皖江四子”[⑤]。四人皆为怀宁人，

① 汪祚民:《皖江文化与江南文化的地域空间及其关系》,《安徽日报》2020年12月8日。

② 徐璈:《桐旧集》第二册，杨怀志、江小角、吴晓国点校，安徽大学出版社，2016，第399页。

③ 胡缵宗:《鸟鼠山人胡缵宗诗选》，李天舒选注，书目文献出版社，1993，第233页。

④ 中山大学中国古典文献研究所:《全粤诗》第十九册卷六四一，岭南美术出版社，2016，第175页。

⑤ 熊宝泰:《藕颐类稿》，收入《清代诗文集汇编》第403册，上海古籍出版社，2010，第170页。

张法可为乾隆丙戌（1766）进士，杨全蕴为乾隆辛卯进士（1771），有《月舫诗文集》；徐世锦为乾隆壬辰（1772）进士，有《周礼综类》《大易括言》等经学著述；鲁琢为乾隆丙子（1756）举人，有《南庄文钞》《诗钞》等。鲁琢弟弟鲁琸号星村，有《星村诗钞》，李调元评兄弟二人谓："诗称'怀宁二鲁'，琸尤佳，有意想不到者，如'猫穿隔花戏，鱼负小萍移'，为王梦楼先生所称赏，遂负重名。"[①] 袁枚并称鲁星村、李啸村为"二村"，作为皖江诗人的代表，曰："安庆诗人，以'二村'为最：一李啸村葂，一鲁星村琸。"[②] 合评李啸村、鲁星村、陈楚南三家诗曰："皖江才调孰清新？今有星村旧啸村。更喜新安楚南子，遗编堪与古人论。"[③]

王文治（梦楼）、袁枚大抵喜爱皖江"二村"才调清新的诗作，《随园诗话》亦摘录"二村""皆独写性灵，自然清绝"的大量诗句。李葂号啸村，有《啸村近体诗选三卷》，秦大士序文盛赞"皖江李君啸村以诗名江南北者数十年"[④]。时人批评李葂诗，袁枚为其辩解，并对比沈德潜《国朝诗别裁集》选录啸村诗句的不当，在诗学批评中扩大李葂诗歌的影响，《随园诗话》曰："李啸村最长绝句，人有薄其尖新者，不知温子昇云：'文章易作，逋峭难为。'若啸村者，不愧逋峭矣！"并列举《泰州舟次》《夜泛红桥》《废园》《青溪》《却人写真》等诗，曰："此是啸村最佳诗。而归愚《别裁集》只选《上巳忆白门》一首，云：'杨柳晚风深巷酒，桃花春水隔帘人。'不过排凑好看字面，最为下乘。舍性灵而讲风格者，往往舍彼取此。"[⑤]

民国《怀宁县志》"文苑"载时人并称江胪元啸酣、黄浩浩啸江与李葂啸村为"皖江三啸"[⑥]。可见乾隆中叶，怀宁县诗风甚盛，涌现出一大批诗人，时

① 李调元：《雨村诗话》，詹杭伦、沈时蓉校正，巴蜀书社，2006，第303页。

② 袁枚：《随园诗话》，收入王英志编纂校点《袁枚全集新编》第9册，浙江古籍出版社，2015，第390页。

③ 袁枚：《小仓山房诗集》卷二十七，收入王英志编纂校点《袁枚全集新编》第3册，浙江古籍出版社，2015，第646页。

④ 李葂：《啸村近体诗选三卷》，收入《清代诗文集汇编》第310册，上海古籍出版社，2010，第2页。

⑤ 袁枚：《随园诗话》，收入王英志编纂校点《袁枚全集新编》第9册，浙江古籍出版社，2015，第477—478页。

⑥ 民国《怀宁县志》卷十九·文苑，收入《中国地方志集成·安徽府县志辑》第11册，江苏古籍出版社，1998，影印本，第456页。

人也有意识打造“皖江”品牌。

安庆作为省、府、县三级职官的主要衙门所在地，僚吏众多，也是府县属吏与文人雅士交游往来的枢纽城市，正是一批又一批文人雅士聚集于此，才不断明晰“皖江”的诗学内涵，最终形成地域诗歌的结集。比如雍乾时期的高凤翰、袁枚、朱筠、朱珪等著名文人学者在安庆留下诗文书画，便从客观上促进了“皖江”诗学内涵的不断深化。

“扬州八怪”之一的高凤翰，多次到安庆，监修过余忠宣公祠墓、学宫与阅帆楼，赋诗作画，撰写碑记，在安庆打下深深的文化烙印。尤其是雍正八年（1730）正月初二日，高氏从新安起行到安庆送皖臬刘公迁浙藩，二十九日返回歙县衙署，写日记纪行，以《皖江纪行》题名，可见“皖江”意象亦在画家笔下生成[①]。朱珪以“皖江”意象入诗频率很高，有《除夕检点诗草》“皖江四载偶搦笔”，《将之皖江留别诸同官二首》“犹绾皖江组”，《嘉庆元年丙辰九月下浣僚属以余将去，饯于猗园，作此二首以示他山之谊》“今我旋江皖”，《十七夜喜雨》“皖江六月苦嬗暍”，《喜雨次张解元愚溪韵》“自我来皖江”，《今秋桂花盛开歌以状之》“皖江地气宜卉植”等[②]。作为安徽巡抚，反复以“皖江”入诗，说明“皖江”概念已得到上层认同，内涵逐渐清晰，外延更加明确。袁枚关注皖江诗人，证明皖江诗学已经走出安徽。

乾隆年间，皖江题材的竹枝词以民谣的口吻歌唱了安庆及其周边风情。杨宾礼《皖江竹枝词》、赵绅《皖江杂咏》、程宗洛《皖江棹歌》、姚兴泶《皖江谣》等，歌咏双莲寺、菱湖、皖公山、大江、江边高楼、隔江池州、渔船、渔矶、迎江塔、望江、桐城等皖江特色物象[③]，在民间扩大了皖江意象的传播空间。

乾隆年间，时任安庆知府郑交泰与池州知府张士范往来酬唱，属邑之吏与里居绩学诗人及来往省城的文人雅士纷纷唱和，联为巨编，题名《皖江酬唱集》，请刘大櫆作序。堪称“皖江”意象的一次集大成，特别是桐城派开山

① 高凤翰：《高凤翰文集》，北京大学出版社，2014，第 120—123 页。

② 朱珪：《知足斋诗集 知足斋文集》，收入《续修四库全书》第 1452 册，上海古籍出版社，2002。

③ 潘超等主编《安徽古典风情竹枝词集》，安徽文艺出版社，2014，第 192—193 页。

人物刘大櫆的序言，扩大了“皖江”意象的影响，这从后代编印的《皖江三家诗钞》《皖江同声集》《皖江采风录》等诗歌总集可见一斑[①]。

望江县作为安庆府辖地，诗风一直较盛。清末韩宝忠开始写作的古体诗，应当算作皖江诗学的一部分。韩宝忠诗歌专题研究，恰好可以从一个侧面解剖皖江诗人羁旅流寓时的怀乡之情，从域外角度反观皖江诗学的传播与发展，有较高的学术价值。

本次韩宝忠研究成果结集，是各地学术工作者一次有组织的科研，各位同仁围绕韩宝忠诗歌文本、韩宝忠诗社活动、韩宝忠艺术活动、韩宝忠宦绩及其相关文学地理中的交游等主题展开研究，充分呈现清末民国时期皖江诗人韩宝忠的文学创作与心路历程。至于本论题的学术价值及其社会效益，只能交给读者与时间去考评。

韩瑾先生作为诗人韩宝忠研究的发起人与组织者，有着深切的历史情怀与厚重的人文素养，对家族变迁与时势迁移的关系具有独见卓识，对中华优秀传统文化有着敏锐的洞察力与判断力。韩先生全力组织发掘韩宝忠《不如痴斋诗草》手稿，出版邓稳博士整理的排印本，为学术研究提供了最基础的文献资料。惠及学林，功莫大焉！

① 叶当前:《刘大櫆〈皖江酬唱集序〉本事及其意义》,《北方论丛》2022 年第 6 期，第 154—162 页。

第一部分
文学地理学视阈下的诗人韩宝忠

Part 1

韩宝忠祖籍安徽省望江县，出生地与宦游地主要集中在北京、河北、天津、山西，其诗歌也与这些地方文人官僚密切相关。从文学地理学视阈审视诗人，揭示韩宝忠的怀乡之情、宦游之意，能够以点代面，凸显一个时代普通文人的集体心态。

韩宝忠与同乡唱和诗考述

汪祚民①

韩宝忠是晚清民国时期的诗人和书法家，祖籍安徽望江县，历任刑部主事，山西沁县和河北新乐、唐山、束鹿等县知事。其祖上因仕宦移居京城很久，他本人出生于北京，长期在北方任职，但他不忘祖籍，情系故乡。《不如痴斋诗草》是他创作、书写与编订的编年诗歌作品手稿，也是一部精美的书法作品集。其中有不少作品为他与同乡的唱和之作，本文拟对此进行考述。

一

从《不如痴斋诗草》所录诗作看，韩宝忠与之唱和较早、历时最长、和诗最多的要数其同邑乡友余棨。

余棨，安徽望江人，字节高，号大雷渔父②，亦号雷隐，光绪七年（1881）生③。光绪二十六年（1900），以监生任职户部④。宣统元年（1909）闰二月，以民政部主事官阶被推举为安庆府复选举事务所参议⑤。宣统元年十月，“由京秩

---

① 汪祚民（1964— ），男，安徽太湖人。文学博士，安庆师范大学教授，硕士研究生导师，研究方向为古代文学、古典文献学。

② 沈宗畸:《著涒吟社诗词钞》，收入南江涛选编《清末民国旧体诗词结社文献汇编》第10册，国家图书馆出版社，2013，第203页。

③ 余棨信函:“癸酉五十三岁生日自写录，乞海内大吟坛和正。”

④ 《三月初五日分发人员掣签名单》,《申报》1900年4月15日第3版。

⑤ 《安庆府复选举事务所职员名单》,《申报》1909年3月28日第19版。

改官三晋。时方清理财政，公为局会办”。[①]“越明年，复会办陆军财政”。“冬，持鹾节莅河东（即任河东盐法道）”[②]。在1910年任山西省两局会办期间，他写了一首七律：“艰难人事遇君迟，斫地哀歌一吐奇。形胜不忘天下脊，韬藏且护岁寒姿。宵灯篱读同搜讨，宦迹萍浮孰主持。未必声威淮水尽，枕戈根触鼓鼙思。”题为《赠吴石均乡丈一律并示其侄镜涛兄索和》[③]，并向其同僚、下属与友人发出和诗的邀请，收到和韵诗三百余首，于宣统三年（1911）结集付梓，命名为《尘思》。韩宝忠与余棨的第一次有明文记载的诗歌唱和就出现在这样的背景中。

民国初年编《直隶现任同官录》说：“韩宝忠，字剑芝，行六，年四十岁，安徽望江县人。由监生报捐主事，分刑部。嗣经民政部奏调，准补六品警官。宣统元年，因裁缺奏改分省直隶州知州，签分山西，试署太原地方检察厅长，委署沁州直隶州知州，改署沁县知事。民国三年四月第二次知事试考验列甲等，调分直隶任用。七月到省，十月委署新乐县知事。”这段文字集中概括地叙述了截至民国三年（1914）底韩宝忠的功名与任职经历，从中也可推知他生于光绪元年（1875）。如结合其他文献，可以考察韩宝忠在民国前的具体任职情况。光绪二十三年（1897）三月，被选为“新旧海防筹纳事例分发三月各省试用人员”，光绪二十六年（1900）至光绪三十二年（1906），任主事直隶司行走。[④]光绪三十二年（1906）九月，任刑部主事[⑤]、民政部六品警官。宣统元年（1909）任山西候补直隶州知州，试署太原地方检察厅长。宣统二年（1910）十二月，委署山西沁州直隶州知州。[⑥]由此可见，韩宝忠比余棨长6岁，任职时间早3年，但他们都是宣统元年由京秩改官山西，特别是宣统元年至二年都在山西太原，且祖籍皆为安徽望江。当宣统二年余棨发出和诗邀请，韩宝忠自是同气相应。

---

① 《山右同官录》，国家图书馆藏清宣统三年刊本。

② 黄廷辅：《尘思跋》，载余棨《尘思》，清宣统三年刊本，卷首第二篇。

③ 余棨：《尘思》，清宣统三年刊本，第1页。

④ 《大清缙绅全书》，北京荣禄堂刊本，光绪二十三年夏，光绪二十六年春，光绪三十二年夏有载。

⑤ 《大公报》1906年10月21日第1版。

⑥ 《山右同官录》，国家图书馆藏清宣统三年刊本。

《尘思》和韵诗集收录韩宝忠和诗三首和余粢答韩宝忠诗两首。韩宝忠第一首和诗为《恭步元韵》:“桃源何处得栖迟，变幻沧桑事亦奇。问世讵都如我意，入时偏少媚人姿。身非老树经盘错，架有名花好护持。记取春明门外柳，年年烟雨系离思。”[①]针对余粢原诗中对“艰难人事”的“斫地哀歌”和对时局动乱的深忧，韩宝忠的和诗先是宽慰好友余粢，桃花源只是一个美好的理想，现实并非都是尽如人意，继而表明自己心迹：虽“入时偏少媚人姿”，也没有“老树经盘错”的人脉关系和处事能力，但一定会护持架上的名花，关心支持这位有出息的乡友发展。最后一联表达了两人的友情。韩宝忠以小字注曰:“忠与观察同时由部郎出京，每念昔日陶然之游，诚不可忘。”明确指出他与余粢在京城为官时就是“陶然之游”的同乡知己了。现在“陶然之游”的机遇减少了，代之而起的是“记取春明门外柳，年年烟雨系离思”。友情在离思中显得更加深沉。不久余粢又回复了一首《叠韵答剑芝六兄》:“绿杨三径月收迟，闲集儿童听说奇。丛菊每催孤客泪，粉莲宜写六郎姿。寒宵灯穗银钗剔，上乘禅机玉版持。回首觚稜魂梦绕，依依旧事讵堪思。”[②]前六句写的是“绿杨三径”“儿童闲集”的隐居环境和丛菊粉莲各随其趣、各适其情的清新自然以及闲剔灯花、玉版禅修的闲静境界，似乎有一种超脱现实的审美追求。最后两句说阙下旧事深情梦魂萦绕，依依不堪思念。韩宝忠随后再和一律，即《再叠元韵奉和节高观察》:“狂澜力挽未嫌迟，握瑾怀珠久蕴奇。北海早钦高士范，西方争识美人姿。驰驱我逐鱼龙戏，铢两君能燕雀持。珍重良工医国手，莫教章句费神思。”[③]此诗主要称颂余粢“握瑾怀珠”的学识才华和“北海早钦高士范”“西方争识美人姿”的人格魅力，最后两句劝诫余粢“莫教章句费神思”，而要在治国理政上担当起“良工医国手”的重任。余粢领悟到了诗中深意，评曰:“剑芝再和，颇以苦吟为讽”，并再答一律:“安居有伴出偏迟，天予萧闲斗句奇。抚景易惊砖外影，干时每惜镜中姿。羡君脱帽金樽醉，劝我加餐玉箸持。不是牢愁消未得，开篇无限古人思。”[④]意味自

① 余粢:《尘思》，清宣统三年刊本，第 40 页。
② 同上书，第 40 页。
③ 同上书，第 42 页。
④ 同上书，第 43 页。

己天性好在萧闲中写诗斗奇，感叹自己非干时之才，欣羡乡友“脱帽金樽醉”的豪爽潇洒，感谢乡友“劝我加餐玉筯持”的关爱，同时肯定韩宝忠再叠和诗“开篇无限古人思”的守正情怀。《尘思》还收录了韩宝忠另一首和诗《四叠节高观察元韵自励》：“君负聪明我钝迟，移山覆篑事非奇。无恒时凛南人戒，不洁难污西子姿。胸贮一壶冰并励，手悬三尺法平持。云亭读律今非昔，八载光阴入梦思。”[①] 此诗确为向余棨表明“自励”心迹之作，集中表明自己坚守“移山覆篑”、以小成大、持之以恒、脚踏实地的人生基调和志向，追求出淤泥而不染、一片冰心在玉壶的高洁人格，以及在试署太原地方检察厅长的岗位上力图做到“手悬三尺法平持”。最后一联，再次点出“八载光阴入梦思”的乡友深情。总之，以上韩宝忠的三首和诗与余棨的两首答诗，除了步韵和答外，充分表达了两位乡友各自的思想志趣和相互之间的友爱情谊。再从韩宝忠《四叠节高观察元韵自励》的篇题看，韩宝忠至少四叠和诗，余棨的答诗也不止两首。但《尘思》只收录韩宝忠三首和诗，余棨两首答诗，各自至少少录一首。而韩宝忠在编录《不如痴斋诗草》时，筛选更严，四首和诗只录了一首《再叠元韵奉和节高观察》，并将篇题改为《余观察棨赠诗吴直牧闰辰用支韵索和》。

韩宝忠这次多叠唱和发起于乡人余棨。余棨发起唱和的原诗是一首赠乡人的诗，索和的对象多是其当时山西省清理财政局与陆军财政局的僚属，其中也有几位安徽同乡。余棨索和原诗题为《赠吴石均乡丈一律并示其侄镜涛兄索和》[②]，其中的“吴石均”，在《尘思》所收黄庭梧的和诗诗题中作“吴直刺实君”[③]，在韩宝忠《不如痴斋诗草》所收和诗中作“吴直牧闰辰”[④]，可见，吴石均即吴实君、吴闰辰，其职务为“直刺”“直牧”（清直隶州知州的别称），1911 年版《山右同官录·候补直隶州知州》载：“吴闰辰，号实君，安徽监生，光绪二十九年十二月到省。”上海《时事新报》1915 年 6 月 16 日载《核准免试知事之题名录》：“吴闰辰，安徽庐江。”综考可见，吴闰辰，号实

---

① 余棨：《尘思》，清宣统三年刊本，第 45 页。

② 同上书，第 1 页。

③ 同上书，第 13 页。

④ 韩宝忠：《不如痴斋诗草》，邓稳整理，巴蜀书社，2020，第 46 页。

君，又号石均，安徽庐江人，以监生入仕。为官山西始于光绪二十九年十二月，比余棨与韩宝忠任职山西早五六年。光绪三十四年（1908），任山西永宁州知州[①]。宣统三年（1911）闰六月之前，曾任河东监掣同知[②]。宣统三年，又任解州直隶州知州[③]。辛亥革命中成为余棨手下维护清朝统治的得力干将[④]。也许他不擅长写诗，《尘思》集中未收其唱和诗作。余棨索和原诗诗题中的“其侄镜涛”，《尘思》收录其和诗署名为“吴钟源”。1911 年版《山右同官录·试用通判》载：“吴钟源，号剑涛，安徽监生，光绪三十二年十二月到省。”他是吴闰辰的侄子，自然也是安徽庐江人。《尘思》收录其唱和诗六首，余棨答诗四首。当时参与唱和同乡中最年长的一位是吴江永，《尘思》收录其诗一首，余棨答诗一首，称“奉赠乡老吴公……此老年已七十余矣。”[⑤]《尘思》还收录了汪师度和诗两首、张守铭和诗两首（本为四首，选二首）、王锺槐和诗三首（本为四首，选三首），余棨答诗时称汪师度为“同邑人汪次裴兄”[⑥]，称王锺槐、张守铭为“王茗亭、张步渠，皆吾邑后起之俊”[⑦]。显然，汪师度字次裴，张守铭字步渠，王锺槐字茗亭，皆安徽望江人。受余棨委托编选《尘思》的张燦奎，也有和诗《读酬唱雅集敬步元韵勉赋二章录希节高仁弟观察鉴定》，自署“皖宿愚兄张燦奎南菁呈稿”[⑧]。从其自署可知，张燦奎，字南菁，安庆宿松人。民国《宿松县志》卷二十四《选举表三》载张燦奎为光绪辛卯（1891）科举人，“遵新章考取吏部誊录，分考功司供职，调稽勋司。期满，改本部八品录事。历充京师外城巡警总厅西分局办事委员，分发河南补用布政司库大使。河南法政学堂职班毕业学员。经安徽巡抚朱家宝咨留本省襄办学务，历充定远官学堂长、安徽高等学堂经学教习、山西河东官盐总局副办河东道文

① 《晋抚派兵弹压民变》，《汉口中西报》1908 年 6 月 26 日第 4 版。

② 《辕门抄》，《晋阳公报》1911 年 8 月 2 日第 2 版。

③ 徐嘉清、曲迺锐：民国《解县志》卷十上，民国九年石印本，第 23 页。

④ 《宣统三年十一月初一日署河东道余棨致内阁军咨府盐政院电》，载中国史学会《辛亥革命六》，上海人民出版社，1957。

⑤ 余棨：《尘思》，清宣统三年刊本，第 41 页。

⑥ 同上书，第 35 页。

⑦ 同上书，第 65 页。

⑧ 同上书，卷首。

案”。以上七人除吴闿辰外，皆参与了余棨发起的和诗。他们都是余棨的同乡，也是韩宝忠的同乡。所以韩宝忠与余棨的唱和，通过《尘思》这部酬唱集的中介，也就成了与这几位同乡唱和。

韩宝忠与余棨的第二次唱和是在1924年初。《不如痴斋诗草》收录韩氏和韵诗《和余节高〈甲子元旦京居〉》[①]二首，未附原唱，而已知的余棨唱和诗集共三个，皆辑于民国之前，其《甲子元旦京居》也未见民国报刊，故不能将原唱与韩宝忠和诗进行对比审视。此诗诗题后，韩宝忠自注“补作元韵”，表明这次和诗并不是及时和答，是后来补作的。此时韩宝忠刚辞去束鹿县知事不久[②]，而余棨自1916年辞去湖南武陵道尹后一直在京任众议院议员。在这两首和韵诗中，有对他与余棨为官山西时“华筵争逐醉笙歌”“同居击钵斗奇新”的诗酒风流的追忆，有“骋怀沧海捞明月，过眼繁华散逐尘”的失意与空幻，有“世道静参如水镜，人情今更薄云罗”的人生感悟，也有“蓬门深闭懒迎宾”的一时消沉，这是他辞官去职后的复杂心态的集中体现，但他并没有彻底心如死灰，而最终发出了“天下滔滔君有责，狂澜欲挽待何人”的呼唤，对余棨寄予了拯救天下的厚望。

韩宝忠与余棨的第三次和诗是在1931年。《不如痴斋诗草》收录韩氏这次和余棨诗《节高以在皖赠别同乡诸诗见寄依韵奉答》[③]，共两首律诗。其一为七言律诗，步“迟、时、期、谁、诗”韵；其二为五言律诗，步“鳞、春、真、伦”韵。两诗之后分别附有余氏原唱七律、五律各一首，为余棨在安庆告别同乡的诗。余氏此次回安庆，历时两三个月，其原唱五律诗句“归皖双三月，江清羡泳鳞”可证。《申报》1931年3月7日第16版《皖同乡会推举会董》：“安徽旅沪同乡会日前开第五次执委会议……并照章推举会董，先提出二十二人”，余节高名列其中。由此可见此时余棨常住上海，1931年春节是在安庆度过的，3月初回到了上海，参加安徽旅沪同乡会日前开第五次执委会议。从韩宝忠和诗诗句“迢迢双鲤未嫌迟，恰是东风解冻时”看，他是在

---

① 韩宝忠：《不如痴斋诗草》，邓稳整理，巴蜀书社，2020，第157页。

② 韩瑾、邓稳：《韩宝忠年谱简编》，载韩宝忠《不如痴斋诗草》，邓稳整理，巴蜀书社，2020，第264—265页。

③ 韩宝忠：《不如痴斋诗草》，邓稳整理，巴蜀书社，2020，第194页。

春天接到余氏寄达在皖赠别同乡诗的。《不如痴斋诗草》在上述诗后又有《春思步斯文同扶韵答余大》[①]四首七言律诗，乍看起来是步韵和诗答另一友人余大，其实此处余大即为余棨。黄华《纪余诚格》："皖人余诚格，字寿平，籍隶望江……长子余棨，字节高。"[②]樊增祥《清诰封一品夫人余母倪夫人（余棨母）墓志铭》："子八：棨、盘、棻、杲、臬、椒、㮚、概"[③]。因余棨为余诚格长子，在兄弟间排行老大，故韩宝忠称之为余大，题中"答余大"似仿唐代高适诗题"别董大"。和诗后所附的余大四首原作第一首中有一联"药阑梧井人人护，皂帽青毡代代宜"，每小句下作者分别自注曰："天台里，宅右有王父手植梧桐及藤架，左有井古圈，篆云'并受其福'。宅内船厅有先中丞手植芍药，在走廊内手植牡丹。于登仙箓前一年，与李景文、袁瞿兄拍照于牡丹下，今独牡丹已毁矣。""子弟虽不能绵诗礼之旧，予有弟七人，念未有一污仕版者。"中丞为明清时对巡抚的称呼，余棨的父亲余诚格曾任陕西巡抚和湖南巡抚，注文中谈到其位于安庆天台里家宅内船厅有"先中丞手植芍药"，很符合余棨的身份。上引《清诰封一品夫人余母倪夫人墓志铭》文字表明余棨兄弟共八人，棨为老大，与此处注中所说"予有弟七人"相吻合。这些进一步印证了韩宝忠和诗所附原唱诗的作者余大即为余棨。又《春思步斯文同扶韵答余大》后所附的余棨原诗分别有吟咏故乡人事的诗句："药阑梧井人人护，皂帽青毡代代宜。不少故交珍后约，临歧手不折杨枝。""吾乡忠正李孙文，范世同留皖史芬。""心同况复里居同，点点灵犀一脉通。""芳洲杜若容将采，蜷局离忧睨故都。"由此可以断定，此四首诗也是余棨在皖赠别同乡诸诗的一部分。《不如痴斋诗草》中，韩宝忠对自己的和诗与余棨的原诗收录完整，就连余氏原诗中的自注也保留下来，这为对比研究诗人唱和时各自不同的心态提供了丰富的资料。总体来看，在这次唱和中，余氏表现出的是积极的入世心态，而韩氏则表现出对现世的不满和独善自处之趣。最典型的是《又步鳞春真伦韵》和余氏原作。余是"清江羡泳鳞"，而韩是"踡居等伏鳞"；余是"忽亲聆大夏，偕我乐阳春"，而韩是"谁为天下雨，复睹太平春"；余是"圣

① 韩宝忠：《不如痴斋诗草》，邓稳整理，巴蜀书社，2020，第 195 页。

② 黄华：《纪余诚格》，《南华日报》1934 年 12 月 24 日第 11 版。

③ 石巍：《湖南巡抚余诚格夫人倪氏墓志铭》，《文物鉴定与鉴赏》2021 年第 19 期。

教何妨晦，斯文信有真”，而韩则是“养性当知止，明心自见真”；余是“愿持公过奖，借以起群伦”，而韩则是“杜门无个事，乐趣叙天伦”。对比之中，其心态差异是很明显的。

韩宝忠与余棨的第四次唱和是在 1933 年。《不如痴斋诗草》录韩宝忠和诗题为《余节高以癸酉五十三岁生日自写七律五章见寄和以原韵》，其五首七律，同时也附有余氏五首七律“原唱”。[①] 这次唱和与上次一样，唱诗与和诗都在《不如痴斋诗草》中收录齐全，这为研究提供了一个互参的场域。更可喜的是，韩宝忠还珍藏了当年余棨发起和诗的邀请函件，有利于更详细了解余韩唱和背景。函件的开头部分为诗题和作者自己的介绍“《癸酉五十三岁生日自写录，乞海内大吟坛和正》，节高余棨拜稿（古皖郡望江人，旧曾另号雷隐）”，接着是五首七律诗的文本，最后是和诗的邮寄地址和自己近况附言：“和诗请寄上海英租界慕尔鸣路彬兴里三百零一号。时因一目已先完全复光，由沪侨寓敬旋皖之望江、宣城、太湖等县筑墓、祭祠、扫径。附告。”最后的附言表明，1933 年余棨侨居上海，曾双目失明，经治疗有“一目已先完全复光”，故其索和七律诗中有“金篦刮后纵观宜”之句。一只眼睛复光后，就由沪至皖主持家族筑墓、祭祠等活动，因为他的祖父和母亲葬宣城，父亲葬望江。也许他已退出政坛，赋闲寓沪，才得以从容治疗眼病，回乡修墓，举行祠祭。此附言为正确解读韩宝忠和诗提供了依据。韩氏此次和诗第二首：“银海今朝复了然，行吟礼忏尚年年。故园偶赏天台月，画舫常冲歇浦烟。欲出三千全世界，且参十二妙因缘。逍遥物外焚香坐，默诵南华秋水篇。”在其中“银海今朝复了然”，“画舫常冲歇浦烟”等句下，韩宝忠分别自注：“近年双目失明，现已一目复光。”“近年侨居沪上。”如果仅从此诗文本和作者自注看，很容易将此诗解读为韩宝忠的自我抒写，但有上述余棨函件附言作为参照，则此诗只能解读为韩宝忠接到余棨函件，了解余氏近况后，以“银海今朝复了然”诗句及自注表达对余氏“一目已先完全复光”的欣喜与祝贺，以“画舫常冲歇浦烟”的诗句及其自注表达对余氏近年侨寓沪上逍遥闲适生活的称许与欣赏。在这种解读语境中，此诗的另一句“故园偶赏天台月”并自注：

---

① 韩宝忠:《不如痴斋诗草》，邓稳整理，巴蜀书社，2020，第 203—205 页。

“安庆故宅在天台里”，也只能理解为余粢的安庆故宅在天台里，“故园偶赏天台月”是对余粢在上述函件中称说自己即将返回故乡的意象表达。另外，此次和诗第一首有“南来霜鲤增离绪，北客秋鸿恨爽期”两句，其中韩宝忠将余粢从上海发出的请求和函件称之为“南来霜鲤”，将自己称为“北客秋鸿”，可见韩宝忠当时在北平，这也旁证了此诗的前四句是写余粢而不是夫子自道。对比综观韩宝忠与余粢的此次唱和诗，发现余氏吟咏心态发生了很大的变化，比较接近韩宝忠。如原唱中“倐然上下窥三界”“道参释老合儒心”“小家嘻嗃佛香薰”这种道参佛老的人生取向在以前唱和诗中很少见到。而韩宝忠的和诗依然是对过去的追忆（“云山北向同游地，怅触并州旧日思”），对现实的不满（“白眼仍余嗣宗傲”“浊世何劳刮眼看”），当然更多的是皈依佛老，修身养性，闲适淡定（“逍遥物外焚香坐，默诵南华秋水篇”“晨昏稽首拜观音，坐理松风一曲琴”“愿灭六根参佛果，未因五斗负鱼竿”）。

二

韩宝忠先后与之和诗的乡人还有李灼华、王世德、周籁岑、姚联奎、桂岩、徐旭、许世英、姚鼐和江朝宗。

《不如痴斋诗草》庚戌年（1910）诗歌第一首就是《李肖峰乡丈因谏去官赋诗二律留别京友爰步元韵以和》①。从篇题看，其和诗的对象是乡人李肖峰。《光绪甲午恩科会试李灼华硃卷》：“李灼华，字炳蔚，号肖峰，一号炎荣。本行四，今行一。同治丙寅年十二月十七日吉时生。安徽颍州府霍邱县戊子科优贡，选用教职；辛卯科举人。”光绪甲午进士，历任翰林院庶吉士、翰林院检讨、掌山东道御史、给事中。积极上疏进言，敢于直谏，不少建议为清廷采纳。1909 年，因上《学堂难恃拟请兼行科举折》②，遭到都察院参劾，降职“回原衙门行走”。其遭参劾的理由是“于新学新政毫无研究，施其顽固意

① 韩宝忠：《不如痴斋诗草》，邓稳整理，巴蜀书社，2020，第 45 页。

② 李灼华：《学堂难恃拟请兼行科举折》，载《清末筹备立宪档案史料》下册，中华书局，1979，第 93 页。

见”[①]。鉴于“回原署亦并无正差可当，颇有终老林下之意”[②]，最终辞职。在惜别京城友人之际，特意创作七律二首以表心迹。《不如痴斋诗草》附录此二诗原文，但其准确的篇题还有待查考李氏诗集《林泉隽语》。李灼华在诗中表达了释褐京居十六载，“捧日心悬常恋阙，回天力薄尚陈书”的尽职尽责和“枉道难甘志岂疏”的执着，对晚清朝廷“台班视掾曹”“何容鸣仗马”太息不满，同时表示“归志未忘天下事”。不过他也很遗憾，“一奏未工名堕落”，至少在表面上承认了自己最后一次上疏也有“未工”之处。韩宝忠对于李灼华的两首七律留别诗给予步韵和诗，用韵字及其先后顺序严格按原唱以显诗才，并在篇题中用“乡丈”表达乡情与敬意。在诗中，他指斥“直道不行空折槛，斯文将丧等焚书”的沦丧现实与“侈口富强无至计，望洋徒剩几唏嘘”的无望时局，以减轻乡丈“一奏未工名堕落”的内心压力，希望看到乡友“自公退食无余事，闲看儿童学体操”的闲适状态，祝愿乡友“笔底词源倒峡如”，“淮海诗情策六鳌”。二首和诗入情妥帖，韵律精工。

《不如痴斋诗草》辛亥（1911）诗歌中有《和王啸亭答周茗艿留别北京原韵四章》[③]，也可说是与同乡唱和诗。诗题中的“啸亭”，按当时称呼惯例应为字号。韩宝忠此组和诗第三首“王郎漫促祖生鞭”句下自注曰：“啸亭为连观察印罗致警署，畀以重任，忽拟南归，寄书以阻。”又诗开头有“并州萍聚好周旋”句子，韩宝忠1909年由京官改任山西候补直隶州知州，试署太原地方检察厅长，直到1911年元月，委署山西沁州直隶州知州，才离开太原。在太原，韩宝忠与王啸亭有短暂的同城任职经历，故言“并州萍聚”。由此可见，王啸亭是南方人，深受山西巡警道道员连印器重，委以警署重任。任职不久，辞职南归，韩宝忠一度寄书劝阻未果。清末民初，字号为“啸亭”的士人可查考到若干，只有婺源王世德近似。民国《婺源县志》卷十六《选举四·贡职》载宣统年间贡生：“王世德，字啸亭，词川人。庚戌（1910）正贡。”并注曰：“元年己酉，因科举停止，准各学生员会考拔贡。”1910年7月，京都外城巡警总厅为自治研究所毕业学员举行毕业考，并公布了发给毕业文凭生

① 《三侍御回原衙门之原因》,《津报》1909年3月27日第3版。

② 《李灼华之拟退》,《汉口中西报》1909年4月5日第4版。

③ 韩宝忠:《不如痴斋诗草》，邓稳整理，巴蜀书社，2020，第51—52页。

员名次，王世德名列其中[①]。据此，王世德在1910年7月前几年时间里一直在北京，先考入了北京外城巡警总厅自治研究所，后又通过清廷会考获得拔贡资格。1910年7月，他从北京外城巡警总厅自治研究所毕业，可能就被山西巡警道看好罗致警署，但1910年底辞职南归。1913年1月，王世德被选为婺源省议会当选人[②]。韩宝忠这组和王氏诗作于王氏辞职南归不久，自己到任沁州直隶州知州的1911年。周茗艿，韩宝忠和诗所附的王氏原诗注曰："来书谓卒业后改用原名'周斌'。"《望江县志·人物》："周籁岑（1877—1941），名斌，字茗艿，又名伴鹤山樵，县城人。出身书香门第，弱冠补廪生。光绪三十四年（1908）入京师，考入高等法政学堂习法律，与袁祖光、熊袁翰等创办'著涒吟社'，互为唱和。宣统二年（1910）法政学堂毕业，授杭州推师，归家不就。民国十一年（1922）与周少岩、王卓吾、史篆芳、韩介眉等兴办'北山诗社'，历时六年共集诗作六卷，由李涧泉手抄成册。民国十六年（1927），在北伐战争胜利形势的鼓舞下，于天命之年，出任县雷阳小学国文教员；同时倾租田30亩和妻、女的私房积蓄及自己薪金共600元大洋，资助儿媳龙惠芬兴办维坤女子小学校，倡导妇女受教育。民国二十八年（1939），日军侵占望江县城，周避居白沙彭家圩，仍带病坚持办塾学，平生多抨世诗作，其《虫吟》八首，以'蚊''蝇'等物象辛辣斥责结党营私、趋炎附势之徒。著有《虬庵诗集》六卷，今存一卷。"[③]这段文字详细记载周氏的原名、后用名、字号、籍贯和在京参加著涒吟社的活动情况，可与韩宝忠这组和诗及其所附王氏原唱互证补充，帮助我们认识他与韩宝忠的关系。其中说周氏是望江人，离京后多在望江工作生活，可以确证周氏与韩宝忠、佘棨是同邑乡友。在《著涒吟社同人录》中，可以找到韩宝忠与佘棨的名号，但没有周氏的载记。上述引文说他参加过著涒吟社诗歌创作活动，又名伴鹤山樵，以此为线索在《著涒吟社诗钟集》中找到了署名为"伴鹤山樵"的周氏作品。同时根据《著涒吟社同人录》所录韩宝忠的别号"望潇湘馆"和佘棨的别号"大雷渔父"，在《著涒吟社诗钟集》中找到了两人的诗钟作品。由此可以进

① 《榜示》，《京都日报》1910年7月15日第6版。

② 《婺源省议会初选当选人名录》，《神州日报》1913年1月10日第10版。

③ 望江县地方志编纂委员会：《望江县志》，黄山书社，1995，第696页。

一步证实，周氏在京时与韩宝忠、余粢共同参与著涒吟社的唱和活动，又是同邑老乡，关系十分密切。不过，说周氏1908年入京与1910年离京，是不准确的。韩宝忠和诗所附王氏原诗四首第一首有“三载梦萦京口月，一编狼藉渭城歌”之句，并自注曰：“己酉（1909）去都，偶得四诗留别同学。”韩宝忠和诗第三首“别酒曾开月下筵”句下自注曰：“元宵前一日，王为饯别于井盛园。”这些有关周氏的诗句与注释表明周氏在京有三年时间，是1909年离京的，其入京时间按虚岁算也是在1907年（光绪三十三年）。他离京时，王啸亭为之饯行于井盛园，时间是“元宵前一日”。韩宝忠注得如此详细，说明他也参加了此次饯行宴饮，他们三人的关系非同一般。刘富强《周籁岑与〈茗艿诗草〉》：“周籁岑著有《虬庵诗集》六卷。惜笔者未曾亲见。只在六十年代后期从诗人的裔孙处借到过一本手抄的《茗艿诗草》。系诗人亲手所书。朱纹八行笺，行楷小字。书法极工极佳，领具赵孟頫书味。眉批有行有草，皆为诗家本人所加注。全集载诗180余首，悉为宣统年间所作，……《将出都赴浙留别诸友二首》正是这种对朝廷与自己前途丧失信心，又不得不聊为一试的痛苦无奈的复杂心情的代表作：‘流光三载易蹉跎，混迹春明感慨多。旧梦思量余短剑，新愁打迭付高歌。谈天酷嗜挥尘麈，媚世墉（应为“慵”）看省画蛾。莫道风尘增阅历，年来圭角未全磨。’在第二首里诗人更加直接说出自己赴浙的心理：‘不为无才思裹足，此行聊以了平生。’可以说他的赴任完全是为了三年所学，才不得不聊以一试的。”[①]其中详细介绍了周氏诗集流传情况，特别是其中介绍周氏1909年初离开北京时留别诸友诸诗，直接与韩宝忠和王啸亭诗相关。韩宝忠《和王啸亭答周茗艿留别北京原韵四章》主要是依王啸亭诗而作，而王氏诗又是和答周氏诗而作，周氏诗可谓韩宝忠这次和诗的源头，韩宝忠和诗其所附只有王啸亭原诗而缺周茗艿原诗。上述引文虽只载录周茗艿《将出都赴浙留别诸友二首》中第一首全文和第二首二句诗语，但在一定程度上补了韩宝忠和诗所附原诗之缺。篇题中的“二首”本应为四首，可能是周氏编选《茗艿诗草》删去其中二首后所改。从用韵看，周茗艿《将出都赴浙留别诸友二首》中第一首韵脚字及其次序是“多、歌、蛾、

① 刘富强：《周籁岑与〈茗艿诗草〉》，《图书馆工作》2003年第4期。

磨”，韩宝忠、王啸亭和诗第一首与之完全相同。第二首虽只知“不为无才思裹足，此行聊以了平生”二句，但其用“生”韵，也与韩宝忠、王啸亭和诗第二首是一致的。另韩宝忠和诗第三首“新诗触忆湖边景”句下自注：“谓原诗‘五湖风月我无缘’句。”此处“原诗‘五湖风月我无缘’句”，即周茗芗原诗第三首的诗句，其中的“缘”韵，又与韩宝忠与王啸亭和诗第三首相同。由此推知，韩宝忠、王啸亭各四首和诗皆为和韵诗，其用韵皆为周诗之韵。从诗的情感内容看，周氏第一首诗抒写京居三年无所收获，只留下了蹉跎岁月的深深感慨，旧梦已醒，新愁日增，心生对挥麈清谈酷爱，对画蛾媚世不屑一顾。他对现实不满，但并不消沉，手“余短剑”“圭角未全磨”，周氏第二首诗“不为无才思裹足，此行聊以了平生”，也含有这样的意思。王啸亭和诗对周氏不满现实、日增新愁深有同情与共鸣：“黑貂边塞感蹉跎，拨我风尘涕泪多。”“白傅琵琶应感慨，杜陵词赋总悲鸣。”“鹧鸪处处鹃声乱，蜀道难于太白诗。”但他倦游消沉的情绪浓厚：“为订莼鲈秋后约，路长羸马早回鞭。”“燕市梦阑残筑动，胥涛风紧去帆迟。”韩宝忠此时心境与周、王迥然不同。他刚刚上任沁州直隶州知州，对现实充满信心：“天演竞争新世界，人才如鲫未嫌多。旷观东亚和平局，谁赋南风解阜歌。”他深感“才短难偿求治愿，时危枉作不平鸣”，“自惭捧檄负明时”，勉励周、王并自勉：“英雄时事犹堪造，出匣干将着意磨。”他不赞同王啸亭得到赏识担当重任仍辞职南归：“知己感恩吾辈事，王郎漫促祖生鞭。”也不认可王啸亭倦游隐退的消沉态度，甚至提出委婉的劝讽：“须念国民担负在，幽居忍赋辋川诗。”和诗充满积极进取的精神。

《不如痴斋诗草》己未（1919）诗歌中有《姚星五观察〈六十自述诗四律〉索和元韵》四首七律，并在“惜阴迹近思陶侃”句下自注曰：“姚，桐城人。”① 可见，这也是一组与同乡唱和诗。

姚联奎主修《安徽桐城麻溪姚氏宗谱》卷十二对其自己的记载较详：“联奎，湘泉公嗣子，字星五，号味菘，监生。由县丞指分山东。以治河功累保直隶州知州。时黄河频为民患，爰溯源穷委，上治河三策，鲁抚周公大器之，

---

① 韩宝忠：《不如痴斋诗草》，邓稳整理，巴蜀书社，2020，第 117—118 页。

饬属仿行，奏奇效，益畀重任，河患渐弭。历署济宁州知州、沂州府知府，多政绩，保升道员花翎二品衔，军机处存记，授资政大夫。复以治河需才，奏派督办山东上游河工。会直隶孟居决口，屡塞无功，直民越疆乞拯，奉命兼摄三阅月而工成。民国二年，河决濮阳双合岭。四年，再决刁城集。皆赖总持堵合之。叙功，以道尹交国务院存记。任命直隶大名道道尹，兼权河务。先是直隶黄河北岸修守悉归诸民，二十余年中溃决十二次，因请于大府，改归官守。章四上，乃底于成，民由是庆更生焉。护冀南镇守使篆，溉晋二等大绶嘉禾章。咸丰庚申（十年，1860）十月十一日生。”又《申报》1915年11月22日第2版、1919年3月4日第2版、1920年11月18日第6版《命令》：“任命姚联奎为直隶大名道道尹”，“任命姚联奎兼直隶黄河河务局局长”，“直隶大名道道尹兼黄河河务局局长姚联奎，因病恳请辞职，姚联奎准免本兼各职”。由此可知，姚星五，名联奎，因治理黄河有才略立大功，1915年11月被任命为大名道道尹，1919年3月兼任直隶黄河河务局局长，直到1920年11月辞去所有职务。他生于1860年11月23日，到1919年11月正好是六十岁，其《六十自述诗四律》也作于此时。

民国初年，在地方废除了府州行政层级，实行省管县两级行政制度，至民国二年（1913）1月8日公布的《划一现行各道地方行政官厅组织令》，在省县之间增加道这一行政层级制。道的行政长官初名观察使。民国三年（1914），袁世凯为加强对地方的控制，公布《道官制》，进一步实行地方军民分治，改观察使为道尹。道制由此在全国各省实行，直到民国十九年（1930）废除①。姚联奎任大名道尹，管辖原大名、广平、顺德3府及冀、赵2直隶州区域，包括大名、唐山、隆平等37县②。姚联奎任大名道尹伊始，韩宝忠署理新乐县知事③，1918年6月正式任命为新乐知县④，此年9月离任调省。新乐不属大名道辖县。1919年上半年，韩宝忠任唐山县知事⑤，成为姚联奎僚属。

① 傅林祥、郑宝恒：《中国行政区划通史·中华民国卷》，复旦大学出版社，2017，第67—76页。

② 同上书，2017，第340页。

③ 《巡按牌示》，《大公报》（天津版）1914年11月2日第5版。

④ 《命令专电》，《大公报》（天津版）1918年6月29日第3版。

⑤ 《关于拒毒汇志》，《大公报》（天津版）1919年6月8日第10版。

1919 年 8 月，韩宝忠因办理地方事务政绩卓著经咨内务部奖予四等勋章①。1920 年 4 月，唐山地方乡绅百姓为韩宝忠立政绩碑②。这些主要是韩氏自己才能的显现，但也许与姚联奎的重视与荐举分不开。韩宝忠对姚联奎这位年长又是同乡的上级敬重有加。姚氏作《六十自述诗四律》③索和，他不仅自己步韵和诗四首，而且还代隆平县知事蔡功甫步韵和诗四首，并将姚氏的原唱四律附录于自己和代作的和诗之后收入自己的诗集。

姚联奎《六十自述诗四律》主要自述了以下几点：其一，治理黄河的业绩。“治河幸上安澜颂，久任难求自在身。”“河朔长堤归改守，冀南重镇谬兼权。此心不负堪盟水，濮上三年信夙缘。”这些诗句提到了自己总结治河经验而上《治河三策》，在濮阳三年总持堵合黄河决口，请求将河朔黄河大堤由民治改归官守而民庆更生等主要功绩，与他主修家谱里的自传所述重点是一致的。其二，对人生的感悟。他感叹“光阴过眼若云烟”，“未来岁月几庚申”，领悟到了中国士人的传统智慧：“茫茫宦海倦游人，与世浮沈莫问津。”“知命才能说乐天”。其三，优良家风的传承。他自信“忠厚传家谨服膺”，“祖德绵延求勿失”，遗憾“书香继述力难胜”。其四，对卸任公职后闲隐自适、乐享天伦生活的期待。他欣喜“已往年华周甲子”，“添丁喜见四孙枝，绕膝含饴正及时”，深感“马犹在栈谁怜老，鸟得还林不羡仙”，憧憬“晚节高风还就菊，欲携短杖问东篱”卸职休闲的生活。也许正因如此，他在 1920 年 11 月称病请求辞去一切职务并获准④。韩宝忠的和诗与代为隆平县知事蔡功甫所作的和诗，除了韵律上全为步原诗韵外，在内容上也有与原唱相应一致的地方，这就是歌颂姚氏的平生功绩。“曾绾兵符剑倚天，六军齐发扫狼烟。堤平瓠子都称佛，酒饮麻姑且学仙。察吏严明能殿最，安民心自有衡权。”“争说濮阳润九里，谋猷窥不到藩篱。”“公才公望更诗人，山斗曾经接析津。”“记得酬庸觐九天，衣冠曾惹御炉烟。祥开熊轼参诸县，曲咏霓裳集众仙。列阵森严威秉纛，平河疏浚妙通权。”这些无一不在称说姚氏在治河治军、察吏安民等

① 《请奖知事》,《大公报》(天津版)1919 年 8 月 25 日第 10 版。

② 张明:《河北隆尧石刻》，科学出版社，2018，第 281—285 页。

③ 韩宝忠:《不如痴斋诗草》，邓稳整理，巴蜀书社，2020，第 120—121 页。

④ 《电保大名道尹》,《大公报》(天津版)1920 年 11 月 15 日第 9 版。

方面的才能、威望与功绩。因为姚氏这次索和正值他六十寿庆之时，和诗从某种意义上成了一种祝寿诗。“欲瞻龙马精神未，且颂《鸳鸯》福禄申。岭上梅花期上寿，庭前明月证前身。名亭进酒思乡饮，僚从称觞宴古春。”“轻施玉烛调元手，共慕金刚不坏身。酒进南山无别祝，大椿连理八千春。”“嵩呼再再蟠桃献，乡饮双双邛竹持。”“一语堪为仁者寿，岁寒松柏比青曾。”这些诗句，或用典，或从字面，表达了对姚氏福寿双全的祝愿！因为姚氏这次向韩宝忠索和，实际上是上级对下级的索和，作为下级的韩宝忠在和诗中也没有放过机会向上级委婉地表达请求提携与关照之意。“共沐春风风众人，自惭才拙困无津。”并自注《晋书·陶侃传》中陶侃因范逵荐举而发达的故事，其请求提携之意是很明显的，也是很得体的。韩宝忠调任唐山知县，成为姚氏属下，获奖立碑，声名鹊起，与姚氏的关注与荐举也许有一定的关系，所以和诗中“察吏严明能殿最，安民心自有衡权”等诗句在称许姚氏察吏严明之时，也委婉地表达了对姚氏关爱的谢意。总体来说，韩宝忠的八首和诗皆用心创作，用典步韵精工，表情达意得体。

《不如痴斋诗草》庚申年（1920）诗歌中录有《佛洗曲（并序）》。其序曰：“张氏名佛洗，小字政儿，籍隶中州滑县，为古秋浦桂老辛先生之宠姬也。幼年失怙，贫不自给。母携弟再嫁，适先生三兄赴汴运盐，购归，侍母颇得欢心。丁未（1907）夏，先生充山海关警察局局长，迎母避暑。先生夫人多病，乞姬为妾。……庚申夏，忽患喉症，缠绵六阅月，竟于十二月十七日故去。呜呼！小玉验脱难之梦，黔娄动营奠之悲。先生因赋《悼亡诗》十数首，遍征吟咏以志伤感。……乃作长歌三十三韵，名曰《佛洗曲》，纪事实焉。”[①] 从序文可知，这是和秋浦桂老辛悼亡之作。秋浦是池州境内一条有名的河流，诗仙李白有《秋浦歌十七首》。据此，桂老辛为池州人，与韩宝忠是同省老乡。国家图书馆藏《忆香诗存》，其卷首刘孟扬、郭心培两人之序皆称此书为桂玉辉悼亡之作。书中有《香侬小传》，篇末题署：“庚午腊月老辛撰于北平。”民国八年（1919）《旅津安徽同乡录》载：“桂岩，字玉辉，年四十二岁，贵池县人。现署徐水县知事，住河北元纬路同庆里。”原来桂氏名岩，字

① 韩宝忠：《不如痴斋诗草》，邓稳整理，巴蜀书社，2020，第124页。

玉辉，号老辛。曾在京任都察院笔帖式上行走[①]，1905年底调外用，任二局三区二等巡官。1906年8月，任山海关分局巡官[②]。1907年夏，任“山海关警察局局长”。1915年考询合格知事分发京兆[③]。1917年前后，任皖南茶税总稽察[④]。1918年，任徐水县知事[⑤]，直到1923年免职另有任用[⑥]。总之，桂氏小韩宝忠三岁，早期同在京城任职，外调出京任职的时间要早四五年，可能在京城时就已认识。桂氏第一批悼亡诗十四首作于1920年腊月其爱姬张氏去世之时，时任徐水县知事，而韩宝忠时任唐山县知事，两县都是直隶辖县，在事务上或多有往来。当桂氏以悼亡诗征诗索和时，韩宝忠经历过悼亡之痛，出于对同乡的同情，立即和诗回复。在《不如痴斋诗草》中不仅收录了自己的和诗，还将同乡老友的悼亡诗十四首全部附录于和诗之后。桂氏悼亡分十二首七绝和二首七律诗，从生活的各个方面表达自己对亡姬的怀念与痛悼，有些篇章也很感人，如：“十幅蛮笺难写情，春花秋月总愁城。翠钿半折埋香冢，知否来生未了盟。”也许因其正妻还活着，其悼亡诗总体在情深意切方面要逊于韩宝忠的悼亡诗。韩宝忠和桂氏诗一改通常的和韵做法，而用七古三十三韵六十六句的长调，句数比桂氏十四首总句数还要多两句。此诗具体抒写了桂老辛爱姬张氏微贱悲苦的身世，秀外慧中、善解人意的才貌与德行，追求雅洁的品质与意趣，表达了对张氏英年早逝、香消玉殒的哀惋悼惜，对同乡桂氏的同情与安慰，同时配以长序，韵散结合，非常得体地表达了哀悼之情。“调羹余暇嗜翰墨，净几明窗常侍侧。选韵能成咏絮词，裁笺爱写簪花格。呼唤灯前教女红，从来不识剪刀工。黛舒浅画双眉柳，针巧都夸十指葱。平生有癖只好洁，樱口清言霏玉屑。应是龙华会上人，五香佛水浴前身。何修桃叶赓同梦，雅似莲花不染尘。”这些诗句，用典恰当，雅丽精工。

《不如痴斋诗草》癸亥年（1923）诗歌的最后一首为《和徐茗樵〈重过

① 《谕旨》，《京话日报》1905年12月20日第6版。

② 《改委巡官》，《津报》1906年8月23日第3版。

③ 《十月分考询合格知事分发名单》，《神州日报》1915年12月30日第7版。

④ 《茶税委员之揭晓》，《神州日报》1917年3月3日第7版。

⑤ 刘延昌、刘鸿书：《徐水县志》卷八，1932，铅印本，第53页。

⑥ 《命令》，《时事新报》1923年4月1日第6版。

安园〉律句步许隽人省长〈后乐轩〉韵》[①]，显然是和徐茗樵与省长许隽人两人诗歌的。陈衍《石遗室诗话续编》卷六："望江徐茗樵旭，有《青湖诗钞》。"民国四年（1915）二月四日《安武将军督理安徽军务倪嗣冲呈保荐人员徐旭遵批送觐文并批令》："徐旭，系前清光绪辛卯科举人。丁未年礼部会考中试，以即用知县分发云南。比由安徽巡抚冯煦咨留在院办理学务，不扣资格，历充学务公所考验科员，陆军学堂教务长，并《皖政辑要》局编纂各差使，均能才余于职。到滇以后为云贵总督李经羲所识拔，充当云南全省两级师范学堂监督，历补河西蒙自等县，并署阿迷州知州。地当滇越铁路正冲，汉猓并处，华洋杂居，内政外交，治理匪易。该员屡与法人交涉，争回铁路余基，督修城外马路，举办地方立宪各新政，修理井然，措施悉当。至今滇南人士，歌诵未衰。民国初立，该员以大局未定，闭户家居，被选省议会议员，委署潜山县知事，均辞未就职。仅为前安徽财政司长李国筠担任清理财政事务，钩稽精当，规画咸宜。去秋嗣冲莅院，因李国筠保荐，首命该员署理怀宁县知事。时值大乱之后，百政待举，棼如乱丝。怀宁为全皖首邑，事务繁难，兼值党派林立，议会嚣张，盗匪纵横，兵差络绎。该员理繁治剧，操纵自如。年余以来，如督修万全圩工，创办工业学校，举办清乡团防，推广乡镇警察，编制长江水警，解散县议会以杜纷扰，创设地方财政局以一事权，皆其成绩之灼然可见者。嗣冲前为该员请补本缺并请免予试验，均奉批令在案。此次于戒严出力案内，保请以道尹存记。"[②] 姚永概《慎宜轩日记·乙卯（1915）日记》正月二十五日："徐茗樵来。"并用小字自注："新保道尹，望江人。"可见，徐茗樵，名旭，望江人，晚清民国县级地方干济能吏，为当时省城安庆办了许多事情。《青湖诗钞》附录安徽自治报记者秋燕《徐茗樵先生事略》："望江徐茗樵先生，讳旭，字晓阳，又字晓岩，复改晓埏，又号朗初，茗樵又其通用之号也。先生生于同治庚午（九年，1870）清明日……民国十年（1921），本县各公团推为教育会长，复因赈事，推为华洋义赈会长。……闰五月间，接同邑檀斗先生讣告。檀以名翰林历官京内外，文学为

① 韩宝忠：《不如痴斋诗草》，邓稳整理，巴蜀书社，2020，第 155 页。

② 徐世昌：《政府公报》1915 年 2 月 7 日第 988 号，第 24—26 页。

先生所钦。上年犹相约修本县志，今阅其行状，为之流涕。因复自念，从容语哲嗣等以后事，绵延至月底，寿终，年五十又三。”从其生年到享年的叙述可以推算出徐茗樵是农历壬戌年闰五月底（即 1922 年 7 月）逝世。1923 年，韩宝忠和徐氏诗是徐氏死后的事。许隽人，即许世英。《缙绅全书》（清光绪二十七年冬）：“许世英，俊人，安徽建德人，丁酉拔贡。”《申报》1921 年 10 月 3 日第 10 版《许世英长皖之经过》：“皖人公意对许隽人（世英字）无异言。”《许世英先生纪念集·传略》：“公讳世英，字静仁，安徽省至德县人。所居光吉山双溪村，晚因自号双溪老人。”[①]1937 年版《民国名人图鉴·许世英》：“许世英，静仁，驻日大使，秋浦人，居日本东京大使馆（现）、南京富民坊十七号或上海劳神父路五八四（永）。一八七二生，光绪二十三年拔贡。曾任刑部七品小京官，奉天高等审判厅厅丞。宣统二年，赴欧美考察司法，赴美参加第八次监狱改良会议，归任山西提法使，转布政使。民元，任大理院院长，司法总长。民二，任奉天民政长。民三，任福建巡按使。民五，任内务总长，改任交通总长。民十，任安徽省长兼振抚督办。民十一，任司法总长，未就。民十三，代表段执政赴粤迎孙总理北上。民十四，任筹备善后会议，亦充秘书长，筹备国民会议。民十八，任振灾委员会主席、导淮委员会委员。民十九，任振务委员会主席，嗣改委员长。二十五年，任现职。现兼导淮委员会委员、光华火油公司董事长、中国国货银行商办、江南铁路公司董事、法学书局监察人。”综观以上记载可知，许世英，字俊人、隽人、静仁，晚自号双溪老人，安徽东至人，1921 年任安徽省长。1923 年 2 月 10 日（农历壬戌年十二月二十五日）离任，《申报》1921 年 2 月 21 日第 12 版《旧年关中之皖长潮》、第 11 版《芜湖近信》分别报导“吕调元继许长皖已于十日接奉明令”，“许世英于十三日将省长印交与警务处长王仲襄代拆代行”。许世英壬戌年底离任安徽省长，韩宝忠癸亥步许《后乐轩》韵作诗，显然韩之步韵和诗在许世英离任安徽省长之后。后乐轩，韩宝忠在题下自注曰：“轩属安园，为隽人为省长时所置。”说明他很熟悉，就在原安徽巡抚部院内，离余粢天台里故宅也很近。程滨遗《安庆旧影·安园》：“旧抚署之安园，与藩署

---

① 黄伯度：《许世英先生纪念集》，台湾文海出版社有限公司，1978，第 1 页。

之成园并胜。抱瓮园又为安园之一部，菜根香亭、后乐轩，均叙入抚院中。又有鹤冢、龙湫，皆园中景。李范之诗‘瘗鹤无铭空有冢，潜龙不见尚名湫’是也。”《安庆旧影·巡抚部院》:“(民国)八年(1919)，为省长公署。十一年(1922)，省长许世英于后园建后乐轩。轩前有小溪。溪有石桥，曲径通幽，颇饶佳趣。”后乐轩落成后，许世英赋七律《后乐轩》诗:“老屋三间无垩饰，新堂四壁有光辉。门前孤鹤留芳冢，天外苍龙净夕晖。每念疮痍难伏枕，又惊鼙鼓促征衣。公庭退食焚香久，花雨菲飞悟化机。”[①]当时和诗者不少，如李大防《啸楼集》就有《奉和省长许公后乐轩落成诗原韵》。徐茗樵《青湖诗钞》收录《和许俊人省长后乐轩诗原韵》一首，《叠前韵》一首，《易前韵再和》一首，《重过安园有怀沈仲复师并呈秋浦省长》二律并序。韩宝忠所和的徐茗樵《重过安园》即《重过安园有怀沈仲复师并呈秋浦省长》二律:“文酒因缘付劫尘，名园老树尚鬅鬙。当时骥尾群相逐，犹忆龙门我独登。裴墅旧人余白傅，眉山知遇感庐陵。碧桃摇落东风里，惭负天台手植僧。”“当今皖伯真宗匠，颓构重修气象收。鳌背名山临户牖，虎头画壁湧沧洲。南楼风月悲陈迹，北海瑟樽又俊游。太息茂陵病司马，梁园无复并枚邹。”前一首徐氏主要怀念沈曾植对自己的知遇之恩，后一首则主要称颂许世英省长。韩宝忠和诗只是在颂扬许世英省长这一点上与徐茗樵相和，其重点是“步许隽人省长《后乐轩》韵”。此和诗的原文是:“退食余闲事觞咏，名园留映后先辉。竹摇新翠延秋月，花聚残红坐夕晖。矫矫孤怀争解榻，翩翩一品羡披衣。时衰自脱樊笼外，善养鸢鱼活泼机。”对比许世英的原诗与韩宝忠的步韵，两者都对安园和后乐轩“门前孤鹤留芳冢，天外苍龙净夕晖”“竹摇新翠延秋月，花聚残红坐夕晖”的幽雅胜境进行了抒写，但表情达意的视角不一样。许诗侧重于自我情感与心境的表达：面对民国初年军阀混战、鼙鼓催征、满目疮痍，他内心忧伤难以伏枕，只有这公庭退食之余，“花雨菲飞”的园林景致使自己摆脱现实的痛苦，领悟到自然造化的生机，让自己的心灵得到抚慰。韩诗则侧重于对许氏的称美，称美许“矫矫孤怀”而能礼贤下士，“翩翩一品”而能在繁忙的尘务中偷空羡享尧时隐士披衣的生活，使自己的心灵暂离时衰的樊

① 许世英:《双溪诗存》，载黄伯度《许世英先生纪念集》，台湾文海出版社有限公司，1978，第159—160页。

笼，在“善养鸢鱼”之中找回活泼生机。和诗得体，称美而不失分寸。和诗在徐茗樵刚去世不久和许世英改任离开安庆之后，是韩宝忠有选择的主动和诗，以表达对两位乡贤充满深情与敬意。和诗主要对许氏原诗的步韵和答，但也不忘在诗题中首位挂上徐茗樵的名字，这是对刚去世同邑乡丈的深切悼念与缅怀。

在《不如痴斋诗草》乙丑（1925）诗中，有一首《暮春恭和姚姬传先生元韵》：“东风杨柳持腰蛮，谢却棠红雨未残。飞燕双双过墙去，留春不住住春寒。”① 诗题用“恭和”在韩宝忠的诗集中表达极其尊重之意，整个诗集有四篇诗题用“恭和”，两篇诗题用“恭步”，除姚姬传外，其他和步对象都是“吴真人”“何真人”“冯真人”。韩宝忠 1922 年底辞职后皈依佛道，1925 年已加入以扶乩信仰为核心的宗教团体悟善社。《不如痴斋诗草》此年诗中有一首《冬柳》，题下自注：“用《灵学要志》红韵。”《灵学要志》是悟善社创办的期刊，每期封面皆署“北京悟善（总）社发行”。另一首《悟慈复叠卮韵见赠仍步元韵以和》“文坛遍珠玉”句下自注曰：“悟善社内附文坛，唱和无间。”可见这两首诗皆其入悟善社后的唱和诗。《灵学要志》从第一卷第四期起几乎每期都登载吴仙、何仙、冯仙的诗词和降示诗文，这些所谓的吴仙、何仙、冯仙皆为操持扶乩人员借托的神仙之名号，也许就是韩宝忠和诗对象中的“吴真人”“何真人”“冯真人”。《灵学要志》第二卷第三期载有《姚姬传真人名利记》《姚姬传真人直语》，此后各期皆载有“姚真人”的诗文。另此刊第三卷第八期载录了“刘海峰真人”“刘海峰仙师”“朱子颖仙师”“曾仙涤生”的诗文。由此可见，桐城派的重要代表人物刘大櫆、姚鼐、朱孝纯、曾国藩几乎皆成了悟善社乩坛假托的神仙。不过《灵学要志》载录“姚姬传真人”的诗文最多，表明在桐城派代表人物中，姚鼐最受悟善社乩坛崇拜。韩宝忠《暮春恭和姚姬传先生元韵》这首唱和诗的写作也许是由悟善社乩坛对姚鼐的崇拜推动，但此诗篇题中没有用《灵学要志》所署的“姚姬传真人”而改用“姚姬传先生”，意在恢复其家乡桐城派代表人物的真实身份。另遍检《灵学要志》所载“姚姬传真人”诗，没有找到以“暮春”为题或用寒韵的七

① 韩宝忠：《不如痴斋诗草》，邓稳整理，巴蜀书社，2020，第 161 页。

绝，表明他不是和悟善社乩坛假托的姚姬传真人诗，而是和姚鼐诗集中的诗。姚鼐诗文集也没有以“暮春”为题的诗，最后只能通过查找用韵字，在姚鼐《惜抱轩诗集》卷八找到一首《细雨》：“细雨余春尚薄寒，绿窗风定蕙香残。七年同种阶前树，独坐花开掩泪看。”篇名虽题为“细雨”，但首句的“余春”即韩宝忠诗中的暮春之意，“尚薄寒”与韩宝忠诗中的“住春寒”大体差不多，不过姚氏此诗最后两句情感沉痛，姚永朴称“此亦悼亡之作”[①]，而韩宝忠则表达的是伤春惜春之感。在中国诗歌史上，和陶和杜特别突出，而在韩宝忠的诗集中，这首《暮春恭和姚姬传先生元韵》是为数不多的和前代作家之诗，足见他对姚鼐诗歌创作的景仰之情。

韩宝忠还有一组与同乡江宇澄的和诗，题为《救世新教科至郊天时逢瑞雪江副教统宇澄赋贺廿八字谨步元韵勉成四绝》[②]。《安徽百科全书·江朝宗》：“江朝宗（1861—1943）祖籍旌德，乳名汤生，号雨丞，宇澄。生于六安麻埠镇（现属金寨）。典当铺学徒出身。曾在台湾巡抚刘铭传、直隶绿营参将高孝承手下任书办。1901年投靠袁世凯，在北洋军中办理后勤事务。1907年又投靠兵部尚书铁良，被调任近畿陆军各镇督陈处参谋官，督理稽查处督理、监理宿卫营。1911年辛亥革命爆发，任陕西汉中总兵，镇压革命。1912年任袁世凯内阁步军统领衙门参谋，不久任步军统领，同时任安徽会馆馆长，兼任皖事维持会会长。1916年张勋复辟时，代理12天的国务总理。”[③]靳麟《江朝宗二三事》：“江朝宗，字宇澄，安徽省旌德县人，原是清朝毅军姜桂题的部下，清末当上了北京的步军统领，……张勋复辟失败，段祺瑞又当了国务总理，首先免了江朝宗的步军统领，给了他一个‘迪威将军’的名义，江朝宗就此下了台。江朝宗还刻了两方图章，一方是‘曾秉国钧’，另一方是‘迪威将军’，炫耀职称，自鸣得意，但识者均付之一笑。”[④]两处记载江氏生平大体一致，但也有不同之处。1919年，以扶乩信仰为核心、兼有诗文唱和与慈善

---

① 姚永朴：《惜抱轩诗集训纂》，黄山书社，2001，第366页。

② 韩宝忠：《不如痴斋诗草》，邓稳整理，巴蜀书社，2020，第243页。

③ 安徽百科全书编委会：《安徽百科全书》，南京出版社，1994，第183页。

④ 中国人民政治协商会议北京市委员会文史资料研究委员会：《文史资料选编》第22辑，北京出版社，1984，第45页。

活动的宗教团体悟善社在北京创立。1920年，江朝宗加入了悟善社，成为此社骨干。他利用其广泛的社会关系和政界影响，拉拢北洋政府中的军政要人加入悟善社，经过不断改组，使悟善社一度发展为颇有影响力的新兴宗教团体。1924年，在江朝宗主持下，悟善社被改组为救世新教会，其会员之间仍称悟善社。[①]1932年，吴佩孚入会，任会长。1934年12月，救世新教会再次进行改组，重新修订简章，召开第一次全体代表大会。大会选举成立了吴佩孚、江朝宗、钟世铭等九人组成的理事会，负责处理本会一切事务，但救世新教会实际权力掌握在江朝宗手中。1937年全面抗战爆发后，日本控制北平，扶植江朝宗任日伪北平市长。1940年3月20日，汪伪政权成立后，江朝宗任伪府属下"华北政务委员会"委员，同日被国民政府以卖国降敌罪通缉，最终于1943年病逝北平。[②]1925年，韩宝忠加入悟善社。《不如痴斋诗草》1925年诗中有《莲池修禊》七律二首，其序曰："莲池，在西便门外，元明为丽泽溪。溪水发源玉泉山，方塘半亩，满目芰荷，夏日属诗人游集之所。近归江宇澄将军，改作别墅。乙丑六月廿七日，善社同人公宴将军于此，因各拟修禊文以记其盛。"[③]据此可知，韩宝忠1925年7月17日亲临江朝宗别墅莲池，与悟善社同人公宴江氏，并为此作诗二首。其诗曰："师弟联欢欣骥附，人神修禊纪鸿留。"称江氏为师，称自己为弟子，对江氏充满敬意。此后多年，不知韩宝忠与江朝宗的具体交游情况，直到1938年，韩宝忠和江氏诗。从和诗诗题看，此年冬至日，由原悟善社改组的救世新教举行郊天祭祀活动，天降瑞雪，江朝宗喜贺七绝，韩宝忠步元韵和之。此次和诗，正值抗战，日本控制了北平，江朝宗担任了日伪北平市长。和诗第一首："雪点冰销欲换年，果谁能力可回天。《鲁论》半部关平治，夜访方知宰辅贤。"前两句深感国家与民族危亡在即，无力回天，后两句寄望于辅佐赵匡胤开国的贤人赵普出现，一改昔日诗中对江朝宗的敬意，而化为对江的失望与嘲讽。有了第一首和诗的情感基调，第二首和诗的嘲讽意味更浓：国家与民族已无力回天之际，这

---

① 密素敏：《从档案资料看民国时期的救世新教》，《世界宗教研究》2011年第5期。

② 密素敏：《民国悟善社研究》，硕士学位论文，中国人民大学宗教学系，2009，第37—41页。

③ 韩宝忠：《不如痴斋诗草》，邓稳整理，巴蜀书社，2020，第173页。

位江副教统竟在“仙乐飘扬”中“序群贤”，郊祀上天，以表“一片丹诚”。第三首和诗直接点出了当时中国正处于“避乱年”，北平更是处于日本的控制之下无所“避乱”，他自己也像普通百姓一样，无所干求，也无法干求。在此境况之下，天下大雪，民生更加艰难，他只能仿效袁安卧雪，“闭门谢绝人来往”。他的这种心态意绪隐含着对江朝宗出任日伪北平市长的不满与反讽。第四首和诗写大雪期间“闭门谢绝人来往”之际，他沉浸在“兴到挥毫摹逸少，传神犹让《快晴》贤”的书法艺术世界里，以独有的“避乱”方式，排解对现实的忧苦。四首和诗虽皆步江朝宗七绝之韵，但表达了自己忧时伤世的独特感受与对江氏暗讽不满的意绪，与江朝宗的“喜赋”心态大相径庭。

三

通过对韩宝忠与同乡唱和诗考述，可以得知，韩宝忠和同乡唱和诗作共有38首，而录于《不如痴斋诗草》中的共35首，存于余棨《尘思》中2首，1首未见收录而遗佚。韩宝忠与之和诗的同乡为余棨、李灼华、王世德、周籁岑、徐旭、许世英、姚联奎、桂岩、姚鼐、江朝宗等。如以《尘思》为纽带而与之间接唱和的同乡还有吴闰辰、吴钟源、吴江永、汪师度、张守铭、王锺槐、张燦奎，留存诗作17首。其中与余棨的唱和历时最久，前后长达20余年，和诗最多，共17首。韩宝忠自己精心编选抄录《不如痴斋诗草》不仅收录了自己的和诗，还附录了同乡的原作35首。韩宝忠与同乡的唱和诗对皖江文化研究与文学地理学的研究皆有较高的学术价值。

首先，韩宝忠与同乡的唱和是地方文化蕴积推广的个案标本。唱和诗可追源到《诗经》时代甚至更早，而和韵唱和则兴盛于中唐之后。和韵唱和有两种形式。一是对前人诗歌的单向和诗，如明清人对陶诗和杜诗的和韵创作。这种和诗或多或少有一些翻新和创意，但更多的是对唱和对象精神人格和艺术成就的追慕与推崇。一是同时代人之间的互动赓和，具有斗艺骋才的机制，是一种创作比赛。和韵唱和在一定程度上可以提高诗歌创作的产量，促进文学的传承与发展。韩宝忠与同乡的和韵唱和是以祖籍地域为纽带的。中国人安土重迁，祖籍是最重要的精神标识，也成为地域文化识别认同的重要标志。韩宝忠与同乡的唱和也分两种。他与同邑乡友余棨、乡友上司姚联奎的唱和就带有创作比赛的意味。仅1910年余棨发起的唱和，韩余往复四叠赓和，创作诗歌应有8首，收录保留下来5首。韩余二十多年的唱和，创作诗歌一定很可观，保留下来也有30余首。1919年姚联奎六十大寿发起的唱和，涉及当时大名府37县许多下属，创作比赛的意味很浓。韩宝忠不仅和作4首，还代隆平县知事蔡功甫步韵和诗4首，以此逞才斗技。韩姚唱和共留下诗作12首。这些诗歌毋庸置疑成为皖江文化宝库中的组成部分。如果没有唱和机制，他们留给皖江文化宝库中的诗歌可能就少得多，从这个意义上说，韩宝忠与同乡的唱和促进了地方文化的积累。韩宝忠《暮春恭和姚姬传先生元韵》《和徐茗樵〈重过安园〉律句步许隽人省长〈后乐轩〉韵》《李肖峰乡丈因谏去官赋诗二律留别京友爰步元韵以和》等和韵诗是单向和诗，不在争奇斗技，而侧重于对乡贤的追慕与景仰。姚鼐代表的桐城派、安园与后乐轩的景致及其文化内涵以及李灼华“捧日心悬常恋关，回天力薄尚陈书”的尽职尽责和“枉道难甘志岂疏”的执着精神通过和诗得到传承与推广。总之，韩宝忠与同乡的唱和促进了皖江地域文化的蕴积与发展。

其次，韩宝忠对与同乡唱和的结集抄录也为皖江文化研究和文学地理学研究提供了有益的资料和线索。《不如痴斋诗草》是韩宝忠精心编选抄录的诗集，主体是自己的诗作，也有选择地附录他人诗作。对于自己与同乡的唱和35首，附录了35首同乡原唱之作，这样就形成了十几组同乡原唱与韩氏自己和诗可资对照阅读、欣赏与研究的互参文本，有利于相关研究的进一步深化。另外，在这35首同乡原唱之作中，11首为余棨诗，2首为李灼华诗，4首为王世德诗，4首为姚联奎诗，14首为桂岩诗。如果余棨、李灼华、王世德、姚联奎、桂岩诗集未收或未有诗集传世，可以借此补遗辑佚，即便其诗集收录，也可资互勘校对，形成更为精善版本，确保有关的研究完善与准确。韩宝忠对自己与同乡的和韵诗中的重要字眼都加了自注，对附录同乡原诗中的自注也予以保留，为深入研究这些唱和诗歌提供了重要线索。如《和余节高〈甲子元旦京居〉》《节高以在皖赠别同乡诸诗见寄依韵奉答》两诗中都出现“《尘思》”分别自注：“节高曾为晋省财政局总办，暇以吟咏为乐，偶拈思韵叠作若干首，同僚和者颇伙，后附梓名曰《尘思》。”“清宣三年，同宦山西，余节高以思韵七律索同人和，陆续成集，付梓名曰《尘思》。”《尘思》一书两次在诗中出现，并两次皆做自注，说明韩宝忠非常重视此唱和诗集，于是按此线索费力找到此集，细致对照得知韩宝忠与余粲唱和的诸多细节：韩宝忠和诗四叠，应有四首七律；余粲答诗二叠共二首。同时，通过《尘思》的检视，还发现了韩宝忠与吴闰辰、吴钟源、吴江永、汪师度、张守铭、王锺槐、张燦奎等七位同邑乡友的间接唱和。这就大大拓展了韩宝忠与同乡唱和诗的研究内容和历史背景。韩宝忠与同乡唱和诗的结集经历了一番淘汰，在一定程度上发挥了其文学批评的功能。韩宝忠与余粲的第一次唱和，韩四叠和诗四首，《尘思》时只录了三首，未录第三次和诗，而韩宝忠在编录自己的《不如痴斋诗草》时，只录一首，即《尘思》中的《再叠元韵奉和节高观察》，由此可见余粲编唱和诗集《尘思》，不是首首唱和诗皆录入集，而是有筛选的，即使比自己年长的韩宝忠和诗也淘汰了一首。而韩宝忠对于自己和诗收入诗集把控更严，四选其一，即余粲认为“颇以苦吟为讽”的那首。韩宝忠的《佛洗曲》本是和桂岩的悼亡组诗，而桂岩的《忆香诗存》收录了一些唱和诗作，但并未收录韩宝忠的《佛洗曲》。当然唱和诗的选录标准也许很复杂，但文学批评的标准是其中最重要的标准。韩宝忠与同乡唱和诗的选录与结集，也是皖江文学地理学的一个生动个案。

总而言之，韩宝忠与同乡的唱和诗展现了他的故乡情结，是地方文化蕴积推广的个案标本，对皖江文化研究与文学地理学的研究皆有较高的学术价值。

晚清民国一位基层官吏的宦迹与交游

——以《不如痴斋诗草》所见山西人物与名物为中心

曾 伟[①]

2019年韩氏后裔发现先祖韩宝忠先生的诗文集——《不如痴斋诗草》，随即在长江书院众多师生的努力下整理出版。[②]围绕这部诗集，诸多学者从文献整理、诗词、书法、吏治、思想等角度展开研究，并汇编成文。[③]笔者并非文学出身，对于《不如痴斋诗草》的诗词风格和价值不予评论，仅在文本阅读的基础上，对书中与山西有关的人物和名物做简要述评，并就近代非著名人物的研究方法和路径略做申述。

一、韩宝忠家世概况

韩宝忠（1875—1939）“字剑芝，号望潇湘馆，祖籍安徽望江，生于北京，历任刑部主事，山西沁县知事、河北新乐县知事、河北唐山县知事、河北束鹿县知事等职，颇有政声，且擅长诗歌、书法”。[④]韩宝忠家住北京前

---

① 曾伟（1985— ），男，江西萍乡人。历史学博士，山西大学中国社会史研究中心副教授，硕士研究生导师，研究方向为明清社会经济史、民间历史文献研究。

② 邓稳:《后记》，载韩宝忠《不如痴斋诗草》，邓稳整理，巴蜀书社，2020，第271—272页。

③ 邓稳主编《旷观时局，寓情诗书:〈不如痴斋诗草〉研讨会论文集》，巴蜀书社，2022。

④ 邓稳:《前言》，载韩宝忠《不如痴斋诗草》，邓稳整理，巴蜀书社，2020，第1页。

门大街东打磨厂五号。韩家老宅五进四院，门联书有“忠厚传家久，诗书继世长”，既是殷富之家，也是书香门第，具有相当的文化底蕴。祖父韩瞰，祖母陈氏无考。父韩士俊，母叶氏。关于韩士俊的情况，笔者见到光绪四年（1878）和光绪五年（1879）上谕档，在光绪四年十月二十四日的记载中提到，韩士俊得到巡视北城御史嵩林的通报嘉奖。[①] 而光绪五年的记载是：

> 光绪五年七月二十八日内阁奉上谕，前据御史甘醴铭奏，荣禄殉情滥调指挥充差使，经都察院行查，该大臣含混移覆，当交都察院详查具奏。兹据奏称，已革指挥韩士俊前充万年吉地工程处差使，详覆该处，移覆北城，原文既声明该革员调工月日，复于都察院未经参奏之前即将该革员差使撤销，尚无含混等语。韩士俊系于本年正月内派充差使，乃当时未经知照，经该城查询始据声明调工年月。韩士俊系属职官撤派充供事差使，均属不合。荣禄著交部议处，钦此。[②]

此处的韩士俊是否为韩宝忠之父，不得确证。但从韩氏和荣禄的亲信宋畏三之间唱和来看，[③] 并不能排除韩家与荣禄之间的密切关系。如果这个假设成立的话，韩父曾在荣禄的操作下，充当普祥峪的“万年吉地工程处”差使。荣禄因违规用人，受到了处分，并于同年十二月被撤差。[④] 韩父从五月充差到七月被革，任期很短，江南道监察御史甘醴铭对韩士俊多有指摘：

---

① 中国第一历史档案馆：《光绪朝上谕档》第4册，广西师范大学出版社，1996，影印本，第307页。

② 中国第一历史档案馆：《光绪朝上谕档》第5册，广西师范大学出版社，1996，影印本，第247—248页。

③ 在《宋畏三先生以癸丑春六十寿征诗勉步原韵以和》一诗的注释中提到“庚子，先生管带武卫护军，为荣文忠所倚重”，表明宋畏三应是荣禄的亲信。参见韩宝忠《不如痴斋诗草》，邓稳整理，巴蜀书社，2020，第60页。

④ 马忠文：《荣禄与晚清政局》，社会科学文献出版社，2016，第54页。

> 近年官途猥杂，奔竞成风，遇有劳绩差使，往往展转钻营，以为保举地步，而各部院大臣亦多瞻徇情面，如愿以偿。即如已革北城正指挥韩士俊，以实缺地方官充当万年吉地工程处供事，非出自钻营，何以得此？在该革员任意妄为，诚有应得之咎，其徇情滥调之人若不一律惩办，何以昭公允而服人心？臣闻该革员进身之由原系承修大臣步军统领荣禄指名札调，以韩士俊昏庸贪鄙，本无材能，且身任指挥，缉捕词讼，事事皆关紧要，该大臣岂有不知之理？乃任意调派，致令旷官，其为曲徇私情，已可概见。①

甘氏对韩士俊“昏庸贪鄙，本无材能”的批评，实际是指桑骂槐地针对荣禄。韩士俊的官方身份为北城兵马司正指挥，在第一历史档案馆内保存了他的三件档案。②兵马司正指挥的职能是处理辖区内的捕盗、命案等事件，责任重大，但薪金并不高。尤其在京城生活，必定十分拮据。光绪五年韩宝忠已经五岁，家中用度亦多，笔者猜测韩父在此时积极谋取陵工差使的主要原因很可能是要增加收入，补贴家用。但短短两个月的任职，必定没有太多的实利可得，随着荣禄的撤职，陵工案告一段落，也间接保护了韩家没有受进一步的波及和冲击。关于韩氏的家学渊源、师承关系与科考情况因缺乏相关资料，不得而知。不过从光绪十七年（1891）韩氏与善于画梅才女陈氏在上海举办婚礼来看，足以证明两点，其一，韩氏的家学底蕴深厚；其二，韩家的家境十分殷实。③韩氏与陈氏的结合，得到世交华俊声的称羡。

> 韩剑芝比部与余为世交，髫年工书。尝与论文，初不知其能诗也。娶陈氏，通文翰，善画墨梅，伉俪甚笃。剑芝以素绢为余楷书

---

① 《江南道监察御史甘醴铭奏为特参步军统领荣禄徇情滥调事》，光绪五年七月二十三日，转引自马忠文《荣禄与晚清政局》，社会科学文献出版社，2016，第 53 页。

② 光绪三年正月《为呈报徐泳章无人承保事》，档号：16-01-004-000018-0136；光绪三年十月《为报明李虎升服毒身死一案事》，档号：16-01-002-000270-0028；光绪三年十月《为呈解李虎升服毒身死一案尸格录供人证事》，档号：16-01-002-000270-0027。

③ 韩瑾、邓稳：《韩宝忠年谱简编》，载韩宝忠《不如痴斋诗草》，邓稳整理，巴蜀书社，2020 年，第 250 页。

数行，其妻画墨梅于左。余名之曰《双清图》，悬诸壁间。[①]

韩氏从小就工于书法，陈氏又善画墨梅，两人的结合可谓郎才女貌、门当户对。韩氏的结婚是他成家立业的开始，也是韩家门庭的光辉时刻。从韩氏个人生涯来看，光绪二十三年（1897）通过捐纳海防捐获得进入试用名单应是其走上仕途的起点。[②]而捐官获职，很可能也是韩氏与山西人最初的交集所在，因为晚清时代山西票号商人主导了捐纳事务，并使更多的人可能相对容易地利用国家的捐纳制度取得用于提升自身社会地位的功名。[③]从这个层面来说，韩氏也会有意保持与山西票号朋友的关系。对于韩家而言，最大的打击莫过于韩父的去世。在光绪二十五年（1899）七月一日次子出生到七月四日父亲韩士俊去世，[④]意味着以韩父为中心的大家庭的解体。如果韩氏为独子的话，25 岁的他此时就要开始独立支撑门户，逐渐形成以韩氏为中心，包括庶母、妻子与两个儿子在内的新家庭。如果身处太平时代，依靠韩家较丰的产业和韩氏的经营，家庭经济会有一定的发展。然而不幸的是，一年后光绪二十六年（1900）义和团运动爆发，北京城在义和团以及八国联军的破坏下不得安宁，韩家不得不内迁避乱山西。也正是这一年开始，韩氏开始了诗集的编订，而诗集命名《不如痴斋诗草》（以下简称《诗草》）亦当有其用意之所在，惜作者并未明言，姑不具论。笔者初步统计《诗草》共涉及人物有 85 人，其中 38 人有迹可考，而 38 人中籍贯可考者有 28 人，其中山西有 7 人，占比达四分之一，本文将重点展开讨论。[⑤]

---

① 华俊声：《序》，载韩宝忠《不如痴斋诗草》，邓稳整理，巴蜀书社，2020，第 1 页。

② 韩瑾、邓稳：《韩宝忠年谱简编》，载韩宝忠《不如痴斋诗草》，邓稳整理，巴蜀书社，2020，第 251 页。

③ 伍跃：《中国的捐纳制度与社会》，江苏人民出版社，2013，第 452 页。

④ 韩瑾、邓稳：《韩宝忠年谱简编》，载韩宝忠《不如痴斋诗草》，邓稳整理，巴蜀书社，2020，第 251 页。

⑤ 韩氏虽然祖籍安徽，但根据统计显示，他与安徽人的交游只有 5 人，而与山西有关的达到 7 人。

二、《诗草》所涉山西人物的考证

前已述及，在韩氏捐纳官衔时，当与山西商人有所交集，但并未留下任何的资料。通过梳理《诗草》，笔者整理其中涉及的山西人物如表1：

表1 《不如痴斋诗草》所涉山西人物表

姓名	籍贯	身份	成诗时间	出 处
赵允卿	山西平遥	商人①	1901年	《送赵允卿之蜀》，第21页
何景斋	山西灵石	学者②	1902年	《咏秀》，第31页
王省山	山西沁县	官员③	1911年	《题王明府先生松坪遗照》，第56页
宋畏三	山西平遥	官商④	1911年	《宋畏三先生以癸丑春六十寿征诗勉步原韵以和》，第59页
刘我民	山西人	不详⑤	1914年	《山西刘我民先生七十征诗代组侄拟排律二十韵以祝》，第85页
渠本翘	山西祁县	进士⑥	1925年	《寿渠楚南太夫人八十》，第174页
侯俊山	山西洪洞	伶人	1930年	《老伶侯俊山七十寿》，第192页

上表可以看到，《诗草》所涉山西人物，籍贯分布在平遥、祁县、灵石、沁县、洪洞五处。身份上，涵盖了商人、官员、学者和曲艺人等，时间上，贯穿了1901—1930年长达30年的各个时段。表中人物，王省山在1855年已经去世，不可能有交集。与何景斋的步韵，无法确定双方是否有订交。而

① 山西省政协《晋商史料全览》编辑委员会、晋中市政协《晋商史料全览·晋中卷》编辑委员会编《晋商史料全览·晋中卷》，山西人民出版社，2006，第354页。

② 中国人民政治协商会议贵州省贵阳市委员会文史资料研究委员会:《贵阳文史资料选辑》第18辑，1986，第25页。

③ 杨茂林、张文广:《勤政爱民王省山》，载《山西古代廉吏》，山西人民出版社，2015，第104页。

④ 黄鉴晖:《山西票号史料》，山西经济出版社，2002，第1241页。

⑤ 张瑞玑:《刘我民先生墓志铭》，载《张瑞玑诗文集》，北岳文艺出版社，1998，第177页。

⑥ 毛洪亮:《民国晋绥集团军政人物春秋》，安徽人民出版社，2013，第239页。

1925 年韩氏给渠本翘太夫人撰写寿诗时，渠氏已于 1919 年去世。韩氏能为渠母祝寿，可见渠韩两人生前很可能有交谊，只是目前尚缺乏直接资料佐证。应该指出的是，表内所指时间只是成诗时间，未必是订交时间，交往的时间可能会更早。在《诗草》中，最早有交游的山西人是平遥赵允卿，双方订交于何时，无从考订。而 1901 年在西安的韩氏写下《送赵允卿之蜀》：

客去波平槛，凝情自悄然。举头望明月，散步咏凉天。迢递三巴路，分为两地泉。乡心正无限，归雁洛阳边。[①]

赵氏去四川的意图，不得而知，至少朋友之间的题诗送别，表明韩、赵之间交谊颇深。双方的友好关系一直得以维系，即使到 20 年后的民国十一年（1922）平遥赵家还邀请时任束鹿县知事的韩宝忠撰写碑文。[②]

光绪二十八年（1902）步韵的何景斋，出自灵石，[③]很可能出自两渡何家。[④]内容如下：

醉眼朦胧月上时，腰缠何惜买燕支。拈来豆蔻香皆幻，看到蘼芜喜不知。赤水何须探象罔，章台聊复系鸡斯。云情雨意浑多事，谁说高唐信有之。

偶将红豆种相思，讵逞才华学不羁。泥我难言留玉枕，怜卿无量斗琼卮。浮沉若絮踪无定，颜色如花命不宜。且把浮名换斟唱，红灯绿酒谱新词。[⑤]

这年二月十六日，韩氏结束了父亲的守孝，与天津的王宛嫱结婚。他们

---

① 韩宝忠:《不如痴斋诗草》，邓稳整理，巴蜀书社，2020，第 21 页。

② 同上书，第 263—264 页。

③ 中国人民政治协商会议贵州省贵阳市委员会文史资料研究委员会:《贵阳文史资料选辑》第 18 辑，1986，第 25 页。

④ 苏华:《清代两渡何家：一个文化世族的递进史》，三晋出版社，2016。

⑤ 韩宝忠:《不如痴斋诗草》，邓稳整理，巴蜀书社，2020，第 31 页。

的婚姻得到了世交长辈华潄石太世叔“祝汝双双到白头”的祝福，[①]开始新的生活。“且把浮名换斟唱，红灯绿酒谱新词”正表现了作者对过往浮华的看淡，对美好生活的向往。这次婚姻，使得韩家成为完整的家庭。次年（1903）随着二子韩渔降生，他成为两个孩子的父亲。宣统元年（1909）韩氏以奉政大夫、刑部主事、民政部六品警官、山西候补直隶州知州的身份，为京师商务总会会长、日升昌票号总经理张兴邦的墓志铭书丹，[②]足见各方对韩氏书法水平的认可。宣统三年（1911）韩氏正式任职沁州知事。在任职期间，他可能寻访了沁邑名臣王省山的族人，并瞻仰他的遗照，为之题诗，留下了一段内心独白。

题王明府先生松坪遗照（著有诗集，名《菜根轩》）

傲骨嶙峋七品官，郑侨舆诵武城弦。酒尊尚友陶彭泽，诗卷长留王辋川。棠芾流甘多宦迹，菜根知味庆余年。愧予来宰先生里，自信惟能不爱钱。[③]

王省山，字仲巡，号松坪，沁县乌苏村人，是著名的廉吏干臣。在这位名臣面前，韩氏自谦地留下“愧予来宰先生里，自信惟能不爱钱”。韩氏在任内不但践行了清廉为官的誓言，更是深入基层实地考察，留下《西乡查学即事口占四绝》和《北乡查学即事口占四绝》实地调研的诗作，尤其是深入北乡山区的考察，令人印象深刻。

岭头高处野人家（岭头，村名），一片和风笑语哗。长夏消磨无个事，女儿相对纺棉花。

震雷催雨湿征骖，四面青苍水一湾。里老争呼行不得（牛侍遇

① 韩宝忠：《不如痴斋诗草》，邓稳整理，巴蜀书社，2020，第 30 页。

② 韩瑾、邓稳：《韩宝忠年谱简编》，载韩宝忠《不如痴斋诗草》，邓稳整理，巴蜀书社，2020，第 255 页。

③ 韩宝忠：《不如痴斋诗草》，邓稳整理，巴蜀书社，2020，第 56 页。

雨，留宿学堂），且登金顶看花山（学堂在金顶山巅，西对花山，一望青秀）。

危桥泉响渡西汤，野老争前进酒浆。愧我相酬唯誓水，可能遗荫续甘棠（林前牧卸任，士绅禀留，未许，批谓“继任萧规曹随”）。

峰回路转夕阳西，浅水平芜趁马蹄。极目云山何秀丽，笔峰高插与天齐（笔峰山在州城之南）。[①]

韩氏在北乡视察教育工作，为了了解山区的教育情况，甚至不惜亲自登上山巅查看，足见其对工作的认真负责。在前任县知事林氏干出政绩，并得到绅民拥护的情况下，他继续萧规曹随地稳步推进。在推动地方自治方面，工作并不顺利，韩氏留下了“自治未成休自乱，安民不刻党人碑”[②]的诗句，此处的事件指的很可能就是沁县的火火案，也即干草会事件。[③]韩氏站在地方官的立场，试图努力缓和官民之间的冲突。不过，在清王朝行将就木的时刻，尖锐的官民矛盾，远非地方官个人力量所能敉平的。虽然韩氏因处理火火案不力而解职，然而在沁州任内，韩氏自信“乌纱原不愧青天”，[④]在离任赴省城太原的路上，留下《去沁任赴省感作》：

阅历黄粱梦里春，蜃楼海市本非真。人经作客方知苦，我亦为官总是贫。祖饯尚怀诸父老，神交仍属旧朋宾。金钱难得糊涂买，怕向名场作解人。[⑤]

“我亦为官总是贫”，表明韩氏在任内廉洁奉公、问心无愧的心迹。在1911年韩氏与宋畏三有过诗歌唱和，宋畏三也写作“宋位三”。韩、宋之间的

① 韩宝忠：《不如痴斋诗草》，邓稳整理，巴蜀书社，2020，第49—50页。

② 同上书，第54页。

③ 翟一帆、岳谦厚：《清末民初晋东南“干草会”事件及其所反映的山西基层社会》，《中北大学学报》（社会科学版）2013年第1期。

④ 韩宝忠：《不如痴斋诗草》，邓稳整理，巴蜀书社，2020，第53页。

⑤ 同上书，第57页。

交谊始于何时，无从查考。对于宋氏的身份目前仅见《山西票号史料》中一则书信提及“又照信交宋位三无色宝银一百五十两”。[①]只能推知宋氏很可能是山西人，但对于宋氏的籍贯无从得知，根据比对韩氏的诗文才得到确证。

> 岁月空抛唤奈何，君乡两度客中过（庚子避地平遥客，秋去任，复侨居焉）。梁材圣庙瞻山杞（邑城圣庙，枸杞为梁，为平八景之一），杯酒神池听雨荷（池在罗村、源祠两村之间，活水清澄，田资灌溉。入夏，荷香扑鼻，风景宜人，洵属古陶胜迹）。鹈子岿前思宦辙（先生为守东昌，政声卓著），凤凰台畔借行窝（两次侨平，与台为邻）。他山相助须攻错，经济文章信足多。[②]

从诗文“君乡两度客中过”（庚子避地平遥客，秋去任，复侨居焉）的提示，表明宋氏的籍贯应为平遥。而从注释中“先生曾宦粤东”“先生商学颇深，更饶经验，行将组织银行”表明宋氏应为官商。尤其重要的是“庚子，先生管带武卫护军，为荣为忠公所倚重”。[③]创办武卫军是戊戌政变后，是荣禄复出后提出的重要计划，因为甲午战后，北洋海军覆灭，京津门户洞开，急需拱卫京师的武装力量。[④]宋氏在武卫护军中是担任管带护军兼中军文牍的职务，[⑤]能得此机要之职，宋氏很大可能是荣的亲信。

韩氏在离任沁县知事后，正是清末民国政局大变动之时，仕途的不顺，使得他将更多的时间放在了家庭上。民国元年（1912）十月三子韩镜清出生，[⑥]紧接着民国二年（1913）长孙韩诜厚降临，韩氏写下了《十二月廿四日抱孙感作》：

---

① 黄鉴晖：《山西票号史料》，山西经济出版社，2002，第 1241 页。

② 韩宝忠：《不如痴斋诗草》，邓稳整理，巴蜀书社，2020，第 60—61 页。

③ 同上书，第 60 页。

④ 马忠文：《荣禄与晚清政局》，社会科学文献出版社，2016，第 218 页。

⑤ 韩宝忠：《不如痴斋诗草》，邓稳整理，巴蜀书社，2020，第 62 页。

⑥ 韩瑾、邓稳：《韩宝忠年谱简编》，载韩宝忠《不如痴斋诗草》，邓稳整理，巴蜀书社，2020，第 256 页。

隔幔喧传笑语忙，老妻欢整浴麟汤。自惭述志无能力，敢说贻谋有义方。乐事群推君子抱，壮年强作老人行。双亲未见今朝庆，怅望松楸意转伤。[1]

孙儿的出生，给韩家带来了巨大的欢乐。可惜的是父母均已谢世，无法亲见曾孙出世，四世同堂的场景，这也是唯一让韩氏感到遗憾感伤的地方。自此以韩氏为中心，祖孙三代共居的家庭格局形成。到民国三年（1914）韩宝忠四十岁，这一年四子韩文龙、五子韩涛先后降生，正是儿孙绕膝之时。在《四十自述》中他留下了“遁世岂能如我愿，趋时未必惹人怜”诗句，[2]表达了自己对时局的态度。同时就家庭而言，子女的增多，客观上也要求他不能继续遁世，而要出仕。这一年韩氏给山西刘我民题诗：

山西刘我民先生七十征诗代组拟排律二十韵以祝

仁者寿而昌，恒山忆发祥。兰陔依爱日，椿树早经霜。怡色供缝纫（公诵读之余，辄代母缝纫以宽慰亲心），含辛嗜缥缃。一心惟孝弟，两字务农商（公因家贫改业）。俯仰随时便，阴晴望岁良。张公家有政，窦氏教多方。拊背怜兄老，分孤慰弟殇（公弟琴生早逝，公嗣以次子，慰弟妇苦节）。希文施本厚，子翼直无妨（乡里有不务正业者，辄面斥责，仍济其贫乏，故人乐其直而感而施）。片语乡纷解，宏谋市会倡（公经商曲沃，其地设有商会商团，成效甚伟，皆赖公缔造之力）。负螟全故友，鸣凤拟诸郎（公资东田，某早逝无子祀绝，公为购求义嗣，归令孀妇抚养而时督课之，卒能全其产业）。谈妙空今古（公熟史事，每谈援古证今，声若洪钟），词严折悍强（辛亥，有某君以乡人拥重兵，设施颇为乡里病，公直造垒门，正色责让，某君遽谢过，立罢其事）。学宗纯秉宋，俭听不移唐。饰杖扶

---

① 韩宝忠：《不如痴斋诗草》，邓稳整理，巴蜀书社，2020，第 77 页。

② 同上书，第 78 页。

鸠稳，同车挽鹿庄。精神喻龙马，福禄颂鸳鸯（公夫人郑氏白发齐眉）。玉吐尼山瑞（公寿为八月廿七日），筹添涑水长。八厨皆国器，七业绍书香（公子绵训、盥训，先后成名，季子雍训亦克自立）。抑抑春风蔼（公向谦退），团团秋月光。大年高绛县，厚泽傲汾阳。舞彩分兰桂，开筵宴梓桑。愿赓无量寿，何敢事铺张。①

该诗对刘我民先生一生的嘉言懿行进行高度的概括，可见韩氏对刘氏的熟悉和了解。而刘我民的两个儿子，刘绵训②和刘盥训③都是当时名震一时的人物。山西名士张瑞玑在给刘我民的兄长刘选之撰写的墓志铭提到“戊戌以来，山右言人才者，韩岭以南，首推猗氏。猗氏以刘孚若昆季为巨擘”。④韩岭即韩侯岭，刘盥训曾担任山西大学堂教务长，刘绵训曾担任《晋阳公报》主笔，韩氏正是该报的读者，宣统二年（1910）曾留诗一首：

自遣

昨阅《晋阳公报》，得见某中丞《招隐》诗，因布原韵，率成二律，并柬呈翁观察。

变政空谈与事违，敢云法术继韩非。从来才大遭时忌，每欲言高愧位卑。剑匣常鸣心未已，酒杯聊助兴遄飞。加餐努力高堂望，

---

① 韩宝忠：《不如痴斋诗草》，邓稳整理，巴蜀书社，2020，第 86 页。

② 刘绵训，字翼若，1881 年出生，1904 年甲辰科进士，留学日本早稻田大学法政系，1906 年加入同盟会，1907 年 3 月任山西公立法政专门学堂筹创监督，是年 10 月任《晋阳公报》主笔。1910 年，因揭露“交文惨案”被迫离晋，后任京师大学堂图书馆馆长，1912 年 3 月任山西都督府秘书厅厅长，1916 年 10 月任山西地方自治促进会副会长，后进京供职于财政部，1919 年病逝。参见毛洪亮：《民国晋绥集团军政人物春秋》，安徽人民出版社，2013，第 81 页。

③ 刘盥训，字孚若，1875 年生，早年毕业于京师大学堂，曾授内阁中书，历任山西大学堂教务长、河南高等学堂监督、京师大学堂学监兼实习学校校长、清学部主事。参见毛洪亮：《民国晋绥集团军政人物春秋》，安徽人民出版社，2013，第 84 页。

④ 张瑞玑：《诰封奉政大夫晋封中宪大夫刘选之先生墓志铭》，载《张瑞玑诗文集》，北岳文艺出版社，1998，第 174 页。

多寄平安两字归。[①]

韩氏阅读《晋阳公报》是《诗草》中唯一一处提及的阅报记录，推测可能是他为预备赴山西任职而订阅的。在诗中，韩氏对晚清的新政多流于形式，感到不满，但他是站在维护清王朝统治的前提下的。而身为同盟会员的刘绵训，更多的是对清王朝统治的不满，这一年他在《晋阳公报》发表揭露“交文惨案”的报道，被迫辞职离晋。[②]民国四年（1915）袁世凯颁布新的《大总统法》准备称帝，韩氏与刘我民之间的观点也很不同。韩氏时在新乐县任上，认为《大总统法》的颁布是“提灯欢祝国家光，引得坡仙兴欲狂”，是举国欢庆的大好事。[③]而刘我民坚决反对帝制，“民国四年帝制议起，一时薄中弱植者流，争歌功颂德，侔项城于唐虞。先生喟然曰：廉耻扫地矣。”[④]当然，韩氏支持袁世凯的连任，是站在官员身份与国家稳定大局下做出的选择，与廉耻扫地之流本质上是不同的。在地方官员任上，韩氏取得良好的政绩和口碑，民国五年（1916）在新乐县知事任内，获得六等嘉禾勋章和银质棠荫章。[⑤]民国九年（1920）在唐山县知事任内，因在防汛赈灾方面的政绩，当地绅民为韩宝忠立了《永垂不朽》德政碑，称赞韩氏“宰吾唐如韩公者，诚绝无而仅有者也！”[⑥]到民国十年（1921）次子韩渔与顾迪光之女顾培勤结婚，[⑦]至此长子、次子均已成家。民国十一年（1922）任束鹿县知事，其间为山西平遥赵家撰《平遥赵公创办金井公司记》。金井之名可能来自平遥县城内的金井楼，据光绪《平遥县志》记载：“金井楼，不知始自何年，在县中街，下有

① 韩宝忠:《不如痴斋诗草》，邓稳整理，巴蜀书社，2020，第 46 页。

② 王连昌:《辛亥革命在河东》，内部印刷，1985，第 7 页。

③ 韩宝忠:《不如痴斋诗草》，邓稳整理，巴蜀书社，2020，第 92 页。

④ 张瑞玑:《刘我民先生墓志铭》，载《张瑞玑诗文集》，北岳文艺出版社，1998，第 177 页。

⑤ 韩瑾、邓稳:《韩宝忠年谱简编》，载韩宝忠《不如痴斋诗草》，邓稳整理，巴蜀书社，2020，第 260 页。

⑥ 同上书，第 261—262 页。

⑦ 同上书，第 262 页。

井水，色如金，故名。”[①] 民国十二年（1923）韩氏辞官，《不如痴斋诗草》第一册终。[②]

韩氏在辞官后，赋闲在家，编撰《不如痴斋诗草》第二册，为每半页六行的红格信笺纸，多用行草书写。民国十四年（1925）已加入悟善社。[③] 这年他为山西祁县渠本翘的母亲八十大寿的祝诗中题“有子已成名进士，持家端赖太夫人”,[④] 韩氏可能与渠本翘有交往，但在诗集中没有唱和往来的诗词。韩氏为渠母的题诗，对她在渠家的贡献给予了高度评价。在第二册末尾，有一首民国十九年（1930）韩氏代王幼安所拟，为山西洪洞老艺人七十大寿的贺寿诗。

> 上谷悬弧乐意融，盛名争说暮年雄。八千祝嘏称生佛，七十何求羡老翁。仙岛桃华开不了，渭城柳色唱谁工。堂前舞彩元曾遍，都在含饴一领中。[⑤]

侯俊山（1854—1935）[⑥] 名达，山西梆子、河北梆子演员，艺名喜麟，原籍山西洪洞，寄居张家口，演花旦，因十三岁享名而称十三旦。[⑦] 根据苏雪安《京剧前辈艺人回忆录》对侯俊山先生的唱戏的特点记载如下：

> 侯俊山是梆子花旦，亦以武功见长，据说盛年时代，扮相甚好……侯氏不但跷功好，而且能穿厚底靴……侯的武功既深，做戏

---

① 光绪《平遥县志》卷十《古迹志》，第 5 页。

② 韩瑾、邓稳：《韩宝忠年谱简编》，载韩宝忠《不如痴斋诗草》，邓稳整理，巴蜀书社，2020，第 265 页。

③ 同上书，第 265 页。

④ 韩宝忠：《不如痴斋诗草》，邓稳整理，巴蜀书社，2020，第 174 页。

⑤ 同上书，第 192 页。

⑥ 在大部分文章中，侯俊山生卒年是“1854—1935”，如此推算民国十九年（1930）已经 76 岁，不可能办七十大寿。韩氏诗集所载与通行的侯俊山生卒年必有一误。参见于全军：《十三旦侯俊山》，花山文艺出版社，2019。

⑦ 解永泉：《平阳行：临汾地区旅游指南》，山西人民出版社，1987，第 79 页。

又极其细致……侯氏表演中的腿工最好。因为他是唱旦的，又演的是武小生路子，所以在战败第一锤将后，第二次拉架子中所表演的三次弯花、跨腿、踢腿、三甩翎子那几个动作，极其斯文，但是柔中带刚……侯氏的演法既然文雅，因此在动作中就必然较为缓慢，但并不松懈，……当然我们不可能要求十三旦的八大锤和武生杨小楼一样，伐子都和武生李春来一样，但就一个踩跷的旦角穿上厚底，来演这么大的武戏，实在还没见过第二人呢！[①]

这段业内人士给侯俊山先生戏曲风格的高度评价，能让我们想象侯氏演剧中展现功夫的场景。韩氏应该目睹过侯氏的戏曲，对他的唱功印象深刻，故而有“渭城柳色唱谁工”的诗句。《诗草》中所涉山西人物，既有当时工商界、曲艺界的名人，也有已逝的名宦先贤，表明了韩宝忠先生交游的广泛，并没有被特定的圈子所限制。

三、《不如痴斋诗草》所见山西名物的考察

《诗草》编订的时间，实际上是从庚子事变发生后，韩氏举家内迁山西开始的，光绪二十六年的《西征》即为明证。

朝朝谁促唱骊歌，山路崎岖唤奈何。绕铺疏槐暗烟雨（山西有槐树铺），举家行李逐风波。一官培植思庭训，廿载光阴悔墨磨。此去天涯何所事，愿抛簪组换农蓑。[②]

按槐树铺即今山西省平定县东柏井镇槐树铺村，即表明进入山西境内。而“举家行李逐风波”意味着这次西迁是全家出动，一路奔波。之所以选择山西而非南下上海或者故乡望江，可能与山西地势险要，且距离京城较近，

① 苏雪安：《京剧前辈艺人回忆录》，上海文化出版社，1958，第120页。

② 韩宝忠：《不如痴斋诗草》，邓稳整理，巴蜀书社，2020，第2页。

是短暂避乱的好去处有关。“此去天涯何所事，愿抛簪组换农蓑”表明韩氏并无仕宦之心。韩氏彼时正担任刑部主事直隶司行走，[①]无心仕宦的原因可能有二：其一，父亲新丧，尚在守孝期间；其二，举家迁徙，并未安定，客观上也没有条件任职。韩氏的迁徙，落脚安顿于平遥县城，所谓“庚子避地平遥客”。[②]韩氏能够定居平遥，可能与平遥赵允卿的帮助有关。[③]而最终选择平遥可能有两方面的原因，其一，平遥是晋商云集的繁华商埠，有“小北京”之称，生活较便利；其二，平遥的民教关系相对缓和，社会秩序更加安定。韩氏一家侨居于平遥凤凰台，[④]根据光绪《平遥县志》记载：“凤凰台在县治西北隅，旧有凤栖于其上，亦不记何年，一邱岿然。”凤凰台上曾建有凤凰亭，可惜已经荒废。[⑤]在平遥期间，韩氏参观了城内的文庙，注意到“邑城圣庙，枸杞为梁，为平八景之一”。[⑥]“枸杞为梁”即平遥文庙中的枸杞木梁的奇观，盖因为枸杞树长大很难，能用作建材就更为珍稀，根据县志的记载：

枸杞树，枸杞《尔雅》释木枸即枸杞也。一名苦杞，按《广韵》春名天精子，夏名枸杞叶，秋名却老枝，冬名地骨皮。秋熟色赤，服之轻身益气，洵嘉植也。产自甘州，移种他方极难成高，土宜使然。县治户房院内旧有二株，大者阔三尺许，高丈许，结果逾万，小者高约八尺。邑士冀于淦书房院内植一株，高二丈许，阔丈许，十数年来结实之大，发枝之华，迥异寻常，而根柢盘结不可以岁月计。桑冀村关帝庙殿前亦有一株，高丈许，枝叶葱茂，下垂至

---

① 韩瑾、邓稳：《韩宝忠年谱简编》，载韩宝忠《不如痴斋诗草》，邓稳整理，巴蜀书社，2020，第252页。

② 韩宝忠：《不如痴斋诗草》，邓稳整理，巴蜀书社，2020，第60页。

③ 1901年平遥赵允卿去四川，韩氏赠诗送别，表明双方关系亲密，因此，韩氏定居平遥，可能得赵氏之助。参见《送赵允卿之蜀》，载韩宝忠《不如痴斋诗草》，邓稳整理，巴蜀书社，2020，第21页。

④ 韩宝忠：《不如痴斋诗草》，邓稳整理，巴蜀书社，2020，第3页。

⑤ 光绪《平遥县志》卷十《古迹志》，第5页。

⑥ 韩宝忠：《不如痴斋诗草》，邓稳整理，巴蜀书社，2020，第60页。

地。相传四百余年古物，足与介之秦柏汉槐相伯仲矣。故并志之，以为好古者之一助云。[①]

根据地方志的记载，平遥八景中并无与枸杞相关的景致，很可能是地方文人附会的再创造。[②]除了参观文庙，韩氏还去了源池，即平遥八景中的“源池泉涌”，韩氏提到“池在罗村、源祠两村之间，活水清澄，田资灌溉。入夏，荷香扑鼻，风景宜人，洵属古陶胜迹”。[③]入夏应即农历六月，在妻子陈氏去世前，一起到源池参观，留下了深刻的记忆。[④]来到平遥不久，韩家就再次遭遇重大变故，在《悲遣并序》提及：“庚子民教相仇，携眷避山右，解装十日，内子辄染时疫而终。草草一棺，苦情莫状。予率成悼亡诗二十首以哭之。”[⑤]从己亥年父亲的离世，到庚子年妻子与次子的相继离开，在不到一年时间内三位亲人的离世，使得韩氏悲从心来。其中“好合翻成永别离，卧看牛女倍成痴。人间信是相思苦，苦煞相思无尽期”[⑥]一诗中的“痴”，正与诗集之名相呼应，对妻子的痴情思念之情始终无法释怀。韩家变成了以庶母、韩氏与长子祖孙三代组成的不完整家庭。在此背景下，如果韩氏不出仕，一家人很可能陷入困窘之中。而带着家人上任，显然并不合适，而留在平遥，人地生疏，并不放心，必得另行安置。

庚子之变，剑芝携眷避居山右，其妻及幼子相继殁于寓所。嗣

① 光绪《平遥县志》卷十二《杂录志》，第19页。

② 平遥八景为贺兰仙桥、市楼金井、凤鸟栖台、于仙药迹、源池泉涌、婴溪晚照、超峰晓月、麓台叠翠。康熙年间地方官绅又添四景——清虚仙迹、书院弦歌、河桥野望、仙观古柏，合称平遥十二景。参见康熙《平遥县志》卷一《十二景》，第26—27页。

③ 韩宝忠:《不如痴斋诗草》，邓稳整理，巴蜀书社，2020，第60页。

④ 笔者认为参观源池的景观，是妻子陈氏生前与韩氏一起参观的，理由有二：其一，因为在避乱平遥初步安顿后才有心情和兴致参观，而韩氏只有与妻子同行才会在十年后仍然有“荷香扑鼻，风景宜人”的印象和记忆；其二，陈氏善画梅，对于花草应该十分喜爱，见到盛开的荷花自然也会十分欢喜。韩氏对源池荷花的记忆，也正是他缅怀妻子的哀思。

⑤ 韩宝忠:《不如痴斋诗草》，邓稳整理，巴蜀书社，2020，第2页。

⑥ 同上书，第5页。

其庶母长子由晋徙居沪上，剑芝孤身就幕陕抚，襄理案牍。[①]

暂居平遥的韩氏，为何没有投奔近在太原的山西巡抚毓贤，而是选择就幕更远的陕西巡抚岑春煊？笔者认为很大程度可能与毓贤任职山西巡抚后，对传教士执行大肆杀戮的政策，[②]并不符合韩氏的主张有关。[③]于是，韩氏与自己的同事武德卿，同赴陕西巡抚岑春煊幕府。由此开启了韩氏在山西的行旅和仕宦的经历，笔者就《诗草》中所涉山西的名物略作梳理，如表2：

表2 《不如痴斋诗草》所涉山西名物表

名物	产地	时间	出处
槐树铺	平定州	1900年	《西征》，《诗草》，第2页
凤凰台	平遥县	1900年	《悲遣并序》，《诗草》，第3页。
文庙枸杞木梁	平遥县	1900年	《宋畏三先生以癸丑春六十寿征诗勉步原韵以和》，《诗草》，第60页；光绪《平遥县志》卷十二《杂录志》，第19页。
源池	平遥县	1900年	《宋畏三先生以癸丑春六十寿征诗勉步原韵以和》，《诗草》，第60页。
绵山	介休县	1900年	《绵山》，《诗草》，第6页
韩侯岭	灵石县	1900年	《过韩侯岭》，《诗草》，第8页
豫让桥	赵城县	1900年	《豫让桥》，《诗草》，第6页
巢父洗耳处	洪洞县蜀村	1900年	《巢父洗耳处》，《诗草》，第7页
红鹤楼	闻喜县	1900年	《红鹤楼》，《诗草》，第12页

① 华俊声：《序》，载韩宝忠《不如痴斋诗草》，邓稳整理，巴蜀书社，2020，第1页。

② 关于毓贤抚晋期间的民教冲突，参见于伯铭、冯士钵《论义和团运动期间的毓贤等“仇教”官员》，《社会科学辑刊》1988年第2期；贾熟村《义和团时期的毓贤》，《聊城大学学报》（社会科学版）2009年第6期；《毓贤抚鲁、晋两省期间的“涉教”态度比较》，《晋阳学刊》2011年第2期。

③ 韩宝忠对于传教士的态度是比较包容和友好的。证据有二：其一，韩氏在1917年任职新乐县知事时，曾在衙西开辟菜地，得法国主教馈赠生菜种子；其二，韩氏的长子韩百期就曾任职于河北昌黎县的某教会中学。参见韩宝忠《不如痴斋诗草》，邓稳整理，巴蜀书社，2020，第98、251页。

续表

名物	产地	时间	出处
闻喜	闻喜县	1901 年	《同友人闻喜遇雪》，《诗草》，第 24 页
潼关	山陕交界	1901 年	《渡黄河》，《诗草》，第 26 页
锣鼓台	霍州	1901 年	《经锣鼓台险不得渡舍车步行》，《诗草》，第 26 页
芹泉站	寿阳县	1911 年	《火车口占寄京诸好友》，《诗草》，第 53 页
沁源鲤鱼	沁源县	1911 年	《中秋前五日沁源高令惠诗二章因步韵和以寄之》，《诗草》，第 54 页
笔峰山	沁县	1911 年	《北乡查学即事口占四绝》，《诗草》，第 50 页
金顶山	沁县	1911 年	《北乡查学即事口占四绝》，《诗草》，第 49—50 页
花山	沁县	1911 年	《北乡查学即事口占四绝》，《诗草》，第 49—50 页
永庆寺	沁县	1911 年	《尺木道人》，《诗草》，第 50 页
文中子读书石	沁县	1911 年	《和王啸亭答周茗芗留别北京原韵四章》,《诗草》，第 51 页

从上表可知，《诗草》中所涉山西名物，集中两个时段，其一是 1900 至 1901 年，呈现了韩氏从庚子内迁山西到入职陕幕，并在辛丑由陕返京的历程；其二是 1911 年，即任职沁州知事期间。以下围绕《诗草》对所涉山西名物展开介绍。韩氏与同事离开平遥奔赴陕西的路途中，首先来到了介休的绵山，留下《绵山》诗作：

辛苦征尘十九年，荒山何处觅旌田。论功独靳千钟赏，割股惟求一线延。公子仁亲应返国，小人有母敢贪天。君恩一炬真高厚，赢得清明尚禁烟。[①]

韩氏与朋友远赴陕西，应该只是远观绵山，并未登临此处，“荒山”也表

① 韩宝忠:《不如痴斋诗草》，邓稳整理，巴蜀书社，2020，第 6 页。

明此时绵山的环境并不秀美可观。从介休南下就进入灵石境内，经过韩侯岭。

> 岧峣仙岭陟韩侯，我本淮阴后裔留。背水归鸿余远阵，回峰立马吊荒邱。若非国士谁亡项，几见将军不断头？漂母何人偏巨眼，区区一饭竟千秋。①

之所以对韩侯岭有印象，在于这个景观与韩氏的祖宗汉淮阴侯韩信有关，故而激发出“我本淮阴后裔留”的家族情结。“若非国士谁亡项”，认为有韩信的辅佐，刘邦才战胜了项羽，萌发了家族姓氏的自豪感，家国情怀得到体现。从灵石继续南下，到了赵城县的豫让桥，②并留下《豫让桥》的诗作：

> 一腔忠愤气难伸，国士桥边草不春。漆体誓追襄子魄，佯狂甘作乞儿身。恨无上策酬知己，何若中行遇众人。易水悲歌同一叹，壮怀无命扫嬴秦。③

赵城在山西南北交通的要道上，此桥成为韩氏赴陕的必经之地。根据乾隆《赵城县志》载：“豫让桥，在城南八里，今名国士桥。”④“易水悲歌同一叹”，韩氏将荆轲刺秦与豫让刺赵进行了类比，表达了功亏一篑的惋惜之情。从赵城南下到洪洞县，韩氏来到位于苏堡镇的蜀村，该村得名源于唐高宗时期有位来自四川的韩仙君，在此施医施药，救治百姓。韩仙君去世后，百姓为纪念韩君祖居的蜀地，故名蜀村。村中有韩居士祠（也称韩仙祠）、韩居士

---

① 韩宝忠：《不如痴斋诗草》，邓稳整理，巴蜀书社，2020，第 8 页。

② 有学者认为韩氏笔下的豫让桥是今太原市西南二十四公里处赤桥村。参见罗佳《韩宝忠行旅诗研究》，载邓稳主编《旷观时局，寓情诗书：〈不如痴斋诗草〉研讨会论文集》，巴蜀书社，2022，第 139 页。笔者认为韩氏笔下的豫让桥不是太原市的赤桥，理由有二：一、韩氏 1900 年避居山西，并没有来到太原，而是定居平遥，因此不可能去赤桥村；二、赤桥村就在三晋名胜晋祠附近，两地相距仅一里，来了赤桥一般就会去名闻天下的晋祠，但《诗草》却只字未提晋祠，而且赤桥村的豫让桥，没有国士桥的别称。

③ 韩宝忠：《不如痴斋诗草》，邓稳整理，巴蜀书社，2020，第 6 页。

④ 乾隆《赵城县志》卷二《河梁》，第 13 页。

墓（也称韩仙墓）[①]。韩宝忠来到洪洞，必定是慕先祖韩仙君之名来到蜀村的。在《蜀村志》中有平阳郡守罗绕典的《洗耳泉》：

昨望九箕山，苍苍烟雾里。闻访巢父踪，或是旧乡里。今晨见穹碑，云此耳曾洗。伊昔戴尧天，明廷歌喜起。父傥能总师，勋华应媲美。胡为捐黄屋，视若捐敝履。甘偕鹿豕游，不共夔龙理。万事付东流，苍生究安恃？帝陛有笙镛，愿汝常提耳。无令照影时，赧然对清沚。[②]

在罗绕典的诗中提到了巢父，而韩氏的诗词即有《巢父洗耳处》：

长安棋局不堪闻，巢父遗踪尚白云。欲蹈高风来洗耳，河流今日也尘氛。[③]

韩氏来到先祖韩君的纪念地，“洗耳”本是旷然物外，但“尘氛”即战争的阴霾，任何人都无法置身世外，忧国之思不可抑制地生发而出。从洪洞继续南下，进入闻喜境内，来到了红鹤楼，赋诗一首：

总是仙游多变幻，何年红鹤又高楼。人来古寺钟声晚，雁度平沙笛韵悠。秋水空深莼菜思，夕阳寒压蓼花洲。一拳打碎呼庐笑，扫尽胸襟万斛愁。[④]

关于红鹤楼，韩氏在诗中留有“晋闻喜仙迹也”的小注。根据乾隆《闻

---

① 杨恩浚:《洪洞县蜀村志》，收入《山西文史资料全编》第 112 辑，1997，第 448—449 页。

② 罗绕典:《洗耳泉》，参见《洪洞县蜀村志》，载《山西文史资料全编》第 112 辑，1997，第 453—454 页。

③ 韩宝忠:《不如痴斋诗草》，邓稳整理，巴蜀书社，2020，第 7 页。

④ 同上书，第 12 页。

喜县志》载“红鹤楼在水西门外涑水西岸，为邑景之一”，[①] 所谓的邑景，即闻喜八景之一的“鹤楼晚照”，不过该楼今已不存。笔者推测从闻喜开始，韩氏很可能乘船南下，经黄河进入陕西境内。[②] 因为到达闻喜时，正值夏季，正好是汾河与黄河的丰水期能够行船。因为乘船而行，由晋入陕的诸多名胜就没有出现在诗词中。来到陕西，入巡抚岑春煊幕府后，韩氏无时无刻不想着回到京城，在 1901 年春即作《春望蓟门》，留下“浮踪随处等鸿泥”“怕道不如归去好”这样急切盼归的词句。而身在异乡西安，最让他思念和牵绊的是逝去的亲人。在六月二十日妻子的祭日，他写下《哭内》，小序有“嫡室庚子六月廿日逝世，转瞬经年，曷胜悲悼”，并发出“一夜呼侬十万声”的泣血悲鸣。[③] 到了七月四日父亲的祭日，他留题《追哀》：

> 已违庭训两经秋，无限孤心万里愁。四尺未曾崇马鬣，一生岂在博蝇头。莱衣梦里华筵幻，蓬梗天涯血泪流。即使勋名耀彝鼎，春晖寸草报何由？[④]

在小序中韩氏写下“七月四日为先严讳辰，予远客秦中，久疏祭扫，不孝罪何赎焉”。父亲的墓地远在京城，由于庚子事变，远居陕西的孝子已经两年无法前去祭扫，哀伤之情溢于言表。此刻即使功勋卓著，也永远无法报答父亲的慈爱。而不久后的七月十四日，韩氏又接到了胞弟韩佩卿病逝的家信，悲泣交加，“乡信秋风泪两行”。[⑤] 同年九月韩氏同友人一起由陕西起程返回京城，九月初九过胭脂坡，[⑥] 接着启程夜宿华清池，[⑦] 然后启程奔赴西岳庙万寿阁

---

① 乾隆《闻喜县志》卷九《古迹》，第 3 页 b。

② 根据民国《户县乡土志》记载“碱由山西闻喜水运至河口，经渭陆运至户”，表明闻喜是可以水运行船进入陕西境内的。转引自田培栋《陕西社会经济史》，三秦出版社，2016，第 519 页。

③ 韩宝忠:《不如痴斋诗草》，邓稳整理，巴蜀书社，2020，第 19 页。

④ 同上书，第 20 页。

⑤ 同上书，第 22 页。

⑥ 同上书，第 23 页。

⑦ 同上书，第 24 页。

远眺华山。[1]出陕西潼关渡黄河，进入山西境内，留下《渡黄河》诗一首：

河势莽奔腾，潼关晓日升。野桥争渡客，山寺打钟僧。急溜喧人语，长风任我乘。鲤肥吹浪白，集艇下鱼罾。[2]

由陕回京的心情是愉悦而激动的，黄河肥美的鲤鱼，引得渔民前来下罾捕捞。而进入山西闻喜后，遇到了大雪，赋诗《同友人闻喜遇雪》：

九月西山雪，长途增暮寒。几番乡泪奇，谁念客衣单。涧碧松枝老，林红柿叶干。前村秋酿熟，相约驻吟鞍。[3]

在秋日九月遇雪是韩氏一行没有预料到的，他们的衣服尚比较单薄，无法充分御寒。恰好遇到有村民新制的秋酿酒，也就留下暂宿了。在第二天一早启程出发的时候，雪依然下，写《车中口占》"晓发车中眠，卧游三十里。积雪逐风飘，纷纷泥行李"。[4]天气寒冷，衣服单薄，只能躺卧车中取暖。积雪泥泞，困住了行李。经过泥泞的雪地后，进入到霍州境内，遇到了锣鼓台这样的险地。

经锣鼓台险不得渡舍车步行（台在霍州）

石磴盘云起，疲骡不可行。劳人惊异路，久客盼归程。山枣随砖落（酸枣遍山，儿童打食），烟莎趁屐轻。横途碑有字（晋人喜立碑，乡人有嘉行则刻石以志之），剔藓识铭旌。[5]

查《直隶霍州志》并无锣鼓台，具体位置待考。此处提到了两处山西名

① 韩宝忠:《不如痴斋诗草》，邓稳整理，巴蜀书社，2020，第25页。
② 同上书，第26页。
③ 同上书，第24页。
④ 同上书，第25页。
⑤ 同上书，第26页。

物，即酸枣遍山，还有就是山西人喜欢立碑，碑铭很多，[①]以至于韩氏一行非常好奇地扒开苔藓去识读碑文的内容。离开山西回到北京，差不多有十年时间没有重返山西。直到宣统三年（1911）任命为沁州知事后才再度回到山西。1911年春，韩氏从北京启程赴沁州任，而这次入晋，他坐上了开通不久的正太线火车，并在寿阳芹泉站下车，吟《火车口占寄京诸好友》：

客子思家梦未圆，一声汽笛到芹泉。神工打破天门险，人迹居然陆地仙。行李萧条苏季剑，飘蓬恩迫祖生鞭。花前月下销魂甚，最是良朋话别筵。[②]

芹泉火车站位于山西寿阳县尹灵芝镇，建于1907年，诗中“神工打破天门险，人迹居然陆地仙”对凿石开路建起的正太铁路表示了无比的惊奇，叹为奇迹，可见时人对铁路交通便利的惊喜。而在奔赴沁州的行旅中，此时雪后的路途却是泥泞难行。[③]来到沁州后，接替前任知县林治。据《沁县志》记载：“林治，福建闽侯人，光绪三十三年任。”[④]根据韩氏的记载“林前牧卸任，士绅禀留，未许，批谓：‘继任萧规曹随’”。[⑤]林氏在沁州留下了德政，士绅们禀请上峰留任，但没有获准，不过得到了“继任萧规曹随”的批示。实际上，韩宝忠在沁州任上的职责，就是继续前任林治的事业，最主要的就是督促兴学，在西乡查学中，他赋诗如下：

西乡查学即事口占四绝

麦浪青翻杨柳风，停舆小憩绿荫中。老农相慰无他事，不见罂

① 山西碑刻十分丰富，碑刻资料的收集整理也非常普遍，笔者曾经统计过山西108县中，编有《三晋石刻大全》的市县达56个，占所有市县的一半，各市县收集的碑刻数量不一，多的市县达数千通，少的仅有一百余通。

② 韩宝忠:《不如痴斋诗草》，邓稳整理，巴蜀书社，2020，第53页。

③ 同上书，第52页。

④ 山西省沁县志编纂委员会:《沁县志》，中华书局，1999，第361页。

⑤ 韩宝忠:《不如痴斋诗草》，邓稳整理，巴蜀书社，2020，第50页。

花一点红。

荒祠深柳读书堂，学究欢迎说改良。简易完全都不解（五龙庙私塾改良，教习聋而不通，急宜更换），路傍花笑野丁香。

释经解字竟无讹，活泼精神亦足多。三五儿童好头角，英雄时事果如何（开村小学体操整齐可喜）。

夕阳村外岭西头，织妇耕男笑语稠。教养自惭无善政，马前争欲识荆州。[①]

在沁州的查学中，他发现“罂花”不见了。所谓的罂花就是罂粟花即鸦片。近代山西的鸦片种植十分普遍，烟毒的危害极其惨烈。[②]而鸦片的禁种，可能与前任林知县的治理有关。[③]而在晚清的学制改革中，由私塾改良为学堂，但旧式的塾师们依旧担任教习，他们对新学一窍不通，因此有“简易完全都不解”之叹。另外男耕女织的生产模式，使得家家户户安居乐业，“教养自惭无善政”实则韩氏的自谦，对于林前任留下的善政，他没有轻易做任何的改动，是无为而治政治智慧的体现。而在北乡查学中，几乎都是山区，韩氏跋山涉水深入山区，甚至攀登山巅，在岭头村、西汤村、金顶山巅留下了足迹，在考察的路途中，感受花山的青秀、笔峰山的直插云霄。尤其“危桥泉响渡西汤，野老争前进酒浆。愧我相酬唯誓水，可能遗荫续甘棠”[④]形象地呈现了韩知县徒步踩着危桥，冒险来到村民家中，老人们争相拿出好酒招待知县，他不胜酒力，以水代酒，向村民们发誓为大家施善政、谋福利的场景。除了自然景观外，沁州的名胜古迹韩氏也多有游览，如沁县永庆寺。

尺木道人

僧性休，号尺木道人，本姓朱，相传为大同藩府支派，值闯逆

① 韩宝忠:《不如痴斋诗草》，邓稳整理，巴蜀书社，2020，第 48—49 页。

② 毕苑、H.K.Harrison:《烟毒问题与近代山西社会》，《晋阳学刊》2004 年第 5 期。

③ 林治是福建闽侯人，与近代著名的禁烟英雄林则徐既是同乡也是同族，因此推测他在任内在禁毒方面是有成效的。

④ 韩宝忠:《不如痴斋诗草》，邓稳整理，巴蜀书社，2020，第 49—50 页。

之变，弃家云游，遍历多方，后卓锡于沁之永庆寺。顺治癸巳正月圆寂，今寺中塑像及砖塔尚存。

天终与德原无爽，李闯何人听索金。阶下囚甘众烦恼，六根尘净亦伤心。

天机参透理循环，尺木当头作棒看。一息苟全清净土，那堪回首望煤山。[①]

据乾隆《沁州志》载："永庆寺，在州西段村。元至正年建，明崇正年修，国朝顺治年僧来大重修，雍正三年僧官性瀛重修。"[②]从身份来看，尺木道人应是明代藩王后裔，在易代之际的动荡中，削发为僧，弘扬佛法，成为一代宗师。韩氏对尺木道人遗迹的参访，为的是寻求"天机参透理循环"的通透境界。而为探究儒学的奥义，他闲暇时间来到铜鞮山寻找文中子读书石，所谓"闲探石室追遗学，愧宰铜鞮浪得名""自惭捧檄负明时"。[③]韩氏对于自己在沁州任上的表现，尤其是处理干草会暴动的不力是有愧的，但在清王朝腐朽不堪、行将就木的时刻，发出"负明时"的自责，显然是未能看破时局。韩氏离任沁州后，大清王朝已悄然瓦解，中华民国应运而生。韩氏带着遗憾离开了山西，但山西名物却在《诗草》中留下了痕迹，成为后人怀思的留念。

结论：近代非著名人物研究的思考

我国是一个文献之邦，古籍资料浩如烟海，但历史上关于普通人物的记载却是少之又少、乏善可陈。然而就社会历史而言，无数名不见经传的普通人物，构成了社会的基础与主体。正如马克思所言，人民群众才是推动历史进步的真正动力。晚清民国时期，留下了一大批非著名人物的诗集、文集、日记、书信等文献资料，这些多以写本或手稿的形式分散保存于老百姓

① 韩宝忠:《不如痴斋诗草》，邓稳整理，巴蜀书社，2020，第 50 页。

② 乾隆《沁州志》卷九《寺观》，第 6 页 b。

③ 韩宝忠:《不如痴斋诗草》，邓稳整理，巴蜀书社，2020，第 51 页。

的家中，鲜少示人。韩宝忠的诗集正是这类作品的代表之一。王小盾教授也提示了写本、稿本研究的重要性，认为这对中国文献学研究，有很大的意义。[①]王教授从书籍史和文献学角度，强调了对写本、稿本到刊本的流变过程的考察的学术价值。当然仅仅做这样的工作，还只是完成了文献整理的阶段性任务。所有手稿中有一大批名人的手稿，也有更大规模甚至海量的非著名人物的手稿。名人手稿的整理和研究已经汗牛充栋，笔者不做评论。大量非著名人物的手稿要怎么整理？当把这些的手稿整理成纸本后，又该怎样进行研究？

当后人们面对并非显赫的祖先留下来的文字，他们的事功可能大多隐入尘烟，他们的师友可能大多默默无闻，诗集中无数陌生人的名字，大多湮没不彰。诚然我们可以借助工具书和数据库去查找诸多的人名。但工具书只能提供各行业知名人物的信息，数据库只能围绕人名，检索包括工具书在内的已出版文献，提供略多于工具书的细致信息，但人物的形象依旧是停留于纸面甚至平面的、碎片的印象，当我们收拢这些知识碎片进行拼接的时候，我们得到的是鲜活的、整体的人物印象吗？数据库只是人类文献的汇总，人们只能根据自己的意愿，在文本与文本之间建立联系，生成检索的结果，无法在文献之外形成更高的智慧，也不可能代替人力去整理尘封的手稿。总之，数据库无法回答和解决数据库之外的所有问题。这样数据库之外大部分姓名信息依旧成谜，成为无法解决的难题。在此情形下，田野调查的引入，或许是深入历史场景的可行途径之一。而面对行迹跨越南北甚至海外的宦游者，行踪遍及多地，会使田野调查变成非常艰苦的工作，一位非著名人物是否值得一位学者下此功夫追寻呢？

仅就韩宝忠的诗集而言，笔者遍检数据库，也只能查到诗集所涉 85 人中的 38 人。尤其巧合的是，与韩氏交游最多的顾华伯（顾迪光）正是笔者硕士论文整理研究的《筹办萍乡铁路公牍》的作者萍乡县知县顾家相之子，晚清著名金石学家顾燮光的兄弟，而他们的郡望是会稽顾氏。他们对于家乡是怀念的，顾家相在清祚终结后，回到浙江老家，纂修了《浙江通志 · 厘金门》，

① 王小盾教授的发言参见《〈不如痴斋诗草〉学术研讨会会议实录（节录）》，载邓稳主编《旷观时局，寓情诗书：〈不如痴斋诗草〉研讨会论文集》，巴蜀书社，2022，第 230 页。

为家乡历史文化传承贡献了力量。

如同韩宝忠的郡望是望江韩氏一样，他对故乡望江有一种亲切而陌生的感觉，在他乡遇到安徽同乡会十分激动，会称霍邱进士李肖峰为“乡丈”，而故乡望江却从未实实在在地触及。然而，由于他们长期在故乡以外的地方生活和工作，鲜少回到家乡，以至于故乡成为他们的郡望，乃至精神图腾。而在事实上，因为缺少故乡的生活阅历和交际经历，与故乡人缺乏共享的地方知识，相互之间缺少利益和人脉的交集，大多是萍水相逢的泛泛之交，最多是惺惺相惜的同路人，无法做到深入心灵的契阔，引为生死知己。而在北京这样通都大邑，在京城人的眼中，即使是长期生活在京的韩氏一家，始终顶着“望江”“安徽人”的标签，极端情况下有被“污名化”的可能，[①] 事实上很难融入京城的市井生活。[②] 因为在京城生活的边缘化，他们更容易与其他祖籍在外地的京津望族结缘，形成所谓的世交。[③] 然而，虽是世交，门户之见的观念始终横亘在时人的脑袋里，如果不是有门当户对的长期联姻和利益交集，世交也只是停留在长期的泛泛之交和先辈们传统友谊话语。寒门微族只能成为名门望族的附庸，甚至会成为大族利益博弈的牺牲者。比如从世交华俊声的序言可以看到，韩、华之间的交集主要在论诗谈文上，是君子之交淡如水式的友谊。以至于在韩氏妻儿新丧不久，缺少同理心之安慰与劝解，反而是将夫妻恩爱旧事重提，勾人伤心回忆。至于“慎勿徒工于章句之末，致同诗人之穷愁措大，庶不负余之厚望焉”。[④] 华氏虽非本意却不自觉地以诗界权威身份指点“迷津”，提出的也只是虚空不实的建议，绝非一针见血建设性的意见，即使有也不会轻易外传，高高在上的优越感跃然纸上。可以设想，对于韩氏而言，面对虚空不实的世人和世界，面对时刻不确定的世事和世情，外

① 不恰当的例子，比如淮北人因为经常发生水灾，民众有乞讨的习惯，他们结伙在京城乞讨，成为丐帮，就很容易成为京城人污名化安徽人的身份标签。参见马俊亚《被牺牲的“局部”：淮北社会生态变迁研究（1680—1949）》，北京大学出版社，2011。

② 至少从《不如痴斋诗草》来看，对于北京的印象主要是一些有形的建筑景观，很少出现北京风土、民情、乡俗的记载就是例证。当然由于目前笔者读到关于望江韩氏的资料有限，这个论断可能失之武断。

③ 比如韩家与天津的华氏家族是世交。

④ 华俊声：《序》，载韩宝忠《不如痴斋诗草》，邓稳整理，巴蜀书社，2020，第2页。

在的身体漂泊而无处安放，内心的灵魂苦闷而无处排遣。而当身体从紧张劳碌奔波闲适下来后，宗教就成为寄托情感和获得救赎的庇护所、诗社就成为寻求文化和身份认同的俱乐部。这也就是韩氏在归隐后，醉心于加入著涒吟社、稊园诗社、悟善社和净业社等文化和宗教团体的原因所在。面对世事的变迁和世局的纷乱，韩氏先祖对子孙的至高训诲就是“忠厚传家久，诗书继世长”，而这是面对不确定世界，个人唯一可以把握和确定的事务。韩氏在六十岁回顾自己大半生时，留下了“树人树木羞传颂，与世无功六十年”的遗憾，而给子孙留下的名言则是“茹苦儿郎能向学，要知遗德胜遗金”，即走一心向学的正道，注重德行的培养，胜过财富的积累，这不能不说是对子孙最殷切的期望。①由于处在权力中心之外边缘位置，韩氏能够对时代和社会进行冷静的观察，并发出富有洞见的声音，“旷观世局”之评亦颇为恰当，比如他给《法政经济报》开馆四绝中“破坏非难建设难，人人欢夺自由权。漫云弱肉应强食，子母精微赖笔椽”，放在当下依旧有穿越时空、振聋发聩的启迪。

附　录

表 3　《不如痴斋诗草》所涉人物简表

姓名	字号	籍贯	功名	职衔 / 行业	出处
华俊声	少兰	天津人	庚寅恩科进士	编修、秘书郎	朱寿朋：《清代人物大事纪年》，北京图书馆出版社，2005，第 1630 页。
张亮丞	不详	不详	不详	富全贞商号	马仿波等：《自贡盐场的木材商业》，载中国人民政治协商会议四川省自贡市委员会文史资料研究委员会《自贡文史资料选辑》6—10 辑，1982，第 274 页。

① 事实上，韩家很多子孙大多谨遵了家族训诲，成为各条战线上优秀人物，比如韩百期、韩镜清、韩诜厚、韩文龙、韩涛、韩迪厚、韩娴厚等。至于韩渔是韩宝忠先生最放心不下的儿子，他在全面抗战爆发后去了东北伪满政权，担任龙江省镇东县署财务局长。在韩氏给儿子的诗中留下“双亲头已白，艰窘况频经”委婉而无奈的挽留。参见《渔儿允媳偕行出关》，载韩宝忠《不如痴斋诗草》，邓稳整理，巴蜀书社，2020，第 233 页。

续表

姓名	字号	籍贯	功名	职衔 / 行业	出处
继昌（？—1908）	莲溪	汉军正黄旗人	进士（光绪三年）	军机章京、甘肃布政使、安徽巡抚	《继昌与行素斋杂记》，载姚继荣《清代历史笔记论丛》，民族出版社，2014，第472页。
陈鼎臣		不详		江津盐商	四川省地方志编委会：《四川省志·大事纪述》，第212页。
善昌	汝明	不详	不详	不详	易克中选编《妙峰山诗集》，2007，第211页。
赵允卿	鸿猷	平遥人	不详	平遥县豪绅	山西省政协《晋商史料全览》编辑委员会：《晋商史料全览·晋中卷》，山西人民出版社，2006，第354页。
郭搏九	不详	巴陵人	不详	候补知府	《新报摘抄》，载《新疆文史资料选辑·第九辑·辛亥革命伊犁起义专辑》，新疆人民出版社，1981，第95页。
何景斋		灵石人		金石学家	中国人民政治协商会议贵州省贵阳市委员会文史资料研究委员会：《贵阳文史资料选辑》第18辑，1986，第25页。
毓聘之	不详	不详	不详	不详	华学澜:《庚子日记》，载《庚子记事》，知识产权出版社，2013，第120页。
武二观察					疑为伍廷芳
李肖峰（1866—1945）	灼华	霍邱人	进士	翰林院编修、国史馆纂修	刘士洪:《霍邱人物名录》，黄山书社，1994，第4页。
吴闰辰	实甫	庐江人	不详	署代州知州	《鹿传霖日记》，《文物春秋》1993年第1期，第71页。

续表

姓名	字号	籍贯	功名	职衔 / 行业	出处
周籁岑（伴鹤山樵）	茗芗	望江人	廪生	1908 年入高等法政学堂，任望江县财政局长	戎毓明：《安徽人物大辞典》，团结出版社，1992，第 367 页。
高嘉猷（高令）		直隶人	举人	宣统三年二月任沁源县知县	民国《沁源县志》卷五《官师表》，第 14 页。
王省山（1787—1855）	字仲巡，号松坪	山西沁县人	不详	元谋县，江苏江宁县知县	杨茂林、张文广：《勤政爱民王省山》，载《山西古代廉吏》，山西人民出版社，2015，第 104 页。
宋畏三		疑为山西人			
李采繁	文沼	天津人		书画家，与李叔同近邻	章用秀：《弘一大师的精神境界》，天津教育出版社，2015，第 117 页。
刘我民	子俊	山西人			张瑞玑：《刘我民先生墓志铭》，载《张瑞玑诗文集》，北岳文艺出版社，1998，第 177 页。
王伯渊		无锡人			
樊增祥	嘉父	湖北恩施人	光绪三年进士	护理两江总督	钱仲联：《清诗三百首》，东方出版中心，2020，第 391 页。
马化封			秀才		中国人民政治协商会议河北省香河县委员会：《香河县文史资料集萃》，2019，第 273 页。
姚联奎	星五	桐城人			“姚，桐城人，陶侃惜阴轩在该县。”参见韩宝忠《不如痴斋诗草》，邓稳整理，巴蜀书社，2020，第 118 页。惜阴亭即今枞阳县莲花湖公园。
桂玉辉	老辛				《桂老辛忆香诗存》，民国二十四年刻本。

续表

姓名	字号	籍贯	功名	职衔 / 行业	出处
任瑾存	仞千	江西丰城人			钱南铁：《题丰城任仞千哀荣录》，《虞社》1933年第194期。
顾迪光	华伯	浙江会稽			罗志欢：《中国丛书综录选注》，齐鲁书社，2017，第290页。
方政	宣甫	南昌人			蔡传奎：《南昌方宣甫先生七秩寿序》，《交通丛报》1921年第82期。
杨以德	敬林	天津人		直隶警务处处长兼天津警察厅厅长	《贫民半日学社》，载张绍祖《近代天津教育图志》，天津古籍出版社，2013，第410页。
黄深父				水警总办	王介公：《安东县志》，孙化龙校注，辽宁民族出版社，2003，第491页。
徐茗樵		望江县人	举人		
许世英	隽人	安徽秋浦人	拔贡	福建巡按使	陈赣一：《新语林》，上海书店出版社，1997，第40页。
翁之熹	克斋	江苏常熟人			柳和城：《张元济与现代中国出版》，上海交通大学出版社，2017，第200页。
渠本翘	楚南	山西祁县人	进士	内阁中书	毛洪亮：《民国晋绥集团军政人物春秋》，安徽人民出版社，2013，第239页。
侯俊山	喜麟	山西洪洞人	曲艺人		丁天顺、许冰：《山西近现代人物辞典》，山西古籍出版社，1999，第367页。
王劭农			进士		《中华竹枝词全编》，北京出版社，2007，第225页。
宋怡素（女）		山东人		湖社画会画家	吕鹏：《湖社研究》，文化艺术出版社，2010，第253页。
吴佩孚	子玉	山东蓬莱人			

续表

姓名	字号	籍贯	功名	职衔 / 行业	出处
道阶长老		衡山			《中兴法师：道阶长老》，载吕铁钢、黄春和《法源寺》，华文出版社，2006，第182页。
白笑莲（女）					《记诗妓白笑莲近况》,《风月画报》1937年第14期。

唐山县知事韩宝忠及其德政碑研究

王　博　贾曼华[①]

在河北省重点文物保护单位隆尧碑刻群内，保存有一通《韩宝忠德政碑》，碑文记载，民国八年韩宝忠到唐山县[②]任知事，正值洪灾泛滥之后，百姓饱受其害，他亲自勘测沙压良田，请命减免粮租，帮助百姓渡过难关，受灾各村绅民感恩戴德，立碑纪念。

查阅史料可知，民国八年（1919）四月至民国十一年（1922）七月，韩宝忠在唐山县任知事，三年零三个月的时间里，他治理洪灾、应对旱灾、捕除蝗蝻、严查鸦片、强化治安、设劝业所、鼓励蚕桑，通过一系列措施，赢得了当地民众的拥护和爱戴。

一、初到唐山 治理水患

1. 唐山县情

唐山县位于华北平原南部，今河北省邢台市隆尧县西部，原名柏人县，源自战国时期，赵国大将李昙因功封为柏人侯。汉初置柏人县，王莽篡位后，

① 王博（1982—　），男，河北邢台人。2004年毕业于河北大学档案管理专业，隆尧县文化广电体育和旅游局副科级干部。贾曼华（1981—　），女，河北邢台人。2004年毕业于河北大学新闻传播学院广告系，隆尧县融媒体中心，编辑、记者。

② 此唐山县，即如今的隆尧县。民国时期隆尧西部为唐山县，1928年11月，唐山县改名尧山县；1947年6月，尧山县与隆平县合并，改名隆尧县。

改称寿仁县；东汉初年又改为柏人县；北魏末年，柏人县改为柏仁县。

唐天宝元年（742），柏仁县遭遇水患，县城东迁至尧城镇，更名尧山县。金大定中期，因避讳金睿宗完颜宗尧，改名为唐山县。[①]

唐山县地势西高东低，境内有尧山、宣务山、干言山等山川并立，泜河、柳林河、马河等并行。其中，泜河自西部山区临城县，东流入唐山县境内。康熙九年（1670）《唐山县志》记载：

> 泜水河，俗名沙河，旧在县西一里许，南流折而东入漳。[②]

泜河是隆尧的母亲河，哺育了两岸悠久的文明。1989 年，在尧山南麓、泜河两岸首次发现仰韶文化遗址三处（西山南遗址、西侯南遗址、北村东遗址），并出土陶罐、彩陶豆等遗物，证明至少在 6000 年前，就有人类在这一带生活。[③]

中国最早的诗歌总集《诗经》，收录有《国风・邶风・泉水》一诗，其中“出宿于干，饮饯于言”的诗句，描述的就是泜河南岸的干言山。

泜河两岸风景秀丽，景色宜人。清光绪七年（1881）《唐山县志》收录有“尧山八景”，其中“泜水浮沉”“神槐障岸”两处景观，都和泜河有关。

其一，泜水浮沉。《唐山县志》载：

> 其水流入地底，稍前复流出，是不一处，名曰“三蹬”。[④]

实际情况是：泜水河底由于地势落差存在断层，以及鹅卵石、泥沙的影响，部分地段出现视觉上的断流，待地势平坦又由地下复涌而出，因以得名。

其二，神槐障岸。《唐山县志》载：

---

① 苏玉修、杜霭、李飞鸣：《唐山县志》，清光绪七年仲夏重修，第 7 页。

② 孙缵修、张鹏翎：《唐山县志》，清康熙十二年刊刻，十九年增刻，第 76 页。

③ 据隆尧县文物保护管理所文物普查档案记载。

④ 苏玉修、杜霭、李飞鸣：《唐山县志》卷之二《八景》，清光绪七年仲夏重修，第 34 页。

树在泜河东岸，明河堤数溃，民受其害。有神示梦于邑人曰：“我，城隍神也。悯若等久罹阳侯之难，今已植树砥障矣。”厥明视之，岸畔果有槐生焉。自是终明朝，无河决之患，兹神槐之所由名也。①

实际情况是：泜河东岸有槐树，发挥着保持水土、固岸护堤的作用，古代乡民不解其意，便给予神化，称赞其为神槐。

2. 泜河泛滥

泜河抚育一方，百姓饱受其利；泜河常年泛滥，百姓也深受其害。明末清初，唐山县有“三害”，一为石田饶瘠，一为河滩压地，一为冲要重役。清光绪七年（1881）《唐山县志》记载泜河之患：

嘉隆之前，泜河尚称安流。自隆庆迄今，阳侯肆虐，水溢堤崩，附城田园十数里，尽为沙碛。夫以数金一亩之地，而俱成不毛。

明隆庆三年己巳，大水，平地丈余，水落遗沙，不可耕稼。虚粮为累，百姓苦之。②

据不完全统计：清顺治五年（1648）至同治十年（1871），泜河八次泛滥，田禾淹没，殃及百姓。

皇清顺治五年……秋七月，泜水横溢，城社倾覆，负郭田园，俱被沙埋。

康熙七年……秋泜水大溢，田禾漂没。

嘉庆六年，辛酉大雨，河水泛滥，田禾被淹，平地有鱼虾。

道光二年壬午秋七月，大水。

---

① 苏玉修、杜霭、李飞鸣：《唐山县志》卷之二《八景》，清光绪七年仲夏重修，第34页。

② 苏玉修、杜霭、李飞鸣：《唐山县志》卷之一《物产》，清光绪七年仲夏重修，第24页。

道光三年六月间，大雨七昼夜，泜水涨溢，平地深尺余。

道光十年庚寅，春大旱。四月二十九日，风雨大作，经两昼夜始止，河水泛滥，平地深尺余，墙屋多倾圮。

咸丰三年，七月十八日，风雨骤至，昼夜不止者七日，河水泛滥，倒塌民房无数。

同治十年辛未，春无雨，四月二十七日方雨，始播种。六月二十九日，大雨如注，河水陡涨泛滥，近河村庄墙垣、屋庐、禾稼俱被淹。①

《唐山县志》记载：百姓饱受其害，废为石田者居十之四。变膏腴为硗确，坏园圃为汙池。

3. 韩宝忠到任前

民国初年，灾祸频繁，其原因有二：一为天灾，民国六年（1917）《益世报》（天津版）刊文《唐山县知事详陈河道决口情形并恳拨款补助呈熊都督办文》，详细记载了唐山县河道分布情况：

唐山县境内河道有三，曰泜水河，曰马河，曰柳林河。三河之中，以泜水河为最大，决口亦最多，马河次之。揆厥原因，均由于本年霪雨连绵，水势汹涌所致。泜水河即沙河，为临城内邱山水汇流之处，每至夏令，山水暴发，必致漫淹民田。由县境北路田村入境，至大凝铺亦城西侯小干言诸村之间，蜿蜒十余里。城西以南早已淹没，尽成沙碛。此次决口在城北东南者，共计三处，约有四里有余。城之西北隅决口仅只里许，水势尤为凶猛，护城堤埝皆被冲毁，喷出无数沙碛，危险尤甚。②

① 苏玉修、杜霭、李飞鸣：《唐山县志》卷之三《祥异》，清光绪七年仲夏重修，第2—3页。

② 《唐山县知事详陈河道决口情形并恳拨款补助呈熊都督办文》，《益世报》（天津版）1917年12月12日。

由此可知，唐山县城曾多次遭遇水患，水势凶猛，堤埝被毁，非常危险。关于这场水灾，有详细记载：

民国六年，春旱，夏六月七日到九日迭遭大雨，九日洪水弥漫，县之东部一片汪洋，平地水深四五尺，房屋倒塌，牲畜财物漂没，灾民抱板木逃生。沿河各村尽成泽国，砂砾拥积，良田被压，荒废良田三十顷零三十八亩，唐山县土瘠民贫，地薄粮重，百姓流离失所，生活苦不堪言。①

为了获取帮助，民国六年（1917）十一月《益世报》（天津版）刊登《唐山县知事助捐启》，向社会寻求帮助，文中写道：

哀鸣遍野，嗷嗷待哺之心，涸鲋堪虞，奄奄思求生之路，沿途饿殍，庚癸频呼，转瞬寒天，饔飧谁给，见流亡之满目切痌瘝于寸衷，举凡老弱孤寡，疲病残疾皆吾百姓之颠连无告者也。②

结合下文可知，这次社会募捐活动，唐山县“创捐数百金”。

二为人祸，民国初年军阀混战，政治动荡，贪腐横行。据民国七年（1918）五月二日《申报》记载，唐山县遭遇水灾，灾民露宿风餐，一贫如洗，但时任县知事卢璞由于没有认真勘查受灾亩数，无从依据，唐山县被列入轻灾册，无法享受上级赈灾款，虽争取五百元暨县知事创捐数百金，设立粥厂、留养所，但杯水车薪，以致灾民无从救助，“流离失所者仍相望于道……饥民尽聚，有蠢蠢欲动之势”，社会矛盾正处于激化的边缘。原文抄录如下：

查该县去年七月间霪雨连绵，河流暴涨，溃决堤岸，漂没田

---

① 中国人民政治协商会议河北省隆尧县委员会：《隆尧文史资料选辑》第1辑，1986年8月。

② 《唐山县知事助捐启》，《益世报》（天津版）1917年11月。

庐，人民苦况莫可名状。先经县知事勘验，核定灾歉分数，通报有案讵意。嗣后迭经大雨，河水屡涨，初次被灾之区受创愈甚，即轻灾各村亦皆禾稼没于湃湍，房屋沉于波底，灾民露宿风餐，虽逃生命，一贫如洗，无以为家者触目皆是。现西南各村仍有积水二三尺、三四尺不等，秋收无获又碍春耕，困苦状况较前尤剧。闻各村正因狃于前，经呈报勘验，未便再渎，县知事以无从依据，亦未复勘，故该县仍列入轻灾册内。熊督曾拨款五百元暨县知事创捐数百金，设立粥厂、留养所，但杯水车薪，势难普及，而查赈员发放赈票，均系查照原定灾歉分数办理，是以流离失所者仍相望于道。近来饥民尽聚，有蠢蠢欲动之势，由该县劝学所长李嗣勋暨一二三四区代表李家桢等，呈请水灾善后处派员覆勘拨赈。①

又据民国七年（1918）二月二十日《大公报》（天津版）记载，唐山县经水灾后，百姓生活困苦之际，听闻顺直义赈会的委员携款到县城，千余名灾民一拥而上，大肆抢劫。卢知事紧急调驻扎在隆平的守备队前来，当场拿获首犯三名。

唐山县于去年阴历腊底，顺直义赈会委员携款到县，尚未查放，突有莠民聚集，约千余人蜂拥入城，先至委员寓所，复闯入劝学所及县公署内大肆抢掠，该县卢知事督警弹压无效，遂飞调驻扎隆平县守备队营长到唐，当场拿获首犯三名，已电禀省长道尹。闻大名道尹已电饬隆平县知事，会同卢知事细详讯鞫，务得确情，尽法惩治，以遏乱萌云。②

民国八年（1919），时任唐山县知事卢璞东窗事发，徇私舞弊之事败露，被关押于天津监狱。

① 《直隶唐山县灾情之报告》，《申报》1918 年 5 月 2 日。

② 《唐山县乱民劫署》，《大公报》（天津版）1918 年 2 月 20 日。

前唐山县知事卢璞，因任内交代不清，并有舞弊情事，经曹省长派员提解，来津发交天津县管押，现闻该知事因患病症，由天津县呈报省长，已于昨日等令取具，妥保出外就医云。①

由此可知，民国初年的唐山县，正处于天灾人祸、水深火热之中，唐山县的乡民，急切盼望一位救民于水火的“青天大老爷”。

4. 韩宝忠到任后

韩宝忠（1875—1939），字剑芝，号望潇湘馆，祖籍安徽望江，生于北京，由监生报捐主事，初任刑部，后任沁县知事、新乐县知事，所到之处，颇有政声。

民国八年（1919）四月五日，韩宝忠临危受命，由河北新乐县知事调任唐山县知事。到任之后发现，面临的第一个重大问题，就是水患的处置。

在新乐任职期间，韩宝忠曾遭遇华北五省的灾情，他在诗作《积雨侵旬中秋始见晴日顾念灾黎感而赋此》中写道：

十日难期一日晴，苍天何事苦苍生。
但愁今夜秋风紧，谁管中宵月色明。
万户烟消釜底爨。千家露宿水边棚。
未成拯溺惭官拙，怕听嗷鸿有颂声。②

面对四十年未有的灾情，身为父母官的韩宝忠，曾积极组织和亲自参与防汛抗洪和灾后重建，可谓经验丰富。所以，在他到任唐山县后，不顾舟车劳顿，立刻亲手布置，并根据此前的经验，一面在泜河两岸开展实地调研，“亲诣各乡，逐亩履勘，戴月披星，不辞劳瘁”③，勘察受灾面积，防止次生灾害；一面为民请命，上书民国政府，请求免去税赋，减轻百姓负担。

民国九年（1920）二月一日《大公报》刊文《请豁免沙压粮银》，记载了

① 《取保就医》，《大公报》（天津版）1919年2月19日。
② 韩宝忠：《不如痴斋诗草》，邓稳整理，巴蜀书社，2020，第101页。
③ 《韩宝忠德政碑》碑文记载，作者据拓片抄录。

事情经过，抄录如下：

唐山县知事以县境内有泜河一道，自六年大水，沿两岸民田因水冲沙压，向日上上地亩变成沙碛者，约有数十顷，而地丁粮银，仍旧完纳民情困苦，殊为可悯。拟呈请上宪，将上项地亩粮银概予豁免，以纾民力云。[1]

在韩宝忠的详细调查和积极争取下，政府批准为三十余顷因水灾荒废的良田减免粮银一百八十余两，这种亲力亲为、一心为民的举措，得到唐山县乡民的交口称赞。

5. 立德政碑

民国九年（1920）四月，遭遇水患严重的郭园、南潘庄、北潘庄、城关、大凝铺、官庄、田村等七村的乡绅与民众，立《韩宝忠德政碑》，碑额书丹“永垂不朽”，以示感激。

德政碑是中国古代为颂扬官吏政绩而立的碑石，凡为官者清正廉洁，造福一方，百姓为其刻石立碑，称为德政碑。通过刊树德政碑，可以表彰官吏政绩，树立为官楷模，激励继任者励精图治、造福一方。

此碑原在隆尧县治正西 6 公里的尧山乡隆尧一中院内（原唐山县衙），记述了民国六年（1917），泜河泛滥，大片农田被泥沙淹没而荒废，百姓流离失所。韩宝忠到任后，为减轻乡民负担，主动为民请命，积极呈报减免赋税，为三十余顷良田减免粮银一百八十余两，受到乡民的称赞，并被立碑纪念。

从立碑村庄来看，主要以郭园、南北潘庄、城关、大凝铺、官庄、田村等水患严重，碑文内容对研究民国时期历史政治和水域变化，具有重要的价值。

1985 年，隆尧县文物普查时发现此碑，在时任隆尧县文物保护管理所所长张稼农的带领下，《韩宝忠德政碑》于 1986 年移入隆尧碑刻群保护。[2]

① 《请豁免沙压粮银》，《大公报》1920 年 2 月 1 日。

② 据隆尧县文物保护管理所文物普查档案记载。

民国时期，政局混乱，县长犹如“走马灯”，更换频繁，任期短暂，为民谋福利的少，留下德政碑的更少，这更加凸显《韩宝忠德政碑》的价值。

6. 碑刻信息

名称：韩宝忠德政碑

年代：民国九年（1920）

地点位置：原在尧城镇隆尧一中，现入隆尧碑刻群，列 47 号。

碑首：平顶削角，额刻楷书，2 行 4 字“永垂不朽”。

碑阳：楷书，共 13 行，行 36 字，后署名 3 行。

碑阴：无内容。

碑座：（配）长方形，素面。

质料材质：碑高 1.90 米、宽 0.64 米、厚 0.24 米；座高 0.10 米、宽 0.89 米；青石材质。

撰文：唐山县高等小学校长　王之藩。

书丹：隆平县知事　蔡济勋。

立碑：郭园、南北潘庄、城关、大凝铺、官庄、田村等 7 个村的乡绅和民众。

现状：保存完好，字迹清晰。

7. 碑文抄录

碑额：永垂不朽

正文：县长韩公宝忠，字剑芝，安徽望江人，于民国八年四月调署是邦。下车以来，民瘼关心，兴利除弊。举凡一切政务，罔不励精图治，为斯民谋幸福，为地方策治安，故不数月间，循声载道，有口皆碑。善政多端，不胜枚举，谨略述一空前绝后、最慈惠之大事件，以扬仁德而赅其余，虽有挂一漏万之嫌，其政绩实有不可泯没者。

溯自民国六年，大雨为灾，泜水泛滥，沿河诸邦尽成泽国，沙砾拥积，良田被压，共计荒废地亩三十顷零三十八亩一分八厘三毫三丝六忽六微，计粮银一百八十两九钱一分。吾唐素称瘠苦，地薄粮重。小民既家室没于洪水，复土田陷于不毛。颠连二载，官未垂怜。幸我县长莅唐，痌瘝在抱，忧民之忧，复据灾民请命，乃亲诣各乡，逐亩履勘，戴月披星，不辞劳瘁。现已呈报上宪，将被压地粮概行豁免。似此再造同恩，能不兴歌来暮。

数十年来，宰吾唐如韩公者，诚绝无而仅有者也。至其振兴教育，整顿警誉，提倡实业，尤属不遗余力。绅民等同托仁帡，无以报德，谨勒诸石，以志弗谖云尔。

三等嘉祥章银色褒章唐山县高等小学校长　王之藩　撰文

五等金质单鹤章、六等嘉禾章知隆平县事　蔡济勋　书丹

中华民国九年四月　穀旦

郭园　南北潘庄　城关　大凝铺　官庄　田村　暨阖邑绅民等　敬立

二、多措并举 治理唐山

1. 华北旱灾筹粮平粜

1920 年，中国华北五省（直、鲁、豫、陕、晋）发生了四十年来未有的大旱灾。单以直隶（即河北）而言，全省 120 县中，颗粒不收的达 90 多县，其余二三十县也只有一二成的收入。此次大旱灾，是由于长时间不下雨导致，从 1919 年夏秋开始，华北的大部分地区就出现了严重的旱情，河北南部更是连续 15 个月不曾下雨，致使土地龟裂，河道干涸，禾苗枯死。持续的干旱使得靠天吃饭的老百姓两三季都没有收成，粮食断绝。

早在 1919 年夏秋之交，旱情就已出现，1920 年春秋两季更加酷烈。是年唐山县大旱，炎风烈日，赤地无垠，田禾未得播种。

民国三年（1914）六月三日，改河北省冀南道为河北省大名道，唐山县属大名道管辖。遭遇旱灾后，时任大名道尹公署科长任传藻奉命，到唐山县勘察赈灾情况。

任传藻，字瑾存，1886 年生于江西省丰城县，晚清以附贡生考入直隶法政学堂，曾任直隶省大名道尹公署科长（一度代理道尹）。

在唐山县勘察期间，任传藻看到韩宝忠一心为民，全力赈灾的行为，不禁大受感动，遂作诗一首，其中写道：

官廨相逢死鳖邱，政坛君是古韩侯。
沈灾欲救谋难遂，卓见微同我且留。[①]

---

① 韩宝忠:《不如痴斋诗草》，邓稳整理，巴蜀书社，2020，第 133 页。

在诗中，任瑾存将韩宝忠比作汉初三杰之一的韩信，有旷世奇才，但遇到如此规模的旱灾，纵然足智多谋，多方筹措，依然是杯水车薪，壮志难遂，足见二人志同道合，惺惺相惜。

韩宝忠在和诗《和任瑾存元韵》中有诗句：

堪笑无能驱旱魃，天缘箸许借留侯。①

面对旱灾，韩宝忠感慨自己无能为力，难驱旱魃，希望任传藻能仿照张良，为自己出谋划策，指点迷津。

事实确实如此，随着干旱的日益严重，粮价也在一路高涨。据资料记载：直隶沙河县 1919 年冬季米价是每斤 5 枚铜板，1920 年春季升至每斤 6 枚，夏季则涨至 12 枚。

民国十年（1921）三月，韩宝忠襄助教会于唐山县赈灾。《清华周刊》刊载了清华学校教员戴元龄《灾区通讯・唐山县赈务报告》。

邢台分会方牧师曾言，唐山县领取赈粮一百八十包，嘱到内邱后可抽暇往唐山调查，是否将粮如法放完云云。②

方牧师到达唐山县后，立刻拜会韩宝忠，其间韩宝忠大力襄助，共同商议如何核对数量和妥善放粮事宜。③

为了稳定粮食价格，民国十年（1921）十月，韩宝忠派官员赴河南郾城等地，采购大批谷粱 67200 斤，又购杂粮 58 万斤，平价卖给百姓，一定程度上缓解了局面。

2. 遭遇蝗蝻治理有方

旱灾之后，江河水位消落，蝗虫在淤泥中产卵，大量蝗蝻随之肆虐成灾。民国九年（1920）六月十八日《益世报》（天津版）刊文《唐山县电陈发现蝗

① 韩宝忠：《不如痴斋诗草》，邓稳整理，巴蜀书社，2020，第 132 页。

② 戴元龄：《灾区通讯・唐山县赈务报告》，《清华周刊》1921 年 3 月，第 29—39 页。

③ 《唐山县赈务报告》，《清华周刊》1921 年 3 月。

蝻》记载：

> 唐山县公署六月八日接据报告，南牛、北牛、南羊等村发见蝗蝻蔓延，南张庄、重贤、景福、南楼村东，公子村等处当经该县知事韩宝忠带同巡官长警前往各村，督促村民如法捕除，从事勤劳者酌予奖赏。童妇捕得活蝗发价收买，现颇有成效，不日可望肃清。闻已将办理情形邮电省署鉴核云。

为了治理蝗灾，韩宝忠采取了多项措施，一是亲自上阵，做好动员。他亲带巡逻警员前往各村，督促村民按照科学的方法捕除。二是落实政策，广泛发动。根据直隶《各县捕蝗之办法》：省长动用自治存款办理，捕蝗者有“以工代赈之法”，以蒸馍两斤易换蝗蝻一斤，故人民捕蝗者异常踊跃。三是翻犁耕田，以绝后患。根据《直隶公报》省长公署指令第一五一三二号，捕蝗后一律劝导农民翻犁田土，勿留遗孽。

3. 奉命调任百姓不舍

由于工作“颇能认真，舆论甚好”，有消息传来，韩宝忠要被调任静海县。

民国八年（1919）六月《益世报》（天津版）刊文《唐山县知事之调任》，记载如下：

> 昨据唐山某君云，署理唐山县知事韩宝忠自到任后，对于地方实业行政各事，颇能认真，舆论甚好，近奉省令与静海县知事陈树楷互相对调，不日即当交替，该县人民颇有攀辕卧辙之筹云。①

由此可知，韩宝忠在任职不足一年的时间里，就已经用实际行动赢得了唐山县民众的认可，为了让韩宝忠留任，乡民决定不惜“攀辕卧辙”，也要留住这位好官。

---

① 《唐山县知事之调任》，《益世报》（天津版）1919 年 6 月 30 日。

后来的事实证明，在乡民的努力下，韩宝忠得以继续留任，继续为唐山县造福。

4. 严厉查办私种鸦片

韩宝忠在任期间，有一项工作也深得民心，那就是严查鸦片。民国初年，烟毒卷土重来，变本加厉。虽然民国政府开展了禁烟禁毒运动，但各地军阀为增强实力，以鸦片烟税为财源，以毒养军，以军护毒，以致烟毒泛滥。为了攫取暴利，一些偏远地区的民众铤而走险，私自种植鸦片。唐山县东良村一带，也在大量种植，且颇具规模。

据清光绪七年（1881）《唐山县志》记载，东良村位于唐山县西南，距县城十二里，户口 864，人口 3401，土地 125 顷 67 亩 7 分 2 厘。东良村周边土地贫瘠，盐碱地较多，粮食种植的收益很低。由于前任唐山县知事放任不管，姑息养奸，导致县境西南部分村依靠种植鸦片暴利迅速壮大，甚至敢与警察对抗。民国八年（1919）《大公报》刊文《私种鸦片之被罚》：

> 自禁烟以来，凡种罂粟者每一亩可得数百元之利，乡民无知，往往贪利私种。唐山县属之东良村，民情强悍，以种烟为利薮，警士畏民间抵抗，不敢查拏，日前经省委查烟委员查知，报告该县知事，即将种烟地主拘传，按律罚办，一时各村民畏惧，将已经种烟之地自行拔去，改种五谷者甚多云。[①]

面对彪悍的民风和大量种植的鸦片，韩宝忠到任后了解情况，决定采用雷霆手段，首惩要犯，杀鸡儆猴，惩前毖后，以儆效尤。通过拘传地主，大张旗鼓地按律法办，广大村民因此产生畏惧，再加上宣传教育，很多村民将已经种植的鸦片自行铲除。《大公报》附有一篇时评《唐山县烟草何来》，对韩宝忠的做法给予赞扬，其中记载：

> 播种罂粟官厅出示严禁不啻三令五申，然而禁者自禁，种者自

① 《私种鸦片之被罚》，《大公报》1919 年 6 月 21 日。

种，终难收肃清之效。良莠乡民惑于厚利，不免姑为尝试。官长自顾考成，不肯再为检举，上下相蒙，以致日久玩生耳。今唐山县属东良村，私种罂粟，为省委查烟员举发，该县知事遂将该村民提案惩办，科以重罚。各村民即铲除毒卉，一律改种五谷，可见惩一儆百，乡民已不寒而栗，前此姑息养奸，有地方之责者，不能不尸其咎也。①

由此可知，唐山县鸦片种植日久，虽然前任县衙三令五申，但收效甚微，究其原因，还是官长充耳不闻，上下相蒙，姑息养奸。

韩宝忠在任期间，正遇到省委查烟员检举，韩宝忠遂以雷霆手段，将该村民提案惩办，课以重罚，通过惩一儆百，各村民才铲除毒卉，一律改种五谷。时评还批评唐山县前任知事尸位素餐，难辞其咎。

5. 撤保安团新募警员

民国时期，军阀混战，逃兵四散，土匪遍野。社会治安混乱，盗命劫案时发，唐山县也不例外。简要列举报刊报道几例如下：

（1）民国八年（1919）十一月十九日《大公报》刊文《合同隆平县知事破获贼匪》，记载了隆平县铁铺刘凤山、白洛坤携带银元制钱路过唐山县官庄村北干沙河滩时，突遇贼匪三人，手持木棒将白洛坤头部打伤，抢去银元等物。韩宝忠立刻会同隆平县知事，在隆平县拿获贼犯王清彦一名。②

（2）民国八年（1919）十二月八日《大公报》刊文《唐山县又出劫案》，记载了唐山县西南的南位村，陈士义家中夜间被贼三十余人抢去银元衣服等，陈士义之兄陈士珍喊嚷，被贼用枪击身死，并将其弟陈士元掳去逃逸，韩宝忠立刻安排调查取证，查访通缉。③

（3）民国九年（1920）六月九日《大公报》刊文《匪人聚众被获》，记载了唐山县西区巡官赵恒泰在周村庙会期间，得知贼犯王害心在韩洛温家吸食金丹，当天晚上率警拿获郭洛景一名，不料周村民风彪悍，郭洛景之叔郭洛

① 《唐山县烟草何来》,《大公报》1919 年 6 月 21 日。

② 《合同隆平县知事破获贼匪》,《大公报》1919 年 11 月 19 日。

③ 《唐山县又出劫案》,《大公报》1919 年 12 月 8 日。

佩纠集村民千余人将郭洛景抢回，并将枪支子弹抢去，并将巡警张振海、郎玉山抢去。韩宝忠得知状况后，立刻带领警队，分批将案内人犯冯三保、崔三、王害心等三名拿获。[①]

（4）民国十年（1921）一月七日《益世报》（天津版）刊文《唐山县西张村发生劫案》，记载了贼匪三十余人撤门进院抢劫钱铺，抢掳小手枪和洋枪，烧伤 4 人，抢劫银元。得知情况后，韩宝忠带同警吏前往勘明，并下令通缉，西区巡官赵恒泰率警在大干言村缉获贼犯王小有一名，以及尖刀两把，后又在韩北村缉获韩愁山、韩三会，以及赃物多件。[②]

鉴于这种情形，韩宝忠决定裁撤保卫团，重新招募警员。所谓保卫团，是保甲制度的衍生品，作为警察力量的补充而设立的地方武装，其职责是辅助军警维持地方治安，对付地方的匪盗。经费源自乡民，由每家每户摊派。

民国初期，唐山县原有的保卫团已经名存实亡，为了维护社会稳定，韩宝忠决定加派人手 29 名，布置于东南两区。民国八年（1919）十二月二十四日《益世报》（天津版）刊文《唐山县请设马步巡兵》，记载了唐山县知事韩宝忠近因冬防吃紧，县内突现抢劫掠人重案，拟添招马步巡兵共二十九名，先分布置东南两区，以资防守。

民国八年（1919）十一月二十七日《大公报》刊文《裁团添警之质疑》，表达了增加警员的顾虑。

> 地方之有保卫团，所以辅助警权之不足者也，业经设有警察，则维持治安，防诘奸宄，皆警察应尽职责，团兵固属骈枝，当在取消之列。顷闻唐山县知事因保卫团之有名无实，拟行一律裁撤，以为添募警察之举，办法正当，吾人诚无庸置议，其所不可解者，裁去五区之团兵，而为添招警察之用，其款当绰乎有余，而必加收粮捐，增重乡民之负担，是岂警饷一项特别高贵，有不得不藉资挹注乎，抑巧借名目为敛财之自肥计乎，此中之窍要诚非局外人所敢知矣。[③]

---

① 《匪人聚众被获》，《大公报》1920 年 6 月 9 日。

② 《唐山县西张村发生劫案》，《益世报》（天津版）1921 年 1 月 7 日。

③ 《裁团添警之质疑》，《大公报》1919 年 11 月 27 日。

民国九年（1920）四月二十八日《大公报》刊文《大霍村添设警区》，记载了韩宝忠以县境与东部隆平县临近，亟宜整顿警察，以示镇慑，于县属大霍村添设警察北区，选派干警十余名，委区官一员驻扎，动加巡缉以保治安防奸。①

增加警员，就需要增发警费。为了筹备警员款项，韩宝忠采取了两项措施，一是要求各村每亩征制钱三十，每两带征五百一十文作为警费。二是对运送石灰的车辆，加征灰车捐，按车抽捐，每年可得数百元，作为补充。

民国八年（1919）五月《大公报》刊文《灰车抽捐充警款》。

> 唐山县地瘠民贫，全境仅百余村，旧日警兵只二三十人，不敷分布。该县韩知事到任后拟大加扩充，惟款项支绌，筹措非易，以县境茅山及孔岗一带素产石灰，邻境来邑装运者颇多，拟抽收灰车捐，凡有贩运石灰者，按车抽捐，每年可得数百元，以之补充警款，不无小补闻已招商包收云。②

此举虽然保障了治安，却一定程度上增加了当地负担，民国八年（1919）十月《大公报》刊文《筹划警费之无聊，加抽亩捐以充警》，认为此举为得过且过、权宜之计。

> 顷唐山县知事添募警察，有加抽亩捐之举，是亦权济，目前得过且过之计划耳，盖际此冬防吃紧，宵小肆行之时，增重少数之担荷，保卫全邑之安宁，乡民固俱有身家，一为利害之商度，度不敢群起反抗也，第欲为经久之的款设不幸而水旱见告，田亩歉收正供且有时豁免，此项附加税又将何从救济乎，所冀望者。近日政府有设置警备队之筹议，分省治道治县，治此则为之敷布，以补原有警察所不及，将来果得实行，此则长治久安之术也。③

---

① 《大霍村添设警区》，《大公报》1920年4月28日。

② 《灰车抽捐充警款》，《大公报》1919年5月20日。

③ 《筹划警费之无聊，加抽亩捐以充警》，《大公报》1919年10月26日。

6. 业绩突出荣获勋章

由于业绩突出，韩宝忠得到省长的嘉奖。民国八年（1919）六月《大公报》记载：

直隶省长曹健亭以唐山县知事韩宝忠办理地方行政，功绩卓著，殊堪嘉慰，昨将该知事功绩情形咨由内务部请奖以昭激劝云。①

民国八年（1919）八月《大公报》记载：

唐山县知事韩宝忠办理地方事务政绩卓著，业经直隶省长曹锐批准，由内务部奖予四等勋章，以示鼓励。②

查阅资料可知，民国时期勋章种类较多，韩宝忠荣获的，应当是四等襟绶，加结黄色绿缘宝光嘉禾章，该章于1916年10月7日颁行，分5等6种。

韩宝忠还积极向上级推荐唐山县乡绅，民国八年（1919）十一月二十六日《益世报》（天津版）刊文《唐山绅董得获奖章》，唐山县知事韩宝忠以该县绅董张作霖办理乡团颇为出力，呈请直隶省长赏给二等奖牌以资鼓励。③

7. 设劝业所整修新屋

所谓劝业所，是推介官办民族工商业的场所。为普及国货，民国政府下令各县建设劝业所。在房屋、经费紧张的情况下，韩宝忠根据实际，利用高小学校南房临时开办，但众因地势狭隘，深感不便。后得知县城东有孙公祠，占地五亩，久置荒废，韩宝忠派人将其变卖银洋160余元，又卖枯树110余元，新建北房五间，西房一间，围墙一道，并添置家具等件，面貌焕然一新。民国十年（1921）六月二十五日《益世报》（天津版）记载：

① 《请奖知事》，《大公报》1919年6月21日。

② 《请奖知事》，《大公报》1919年8月25日。

③ 《唐山绅董得获奖章》，《益世报》（天津版）1919年11月26日。

> 唐山劝业所新屋落成，上年奉令筹设，本拟就武营旧址修建，当时因建筑费无出，暂假高小学校南房开办，惟地势狭隘，两感不便，现该所所长葛桂辰，查得县城迤东，旧有孙公祠，计地五亩余，孙氏后嗣无人，久置荒废，经报县长韩宝忠，变卖银洋一百六十余元，又卖枯树价一百一十余元，查工购料在武营地址，修盖北房五间，西房一间，围墙一道，已于日前一律工竣，当即添置家具等件，迁入新房办公云。①

改建劝业所这项工作，很快得到上级的认可，民国十年（1921）十月二日《益世报》（天津版）刊文《唐山县劝业所长记功》，记载唐山县劝业所长高桂辰，由于工作出色，准予记大功一件，改建劝业所的韩宝忠，可谓功不可没。②

8. 设立桑园鼓励育蚕

中国是世界上最早种桑养蚕的国家，丝绸业在唐山县也风靡一时，根据上级指令，韩宝忠决定设立桑园，并制定相关规则。为了整合人员，韩宝忠安排劝业所长兼任管理员，司员由劝学员兼任，可谓“一套人马，两块牌子”。

民国十年（1921）六月六日《益世报》（天津版），刊有《唐山县筹设栽桑育蚕》一文，记载了韩宝忠筹备桑园的经过，原文如下：

> 唐山县前奉省长训令筹设桑园，该县知事韩宝忠即召集各村农林董事，讨论筹设桑园规则，并择定官荒，开垦植桑。公举劝业所长兼任管理员，司员由劝学员兼任，月给津贴。其经费由实业款项下动支，并教导植桑育蚕各法，该县已将详细规则，报呈省长核实云。③

---

① 《益世报》（天津版）1919 年 6 月 25 日。

② 《唐山县劝业所长记功》，《益世报》（天津版）1921 年 10 月 2 日。

③ 《唐山县筹设栽桑育蚕》，《益世报》（天津版）1921 年 6 月 6 日。

9. 调任束鹿县知事

民国十年七月《政府公报》第91号大总统训令，其中提到，韩宝忠因“疏脱监犯”，被交文官高等惩戒委员会处理，处理结果为何，暂无资料可查。①

而民国十年九月二十七日《益世报》(天津版)刊文《束鹿县知事呈报秋禾遭虫》，其中提到“知事韩宝忠督率村民竭力捕打，奈虫势甚盛，将谷禾玉蜀两种禾叶被食已尽”②，由此推断，约在民国十年八九月，韩宝忠因“疏脱监犯”，调离唐山县，赴束鹿县任职。

三、诗草传世 青史留名

仕途之余，韩宝忠还擅长诗歌、书法，留存后世的诗集《不如痴斋诗草》，收录韩宝忠手著的诗词三册，是后人研究民国历史社会、人文地理的重要资料。

在唐山县任职期间，韩宝忠留下诗作50余篇，有的感怀时事，写下自己的人生感悟，有的以诗明志，表达自己建功立业的愿望。下面选取与唐山县有直接关系的四首。

1. 前文提到的和诗，民国十一年（1922）的《和任瑾存元韵》中，韩宝忠有诗句：

堪笑无能驱旱魃，天缘箸许借留侯。
论才雅称千人选，扫榻香应三日留。
驻马频询荒邑苦，维鱼空梦大田秋。
君家诗笔何清丽，学识如公岂易求。

韩宝忠以“堪笑无能驱旱魃，天缘箸许借留侯”，表达了自己一心为民的

① 《政府公报》第91号大总统训令，1921年7月19日。

② 《束鹿县知事呈报秋禾遭虫》,《益世报》(天津版)1921年9月27日。

决心，又以“驻马频询荒邑苦，维鱼空梦大田秋”，表达了自己关心民众疾苦“频询荒邑苦”，却因能力有限“空梦大田秋”的现实，虽自谦“无能”，实则“有为”，唐山县所做各项工作，皆可为实证。

2．书中还收录了《又代隆平知事蔡功甫作》一诗：

公才公望更诗人，山斗曾经接析津。
周甲小阳占月亥，逢辰多福自天申。
轻施玉烛调元手，共慕金刚不坏身。
酒进南山无别祝，大椿连理八千春。

可见韩宝忠在任期间，与周边地区，特别是东部紧邻的隆平县关系和睦，《韩宝忠德政碑》书丹者亦是隆平县知事蔡济勋（推测为同一人）。

3．民国十年（1921）七月，韩宝忠因“疏脱监犯”被处理，备受打击的韩宝忠，写下《感时》一诗。

风雨飘摇屋一椽，边春无主百花然。
荆天益懔冰壶抱，花月供参水镜禅。
谁信鲁无君子者，岂惟周有妇人焉。
严疆翻被黄金误，鼓角声声震耳传。

在开头，韩宝忠表达了冰天雪地怀抱冰壶的苦楚，以及镜花水月恍然一梦的伤感，但在诗的结尾，韩宝忠通过“严疆翻被黄金误，鼓角声声震耳传”鼓励自己，纵然遭遇挫折，仍然要一往无前，建功立业。

4．民国二十五年（1936），六十二岁的韩宝忠写下《忆旧游》。

佐幕西林政未谙，且因避地解征骖。
联军战骑弥河北，结伴轻车走渭南。
观华人登华寿阁，赏花春醉八仙庵。
赈荒回首犹思痛，赤水横流近不堪。

新市尧山更鹿城，十年宦迹遍虚声。
种蔬引水开场圃，植树成阴来驿程。
荒碣义台碑记古，环桥文庙石镌精。
繁华辛集穷宣务，博得余风两袖清。

诗中他回顾了自己十年宦迹的经历，虽然“赈荒回首犹思痛，赤水横流近不堪”，但无论是在繁华的辛集，还是穷困的宣务山，都赢得了两袖清风的美誉，还留下永垂不朽的《韩宝忠德政碑》，让后人凭吊。

民国十年（1921），韩宝忠调任束鹿县知事，离开了耕耘三年有余的唐山县。正所谓“一朝加官，名留身后”，韩宝忠在唐山任期间，“励精图治，兴利除弊，为斯民谋幸福，为地方策治安，故不数月间，循声载道，有口皆碑”①，不愧为民国知事的典范。碑文中“数十年来，宰吾唐如韩公者，诚绝无而仅有者也”，短短十九个字，无疑是唐山县乡民对韩宝忠的最好评价。

① 据《韩宝忠德政碑》碑文。

第二部分

文本细读下的韩宝忠诗歌

Part 2

韩宝忠诗歌主要载于手稿《不如痴斋诗草》，系年抄撰，起于光绪二十六年（1900），止于1939年，其中1904、1908、1909和1912年不存。《不如痴斋诗草》属于作者自定别集，反映诗人独特的诗学思想。

韩宝忠的“望乡”情结及其与徽人的诗歌酬唱

邓　稳[①]

文学地理从人地关系研究文学，文学家的地理分布研究是其中极为重要的分支。文学家的“籍贯”一般涉及本籍（出生成长之地）、客籍（迁徙之地）、祖籍（祖辈居住之地）、郡望（本姓氏中最有名望的家族所在地）。曾大兴认为：“祖籍和郡望对文学家的心理构成可能会有影响，例如家风、家学传统、社会声望等，但是相对于出生成长之地和迁徙之地所给予的影响而言，这种影响是次要的，而且是不确定的。”[②]就整个文学地理现象而言确实如此，但落实到具体作家，又不可一概而论。韩宝忠祖籍安徽望江，至1875年韩宝忠出生于北京时，韩氏先祖因仕宦移居北京已大约两百年了，但因为望江会馆、“望乡”情结等各种因缘，韩宝忠与望江以及安徽的诗人多有交往，形成一种特殊的“祖籍”影响文学的现象。

一、韩宝忠的“望乡”情结以及社会对其籍隶望江的认可

韩宝忠（1875—1939），字剑芝，号望潇湘馆，祖籍安徽望江，生于北京，历任刑部主事、山西沁县知事、河北新乐县知事、河北唐山县知事、河

---

① 邓稳（1980—　），男，四川南充人。四川师范大学文学院副研究员，文学博士，硕士研究生导师，研究方向为中国赋学、中国诗学。

② 曾大兴：《文学地理学研究》，商务印书馆，2012，第13页。

北束鹿县知事等职，曾先后参与著涒吟社、梁园诗社、稊园诗社，有诗集《不如痴斋诗草》三册。据《韩宝忠年谱简编》，1875 年“三月一日，韩宝忠生于北京前门大街东打磨厂五号。老宅五进四院，距离天安门二点五公里左右”[①]。如果从文学家的地理分布角度研究，“文学地理学所讲的文学家籍贯，是指其本籍，即出生成长之地，不是指其客籍，也不是指其祖籍，更不是指其郡望”[②]，因为韩宝忠生于北京、长于北京，则应将其纳入北京籍贯进行研究。然而，如果局限于此，就会与韩宝忠及当时社会的认知产生矛盾，也会遮蔽其与望江及安徽籍诗人的文学交往活动。

从韩宝忠自己的诗作来看，韩宝忠确实常常把北京当作家乡。1900 年，八国联军入侵北京，韩宝忠携家眷仓促西迁至山西、陕西避难。逃难途中所作《途中有感》有诗云“客里秋风悲蟋蟀，马前残雪冷蒲芦”[③]，可见韩宝忠将山西、陕西认为异乡；《感怀》诗云“骨肉流离枉独伤，天涯羁旅滞归乡”[④]，1901 年仲冬回到北京，1902 年《上元夜作》便云“七尺方闲作客身”[⑤]，绾合“作客”“归乡”二词使用的时间与地点来看，韩宝忠十分自然地将北京作为家乡。

然而，仔细研读相关文献，韩宝忠亦将安徽望江看作故乡。从官方记载来看，韩宝忠均被载录为安徽望江人，如 1909 年《并州官报》载录的当年十二月初二《辕门钞》中有“指分补用直隶州韩宝忠安徽人”[⑥]一语，1914 年《政府公报》5 月 27 日第 738 号在《第二期知事试验取录人员清单》中亦将韩宝忠籍贯载为“安徽望江”[⑦]，《大清缙绅全书》显示为“主事直隶司行走韩宝忠剑芝安徽望江人监生”[⑧]，《大清百官录》记载为“主事韩宝忠安徽望江人”。

---

① 韩瑾、邓稳：《韩宝忠年谱简编》，载韩宝忠《不如痴斋诗草》，邓稳整理，巴蜀书社，2020，第 250 页。

② 曾大兴：《文学地理学研究》，商务印书馆，2012，第 13 页。

③ 韩宝忠：《不如痴斋诗草》，邓稳整理，巴蜀书社，2020，第 7 页。

④ 同上书，第 21 页。

⑤ 同上书，第 28 页。

⑥《并州官报》，1909 年第 119 期，第 27 页。

⑦《政府公报》，1914 年 5 月 27 日第 738 号，第 44 页。

⑧《大清缙绅全书》，北京荣禄堂刊本，光绪二十九年夏有载录，另有光绪二十三年夏、光绪二十六年春、光绪二十六年夏等处记载韩宝忠为“安徽望江人”。

从韩宝忠个人署名来看，亦自认为安徽望江人，韩宝忠在书写《皇清诰授奉政大夫光禄寺署正张公墓志铭》时署名为："六品警官山西候补知隶州知州望江韩宝忠书丹"，由"望江韩宝忠"可见其自认为是安徽望江人。从社会的认可来看，韩宝忠亦常被社会认为是安徽望江人，如1920年，韩宝忠因为在任隆尧县知事时防汛有力且蠲免了灾民赋税，当地绅民为其立下"永垂不朽"的政绩碑，碑文明言"县长韩公宝忠，字剑芝，安徽望江人，于民国八年四月调署是邦"[①]。

综上所述，韩宝忠虽然在北京出生，且终其一生似乎都未回到过安徽望江，但是他却始终将自己的籍贯定为安徽望江，当时的政府及社会也都认可这一说法。1908年，韩宝忠加入著涒吟社，自号"望潇湘馆"。潇湘馆出自《红楼梦》，是林黛玉的居所，韩宝忠在悼念亡妻的《悲遣》诗中说"石头絮语真成梦"并自注云："内子喜说《红楼》，闲以排闷。"[②]由此可以推论，韩宝忠自号"望潇湘馆"可能有以《红楼梦》中早殁的林黛玉隐喻亡妻并表悼念的意图。潇湘在南方，且号中的"望"字用意不明，联系到韩宝忠与祖籍望江的紧密的情感联系，也可以理解为是其有浓厚"望乡"情结的表现。

二、韩宝忠与望江及安徽籍诗人的唱和

韩宝忠与安徽望江老乡的频繁交往最早可追溯到1906年韩宝忠管理北京望江会馆之际。据《中华大典·经济典·商业城市贸易分典·商业总部》记载，北京望江会馆有两处：外城右厅二区石头胡同75号打磨厂由六品警官韩宝忠管理的望江会馆[③]、外城右厅四区兵马司前街米市胡同8号由度支部正郎檀家郃管理的望江会馆[④]。白继增《北京宣南会馆拾遗》对韩宝忠管理的望

① 张明:《河北隆尧石刻》，科学出版社，2018，第284页。

② 韩宝忠:《不如痴斋诗草》，邓稳整理，巴蜀书社，2020，第6页。

③ 中华大典编撰委员会:《中华大典·经济典·商业城市贸易分典》，巴蜀书社，2005，第802页。

④ 同上书，第806页。

江会馆有比较翔实地记载:“望江，位于安徽省西南部、长江北岸，邻接江西省。东晋置新冶县，隋改义乡，后改望江，今为安庆市下辖县。该馆建于清代，位于石头胡同 60 号（旧为路东七十五号），后门开在棕树头条 9 号（旧为给孤寺夹道路西四号）。现为民居。”[①]

会馆是明清时期由同乡或同业组成的团体，最早的会馆可能是明朝永乐年间在北京修建的芜湖会馆，而清朝中期会馆数量最多。明清会馆约分为三类：以同乡官僚、缙绅与科举士人为主体的试馆，以工商业者、行帮为主体的同乡行业会馆，以移民为主体的同乡移民会馆。1905 年，科举制度被废除，各地在北京的官吏、商人、学生继续使用会馆，多用于调解工商业务、应对同行竞争，也有联络同乡感情、表达政治见解的作用，会馆因而成为具有“老乡会”“行业工会”性质的场所。由《中华大典》在“经济典”之“商业总部”载录韩宝忠管理的望江会馆，绾合韩宝忠于 1906 年科举制度废除以后主管望江会馆来看，韩宝忠管理的望江会馆主要是具有行业工会性质的会馆。明清之际，安徽最早在北京建立会馆，如前文所论的芜湖会馆。同时，由李鸿章兄弟倡议、安徽籍官员与淮军将领捐资营建的安徽会馆也被称为“京师第一会馆”。安徽在北京的会馆文化极为丰富、成熟，韩宝忠管理的望江会馆也可能承续此前试馆的某种功能。由韩宝忠称安徽霍邱籍在京官员李肖峰为“乡丈”来看，韩宝忠极有可能通过安徽的各级会馆与在京的安徽籍士绅交往。可以推知，会馆是韩宝忠与徽籍乡人交往的一个重要窗口。

韩宝忠与安徽籍乡人的具体交往见于《不如痴斋诗草》，他们往往以诗歌唱和为媒介。

韩宝忠交往的望江籍诗人有两位。

余棨，字节高，安徽望江人，1881 年出生，历任山西归绥道、河东盐法道、安徽谘议局议员等职。韩宝忠与余节高订交可能始于“同宦山西”[②]之时，今见两人最早的唱和始于 1910 年，存韩宝忠《余观察棨赠诗吴直牧闰辰用支韵索和》一诗，余节高的原唱不存。由题目可知，余节高赠诗吴直牧，同时

① 白继增:《北京宣南会馆拾遗》，中国档案出版社，2011，第 315 页。

② 韩宝忠在《节高以在皖赠别同乡诸诗见寄依韵奉答》中自注:“清宣三年，同宦山西。”参见韩宝忠《不如痴斋诗草》，邓稳整理，巴蜀书社，2020，第 194 页。

请韩宝忠亦步韵赠诗吴直牧。两人以诗相交，同时扩大了韩宝忠交往的诗人圈子。在望江籍以及其他安徽籍诗人之中，韩宝忠与余节高的唱和不仅次数最多，诗歌数量也最多。第一次唱和在 1910 年，存韩宝忠《余观察棨赠诗吴直牧闰辰用支韵索和》1 首，余节高诗不存；第二次在 1924 年，存韩宝忠《和余节高〈甲子元旦京居〉》2 首，余节高诗不存；第三次在 1931 年，存韩宝忠《节高以在皖赠别同乡诸诗见寄依韵奉答》《又步鳞春真伦韵》2 首，余节高原作 2 首；第四次亦在 1931 年，存韩宝忠《春思步斯文同扶韵答余大》4 首，余节高原作 4 首；第五次在 1933 年，存韩宝忠《余节高以癸酉五十三岁生日自写七律五章见寄和以原韵》5 首，余节高原作 5 首。两人诗歌唱和前后跨越 24 年，共计唱和 5 次，诗作 28 首今存诗 25 首，实属难得。由《节高以在皖赠别同乡诸诗见寄依韵奉答》《又步鳞春真伦韵》的诗题可知，韩宝忠通过余节高与安徽本地同乡有了一定程度的诗歌交往，从中亦可看出韩宝忠有较为浓厚的安徽故乡情结。

徐茗樵（1870—1922），字旭，安徽望江人，曾在安徽怀宁等地任知县，工诗词，擅书法，有诗集《青湖诗钞》，其为皖督所作庆贺北伐战争胜利的对联广为传诵："张彩帜，庆升平，菊圃香肥，江南父老同樽酒；歌大风，思猛士，梨园曲奏，淮上军声入管弦。"徐茗樵主要活动于安徽，韩宝忠未有明确回到安徽的记录，他们相识或许通过余节高的介绍。今仅存两人唱和诗一首，即 1923 年韩宝忠所作《和徐茗樵〈重过安园〉律句》。由诗题及当时交往方式可以推知，两人可能是通过邮寄的方式进行唱和。

韩宝忠交往的其他安徽籍诗人有四位。

李肖峰，名灼华，安徽霍邱人，1891 年举人，1894 年进士，授翰林院编修、国史馆纂修，历任山东、福建、两广道监察御史、六科给事中、户部侍郎，直言敢谏，曾先后上疏弹劾袁世凯、岑春煊等权臣，终因言免官，著有《移孝轩疏稿》4 卷、《林泉隽语》1 卷。韩宝忠与李肖峰不知何时订交，考虑到李肖峰年长、出仕较早以及京官身份，两人极有可能是通过在北京的某些安徽会馆相识。今存两人的唱和诗 4 首，即 1910 年的《李肖峰乡丈因谏去官赋诗二律留别京友爰步元韵以和》2 首，李肖峰原作 2 首。"乡丈"是对同乡老年男子的敬称，谢榛《四溟诗话》卷三有云："统录若干曲，请正于乡丈苏东皋。”[1]，韩宝忠尊称安徽霍邱人李肖峰为“乡丈”可见：韩宝忠虽署籍贯为“望江”，实际上把安徽其他地方的人也称为同乡。

姚星五，生平不详，1919年韩宝忠作《姚星五观察〈六十自述四律〉索和元韵》4首，《又代隆平知事蔡功甫作》4首，附有姚星五原诗4首。韩宝忠自注云：“姚，桐城人，陶侃惜阴亭在该县。”[2]是知，姚星五为安徽桐城人。是年，姚星五六十岁，韩宝忠四十五岁，姚星五年长且任观察一职，两人可能因为工作原因相识或有所接触。

许世英（1873—1964），字静仁，号俊人，安徽东至县人，清末举人，1898年在刑部任职，1912年任袁世凯政府大理院院长，后又历任司法总长、内务总长、交通总长，1921年任安徽省省长，1923年被迫免职，1951年任台湾地区领导人办公室高等顾问，著有《闽海巡记》《黄山览胜集》等。韩宝忠与许世英是否相识，暂不清楚，今存韩宝忠步韵诗一首。1923年，韩宝忠愤然告别官场，当地士绅魏寿岭、吴平甫、魏宝煜、魏庚九纷纷赋诗挽留、告别，甚至发出“瞻韩尚望逢他日，借寇无缘唤上苍”[3]的浩叹。《不如痴斋诗草》这一年的诗作皆是此类饯别诗，唯有《和徐茗樵〈重过安园〉律句》一诗与此不同。但细读此诗，“时衰自脱樊笼外”一句亦可见归隐志趣。巧合的是，时任安徽省长的许世英亦于是年免职，两者有何关系暂未考明。该诗题注云：“步许俊人省长《后乐轩》韵。”[4]是知，韩宝忠作此诗虽与徐茗樵唱和，但却同是步韵许俊人省长《后乐轩》之韵脚，即韩宝忠可能由徽人徐茗樵间接与徽人许世英交往。韩宝忠注《后乐轩》云：“轩属安园，为俊人为省长时所置。”[5]由此可知，许俊人此时已被免职，也可能因此招集众多诗人特别是望江籍诗人赋咏安园，韩宝忠也因此被徐茗樵等诗人相邀唱和。

江朝宗（1861—1943），字雨丞、宇澄，安徽旌德人，北洋军阀政客、北洋政府代理国务总理，徐世昌任大总统时，晋升迪威将军。1932年，江朝宗

---

① 谢榛：《四溟诗话》，中华书局，1985，第50页。

② 韩宝忠：《不如痴斋诗草》，邓稔整理，巴蜀书社，2020，第118页。

③ 同上书，第154页。

④ 同上书，第155页。

⑤ 同上书，第155页。

任“救世新教会”副教统，网络一大批社会名流及诗人参与该会活动。江朝宗与许世英相识，1920 年直皖战争中皖系战败，江朝宗组织北京一批皖籍官僚成立“皖事促进会”并出任会长。许世英因为感谢江朝宗推荐其主政安徽，遂任命江朝宗之子江泽春为安徽省造币厂厂长。但是，韩宝忠与许世英、江朝宗相交应该没有利益关系。首先，韩宝忠于 1923 年与许俊人间接相交在前，1925 年才与江朝宗交往；其次，韩宝忠与两人交往时已经赋闲归隐并未因此获取任何权力，应该说与二人都是精神层面的交往。不过，江朝宗 1919 年还担任过三个月的安徽会馆馆长，因而可以推知安徽在京的各级会馆在安徽籍士人的交往中起到了较大的作用，韩宝忠可能从中识得了不少安徽籍诗友与教友。韩宝忠与江朝宗的交往主要依托于宗教。1925 年，韩宝忠作诗《莲池修禊》2 首，其序云：

> 莲池，在西便门外，元明为丽泽溪。溪水发源玉泉山，方塘半亩，满目芰荷，夏日为诗人游集之所。近归江宇澄将军，改作别墅。乙丑六月廿七日，善社同人公宴将军于此，因各拟修禊文以记其盛，并请纯阳帝师及诸仙佛鸾降开沙。①

由上可知：莲池为江宇澄别墅，善社同人在莲池公宴江宇澄，同人作诗文亦有请纯阳帝师和诸仙佛的目的。韩宝忠与江宇澄有过诗歌唱和，但也是围绕宗教展开。1938 年，韩宝忠作《救世新教冬至郊天时逢瑞雪江副教统宇澄赋贺廿八字谨步元韵勉成四绝》，江宇澄原诗不见，韩宝忠连续步韵 4 首，可见其重视程度颇高，其中“鲁论半部关平治，夜访方知宰辅贤”② 两句似有吹捧之嫌。不过，韩宝忠未按全书体例抄录江宇澄原诗，或许也有批评其诗作不佳的用意。总之，韩宝忠与江宇澄的交往主要依托于宗教，并未有明显的攀附嫌疑。

韩宝忠有几首步清朝前人韵脚的诗歌比较特殊。如果说其步韵王渔洋之诗，可见韩宝忠及其时诗人对清朝诗坛盟主的学习与推崇，那么其步韵安徽

---

① 韩宝忠:《不如痴斋诗草》，邓稳整理，巴蜀书社，2020，第 173 页。

② 同上书，第 243 页。

桐城人姚鼐作诗就显得尤其独特了。姚鼐（1732—1815），字姬传，一字梦谷，室名惜抱轩，世称惜抱先生，安庆府桐城（今安徽桐城市）人，清代著名散文家，与方苞、刘大櫆并称“桐城派三祖”，编有《古文辞类纂》，著有《惜抱轩诗文集》。姚鼐以古文名世，其诗歌影响不大。韩宝忠少有古文流传，其辞官后和韵姚鼐之诗，暂且只能归结为家乡情结。1925年，即韩宝忠辞官第三年，该年作诗甚多，大都为《习静》《独坐》《自省》之类的独处题目，另外写景诗也有意无意地透露这类情感。是年写景诗有《暮春》1首、《暮春杂咏》3首，其中《暮春》一诗题注云：“恭和姚姬传先生元韵。”① 姚姬传即桐城姚鼐，“恭和”二字可看出韩宝忠对安庆桐城乡贤的尊崇。韩宝忠《暮春》诗为七言律绝：“东风杨柳持腰蛮，谢却棠红雨未残。飞燕双双过墙去，留春不住住春寒。”② 姚鼐并无以“暮春”为题的诗歌，而以上平声十四寒用韵的绝句有《细雨》一诗，诗云：“细雨馀春尚薄寒，绿窗风定蕙香残。七年同种阶前树，独坐花开掩泪看。”③ 题虽为“细雨”，但所写之时却为“馀春”，意即暮春。由此可见，韩宝忠虽袭用乡贤姚鼐《细雨》一诗的韵部，但却按自己以时令、节气为题的命题习惯作了诗题的修改。两诗都有时光不再、留春不住的忧伤，风格、情感倒也较为相似。

韩宝忠与徽人的交往，还有二人可堪一说。沈穆堂，生平不详，1914年，韩宝忠作诗《沈穆堂六十征诗步元韵以和》6首，附有沈穆堂原诗6首。据沈穆堂诗作自注“甲子，余十岁，克复安庆”“辛亥归自皖，与儿子颐避居申浦”④ 可知，沈穆堂与安徽关系较为密切，应该在安徽有过一段较长时间的居住。韩宝忠和诗有言“兰陵故里昌文派”，似乎认为沈穆堂籍贯是山东临沂兰陵县。限于资料，姑列此备考。王劭农，生平不详，1932年韩宝忠代钟子美作《王劭农先生逝世十周年纪念》一诗。韩宝忠自注云：“先生清同甲戌进士，官工部由给谏，简徽州太守，年余解组归田，暇以诗画自遣。”⑤

---

① 韩宝忠：《不如痴斋诗草》，邓稳整理，巴蜀书社，2020，第161页。

② 同上书，第161页。

③ 姚鼐：《惜抱轩诗文集》，刘季高标校，上海古籍出版社，1992，第560页。

④ 韩宝忠：《不如痴斋诗草》，邓稳整理，巴蜀书社，2020，第83页。

⑤ 同上书，第201页。

由此可知，王劭农曾做过安徽徽州太守，韩宝忠应允钟子美作诗的原因有待考证。

综上所述，韩宝忠通过望江会馆以及安徽在京的各级会馆应该结识了大批安徽籍的士人，但有较多文献资料可供考证的是以诗相交的诗人同乡，且由此交往了少数在安徽任职的非安徽籍官员。诗歌的唱和交流往往超越了时间，如唱和者年龄有较大的差距、曾和韵已经作古的乡贤；也突破了空间的藩篱，诗友之间未曾谋面，甚至通过他人辗转唱和。

三、韩宝忠与望江及安徽籍诗人的唱和特点及意义

韩宝忠先后与2位望江籍诗人、4位其他安徽籍诗人、1位桐城已作古的乡贤、2位籍贯不明但在安徽任职诗人相唱和，韩宝忠《不如痴斋诗草》共计保存这些唱和诗作共计62首，其中韩宝忠所作有39首。韩宝忠与望江及安徽籍诗人的唱和特点大约有四。

其一，韩宝忠有浓厚的家乡情结，因而有着较为强烈的与望江及安徽籍诗人相唱和的意愿，但在唱和活动中通常居于被动地位，即很少主动发起唱和。由《余观察窠赠诗吴直牧闰辰用支韵索和》《姚星五观察〈六十自述四律〉索和元韵》等诗题中的"索和"两字来看，韩宝忠似有被迫应和的意味；由《春思步斯文同扶韵答余大》《节高以在皖赠别同乡诸诗见寄依韵奉答》等题目来看，韩宝忠赏读对方诗作时应该知道对方期望自己的唱和，所以也如愿相和。只有《李肖峰乡丈因谏去官赋诗二律留别京友爰步元韵以和》一诗，韩宝忠可能是有所触动而主动赋诗唱和。但在这些唱和活动中，几乎没有一次由韩宝忠率先发起的唱和，遍检《不如痴斋诗草》的所有唱和，也是如此。这可能与韩宝忠手订《不如痴斋诗草》的体例有关，但也可看出韩宝忠极有可能属于内向型的诗人，不太喜欢或擅长组织诗人的唱和活动。

其二，韩宝忠与安徽籍诗人的唱和虽有对时事、政治的关心，如李肖峰诗云"一官得失等鸿毛""归志未忘天下事，中央郑重大权操"[①] 有对个人得失

① 韩宝忠:《不如痴斋诗草》，邓稳整理，巴蜀书社，2020，第46页。

的轻视、对国事的关注，但更多的是内向性情感的表达，如韩宝忠从李肖峰的坎坷仕途中得到“君今养晦身何辱，我学为官志已疏”[①]的感悟。韩宝忠与安徽籍诗人的唱和多发生在1923年辞官以后，加之战争频繁、政局动荡，对内心安宁的追求自然容易成为唱和的主题。

其三，韩宝忠与安徽籍诗人的唱和多谈论宗教以及修身。除了《莲池修禊》《救世新教冬至郊天时逢瑞雪江副教统宇澄赋贺廿八字谨步元韵勉成四绝》等序、题明确提到善社、救世新教等表明宗教题材的诗外，在其他唱和诗作也反复书写了相关思想，如韩宝忠“世道静参如水镜，人情今更薄云罗”[②]“四大众生原自寂，三年期月枉相期”[③]“养性当知止，明心自见真”[④]“欲出三千全世界，且参十二妙因缘”[⑤]“愿灭六根参佛果，未因五斗负鱼竿”[⑥]，余节高“翛然上下窥三界，达否同群亹亹思”[⑦]“我挹金光更肉眼，谁持玉洁证心缘”[⑧]，等等。相较而言，韩宝忠对于佛教的领悟更加深刻，在诗中化用更多。

其四，韩宝忠与安徽籍诗人皆在诗中表达了对诗歌唱和的肯定，如韩宝忠“愿从文字结相知，霁月光风系我思”[⑨]“巴音非敢阳春和，文字相酬亦是缘”[⑩]直接表达了对诗歌唱和“文字相酬”“文字结相知”功能的认可，余节高“贮满羞囊秋色好，交情细考箧中诗”[⑪]也肯定了唱和诗能体现诗人间的友情。当然更多的是诗人之间对诗艺的相互欣赏与赞美，如韩宝忠称美李肖峰“云天逸志盘孤鹤，淮海诗情策六鳌”[⑫]。也有对诗友间诗艺较量的记载，如韩

① 韩宝忠:《不如痴斋诗草》，邓稳整理，巴蜀书社，2020，第45页。
② 同上书，第157页。
③ 同上书，第194页。
④ 同上书，第195页。
⑤ 同上书，第203页。
⑥ 同上书，第204页。
⑦ 同上书，第205页。
⑧ 同上书，第205页。
⑨ 同上书，第79页。
⑩ 同上书，第118页。
⑪ 同上书，第194页。
⑫ 同上书，第45页。

宝忠“同居击钵斗奇新，回首并州十四春”[①]写自己与余节高较量诗艺。

韩宝忠与望江及安徽籍诗人的唱和有一定的研究意义与价值。

第一，有助于考索晚清民国特别是安徽籍旧体诗人、诗歌的整体面貌。近现代文学研究过于侧重“新文学”的兴起与发展，对旧体文学的研究极为薄弱。孙郁《民国文学十五讲》虽单列了“旧诗词的余晖”一节[②]介绍该阶段的旧诗词面貌，但限于资料和篇幅的原因，往往挂一漏万。韩宝忠《不如痴斋诗草》载录了不少名不见经传的诗人诗作，如安徽望江籍诗人余节高的11首文学价值较高的作品都被《不如痴斋诗草》完整地记录了下来，殊为可贵。

第二，有助于深化诗歌唱和研究。诗歌唱和现象从唐代开始蔚然成风，但是由于资料的散佚，往往缺乏唱和的过程和细节，晚清民国文士、官僚之间的唱和达到鼎盛，诸如生日征诗索和的现象广为流传，诗歌唱和几乎成为一种普遍的社交礼仪。由于时代较近，《不如痴斋诗草》往往将这一大批资料比较完整地保存了下来，因而为深入研究诗歌唱和的语境、范围、创作过程、创作形式提供了极为宝贵的例证。

第三，为研究晚清民国时期望江及安徽文学地理乃至皖江文化提供了宝贵的资料。一方面提供了该时期望江及安徽籍的不少诗人及其地理迁徙路线，为绘制晚清民国的安徽文学地图提供了丰富的素材；另一方面，也启发了对探讨文学地理要素诸如本籍、祖籍的相互关系及其各自如何影响文学创作等理论问题的思考。

---

① 韩宝忠:《不如痴斋诗草》，邓稳整理，巴蜀书社，2020，第157页。

② 孙郁:《民国文学十五讲》，山西人民出版社，2015，第63—89页。

韩宝忠秋景诗意境的建构及其文学史意义

杨化坤[①]

韩宝忠（1875—1939），字剑芝，号望潇湘馆，祖籍安徽望江，生于北京，历任刑部主事、山西沁县知事等职，长于诗歌、书法，晚清著涒吟社、梁园诗社、稊园诗社成员。韩宝忠的文学手稿，即《不如痴斋诗草》写本在2019年被发现，经邓稳副研究员整理并于2020年出版。作为一部新近发现并整理出版的诗集，《不如痴斋诗草》是一部值得关注的作品。虽然韩宝忠不是文学史上的著名诗人，但《不如痴斋诗草》内容丰富，作品众多，有着独特的史料价值。《不如痴斋诗草》中的诗歌按照年代排列，从1900至1939年四十年内，只有1904、1908、1909、1912四年无诗，体现出作者自觉的创作意识。近四十年的文学历程中，作者创作的诗歌内容非常宽泛，有抒发情志之作，也有记录社会现实的篇章，无论艺术价值，还是社会意义，都是不容忽视的。

此外，作者还常常有意无意地将季节和时令的变迁融入诗中，从而令其笔下的季节时令都浸润了浓郁的诗意。《不如痴斋诗草》中诗题带有季节名称的作品，按春、夏、秋、冬四个季节来分，其中带有“秋”字的共17题31首[②]，

---

① 杨化坤（1985— ），男，安徽怀远人。安徽财经大学文学院副教授，文学博士，研究方向为中国古代文学。

② 按照顺序，分别为：《中秋》《中秋感怀》《中秋前五日沁源高令惠诗二章因步原韵和以寄之》《中秋为内子题“背镜观秋海棠”小像》《秋雨无聊同内子夜话》《秋海棠》《秋柳步樊山韵四首》《积雨侵旬中秋始见晴日顾念灾黎感而赋此》《秋声》《秋色》《秋影》《秋意》《中秋有怀寄顾大》《中秋友人招隐》《初秋感怀》《秋雨》《秋夜诵经》。

此外，还有一些作品，虽然题中没有“秋”字，但通过内容来看，确是创作于秋季的作品。上述作品虽然都带有季节、时令的名称，但作者的写作目的不同，有的抒情，有的写景，有的兼有抒情和写景，内容十分丰富。这些作品一方面体现了中国传统诗歌的影响，同时作者也将秋景作为客观对象，进行诗意的描摹，从而建构出属于自己的诗境。通过对这些诗歌的分析，可以窥见《不如痴斋诗草》作为晚清民国时期文人诗集的典型意义。

一、韩宝忠诗歌中关于秋景的描写

作为语言文字的文学艺术，诗歌主要用于抒发诗人的内心情感。《毛诗序》说：“诗者，志之所之也，在心为志，发言为诗。”[①] 所谓“志”，即诗人内心的情感，是一种主观化的内容，存在于人的内心的思想意志。当用文字描绘出来后，就变为诗歌，从主观变成了客观。作为文学作品，诗歌某种程度上也是一种脱离诗人的存在，即法国文学理论家罗曼·罗兰所谓的“作者死了”。但从中国诗歌的创作传统来看，这种观点并不完全符合我国的文学实际。虽然诗歌经过作者的创作可以脱离作者，但它仍然是对作者内心情感的反映，是一种带有主观印记的客观存在。我们阅读中国古代的诗歌可以发现，很多内容都是对作者情感的反映。一些写景诗作，虽然以客观对象作为描写内容，但作品内容则带有强烈的主观情感。当然，这又分为两种情况，即“有我之境”和“无我之境”。王国维在《人间词话》中描述词的两种境界说：“有有我之境，有无我之境。‘泪眼问花花不语，乱红飞过秋千去’，‘可堪孤馆闭春寒，杜鹃声里斜阳暮’，有我之境也。‘采菊东篱下，悠然见南山’，‘寒波澹澹起，白鸟悠悠下’，无我之境也。有我之境，以我观物，故物我皆著我之色彩。无我之境，以物观物，故不知何者为我，何者为物。”[②] “有我之境”体现出的作者个人色彩更为浓厚，相比之下，“无我之境”的作品中，作者往往会淡化其中的个人印记，尽力使得作品更加客观。韩宝忠诗歌对秋季的描绘是不尽相同的，但基本可以分为“有我之境”和“无我之境”两大类，

① 孔颖达等：《毛诗正义》，《十三经注疏》本，中华书局，2009，第 563 页。

② 彭玉平：《人间词话》，中华书局，2010，第 5 页。

下面我们可各以具体作品为例，加以说明。

《中秋感怀》创作于壬寅年（1902），是年作者二十八岁，是作者作于中秋时节抒发个人感慨的一首作品，从诗题即可看出，是属于典型的“有我之境”。诗曰：

> 驹光何事遽匆匆，曲水寻诗俨梦中。
> 到处幸多青眼客，信天岂独白头翁。
> 中宵私语灯犹绿，南国秋风豆不红。
> 一样窗前好明月，团圆不与旧时同。[①]

驹光谓短暂的光阴，青眼语出《世说新语·简傲》“嵇康与吕安善”刘孝标注引《晋百官名》：“嵇喜字公穆，历扬州刺史，康兄也。阮籍遭丧，往吊之。籍能为青白眼，见凡俗之士，以白眼对之。”[②]后因以“青白眼”表示对人的尊敬和轻视两种截然不同的态度。青眼客喻指意气相投的好友，白头翁即白发老人。这首诗表达了作者对时间流逝和漂泊流离的感慨。作者漫步曲水，仿佛梦中一般。颈联写景，但充斥着浓郁的个人情感。总的来看，这首诗无意于写景，或者只是用写景来增加抒情的效果，主体以抒发情感为主，体现了中国诗歌中“悲秋”传统的影响。“悲秋”古来有之，从《诗经》开始一直到晚清民国，历朝历代很多诗人都有过这种感受，正如《诗经·采薇》所说：“昔我往矣，杨柳依依。今我来思，雨雪霏霏。”[③]这种时间和景物的变化本是一种自然现象，但在诗人心中，则成了心情变化的写照。因此，骆鸿凯评价《诗经》说：“诗人感物，连类不穷者，明《三百篇》写景之辞所以广也。”[④]正因为诗人的联想，诗歌的写作范围才会变得宽广。又屈原《离骚》说：“日月忽其不淹兮，春与秋其代序。惟草木之零落兮，恐美人之迟暮。”[⑤]眼见岁月流

① 韩宝忠：《不如痴斋诗草》，邓稳整理，巴蜀书社，2020，第33页。
② 徐震堮：《世说新语校笺》，中华书局，1984，第412页。
③ 孔颖达等：《毛诗正义》，《十三经注疏》本，中华书局，2009，第884页。
④ 黄侃：《文心雕龙札记》，商务印书馆，2017，第213页。
⑤ 洪兴祖：《楚辞补注》，中华书局，1983，第6页。

逝，春秋变换，进而联想到美人的迟暮，这都是将心情渗入到时间变化之中所体现出来的比物联类。

《不如痴斋诗草》中这种通过抒发情感来写景的诗作还有不少，如《九日宿遵化惠源店阻雨三日》：

为赢斗禄恋微官，凹凸山腰行路难。
岩石险铺君子口，家书频盼老妻翰。
一灯凉雨思鲞菊，独骑秋风入马兰。
翻觉主人情意重，晚菘村酿劝加餐。[①]

“九日”即农历九月九日重阳节。《艺文类聚》卷四引南朝梁吴均《续齐谐记》：“今世人每至九日，登山饮菊酒。”[②]这首诗描绘自己因遇雨留宿遵化惠源店的心情，颇有宋诗意味。首联交代自己为了谋生而不得已为官奔波的境况；颔联描绘路途的艰辛及对家书的渴盼。颈联情景交融，表达对自由生活的向往；尾联则回到现实，抒发了自己寂寥的心情。与《中秋感怀》一样，诗中虽然也有景色描写，但更多的是为抒发情感而作，其中的景色只是一种托物言志的表达方式。

作者生活于晚清民国，当时国力衰弱，民不聊生，作为一位下层地方官员，作者对百姓疾苦有着深切的同情和怜悯，但往往又无能为力，内心是复杂而无奈的。《不如痴斋诗草》中，我们可以看到作者常常将这种对百姓的关爱诉诸诗篇，如《积雨侵旬中秋始见晴日顾念灾黎感而赋此》曰：

十日难期一日晴，苍天何事苦苍生。
但愁今夜秋风紧，谁管中宵月色明。
万户烟消釜底爨，千家露宿水边棚。
未能拯溺惭官拙，怕听嗷鸿有颂声。[③]

① 韩宝忠：《不如痴斋诗草》，邓稳整理，巴蜀书社，2020，第 88 页。
② 欧阳询：《艺文类聚》，上海古籍出版社，1999，第 81 页。
③ 韩宝忠：《不如痴斋诗草》，邓稳整理，巴蜀书社，2020，第 101 页。

这首诗作于民国六年（1917）。是年，韩宝忠在衙西辟地，拟作试验农场。连日的积雨让当地百姓苦不堪言。作为当地的父母官，韩宝忠非常关心民生疾苦。首联中，作者叙述了当时淫雨不绝的情况，不禁发出了苍天何苦为难苍生的慨叹。颔联中，尽管今夜的月色分外明亮，但作者满心百姓疾苦，无暇观赏中秋景色。颈联中，作者描绘当时千家万户的百姓都生活于水深火热之中，因为长时间下雨没有干燥的柴火生火做饭，众多百姓露宿水边。尾联中，对于这种情况，作者一方面深感无力，同时也为自己不能拯救他们自感惭愧，乃至害怕听到鸿雁的哀鸣，表达了乱世中作为地方官员深深的无奈。作者的这类作品中，对秋景的描绘相对较少，而是更多带有主观的想象，是以抒情为主，兼有写景的作品。在这类作品中，你可以很容易读到作者的心情，或闲适，或惆怅，或寂寥，或悲悯，属于“有我之境”的诗歌范畴。

《不如痴斋诗草》中，还有一类作品以写景为主，作者虽然也在诗中表达了自己的心情，但相对比较隐蔽，更多的是以写景为主，我们可以称这类作品为融情于景，接近于王国维所谓的“无我之境”。其中最具代表性的，莫过于组诗《秋海棠》十二首。因为作品较多，无法一一分析。为了论述方便，这里我们可以前四首为例，现抄录原诗并序如下：

清秋寂寥，闲事咏吟，适友人王君运初拈《秋海棠》为题，限渔洋《秋柳》韵征句，不觉技痒。因此花独具一种幽娴雅淡之态，亦实足撩情，动人诗兴也。于是三叠其韵，百丑皆忘。隔幔惊秋，谁洒思人之泪；拈毫咏物，欲招倩女之魂。乃著意描摹，殊难仿佛；藉兹引玉，聊当抛砖。

其一：莫谓无香不返魂，幽滋移向月当门。
新凉滴滴啼猩血，清露丛丛染蜡痕。
孤峭黄花堪伴侣，迷离红叶共山村。
背阴倩影难描画，聊与群芳细比论。

其二：胭脂点破玉阶霜，杨柳飘零半亩塘。
帘下绿低酣睡影，鬓边红坠枕头箱。
宛如尘世忧思女，不艳花间富贵王。
曾恶东风太狼藉，马蹄残踏百花坊。

其三：伶俜宿蝶粉粘衣，人影秋千两鬓非。
雅爱朱丝兼紫蒂，况当绿暗更红稀。
靓妆雨洗花容淡，画槛风尖豆颗飞。
惟是相思无觅处，芳心故与李桃违。
其四：向人媚态可人怜，无限愁怀泣暮烟。
烛影高烧笼粉黛，墙阴娇怯避黄绵。
超凡自是神仙品，斗艳何输老少年。
飞燕双双已如客，断肠心事在谁边。[①]

这组诗全部以“秋海棠”为题，从不同方面对秋海棠进行了细致的描摹。根据诗序可知，此组诗写作的初衷是对王运初《秋海棠》诗歌的唱和，“三叠韵”即唱和三次。根据诗序所说，作者乃“著意描摹”，说明作者有意对秋海棠进行客观描绘，这与前面列出的借景抒情完全是不同的做法。其中不少句子如“帘下绿低酣睡影，鬓边红坠枕头箱”“伶俜宿蝶粉粘衣，人影秋千两鬓非”“靓妆雨洗花容淡，画槛风尖豆颗飞”等，是以一种相对客观的心态进行的细致描摹。诗中，作者或比喻，或拟人，采用了各种不同的写作方法，从而取得更好的艺术效果。当然，我们也应注意到，诗中也有很多的主观想象。诗序云：“因此花独具一种幽娴雅淡之态，亦实足撩情，动人诗兴也。”“隔幔惊秋，谁洒思人之泪；拈毫咏物，欲招倩女之魂。”说明这组诗并非单纯的写景，其中的诗句如“新凉滴滴啼猩血，清露丛丛染蜡痕”“惟是相思无觅处，芳心故与李桃违”“向人媚态可人怜，无限愁怀泣暮烟”等，均表露出特定的情感。当然，我们在分析这组诗的时候应注意到，诗序开头称自己是在无聊的状态下对友人《秋海棠》诗进行的唱和，“不觉技痒”说明这组诗歌的产生主要是一种艺术创作，并非纯粹的情感流露。作者为了令描摹对象更加生动形象，结合秋海棠的花容进行的一种想象，通过描写对象造出的一种“客观情感”，仍然属于“无我之境”的描写。

相比较来说，《不如痴斋诗草》中大部分的秋景诗歌，都是属于“无我

① 韩宝忠：《不如痴斋诗草》，邓稳整理，巴蜀书社，2020，第 73—74 页。

之境”的作品，纯粹写景的不多。这主要是与中国的诗歌传统相关，通过前文所征引《毛诗序》可知，诗歌的产生最初就是用于抒发情感、表情达意的，并非单纯地描绘自然景物。这种传统一直影响着中国的诗歌发展，后来虽然也有部分作品单纯以写景为主，但不是主流。《不如痴斋诗草》中的秋景诗歌，都是来源于作者的生活，是个人情感的流露，亦是中国诗歌抒情传统的体现。

二、《不如痴斋诗草》中秋景诗意境的建构

意境，指文艺作品或自然景象中所表现出来的情调和境界，是中国文论中的重要理论。一般来说，意境是作者通过意象进行创作，精心建构而成，是一种文学作品的整体阅读效果。王昌龄把“境”分为三类，他认为：“诗有三境：一曰物境。欲为山水诗，则张泉石云峰之境，极丽绝秀者，神之于心，处身于境，视境于心，莹然掌中，然后用思，了然境象，故得形似。二曰情境。娱乐愁怨，皆张于意而处于身，然后驰思，深得其情。三曰意境。亦张之于意而思之于心，则得其真矣。”[①]王昌龄认为，“意境”是通过诗歌表达个人思想意志所形成的一种独特体现。当然，这与后世作为文学理论的“意境”是有所不同的。宗白华认为：“以宇宙人生的具体为对象，赏玩它的色相、秩序、节奏、和谐，借以窥见自我的最深心灵的反映；化实景而为虚境，创形象以为象征，使人类最高的心灵具体化、肉身化，这就是‘艺术境界’。”[②]

在形成意境的诸多要素中，意象是非常重要的内容。所谓意象，即表意之象，这个词最早出现于汉代王充《论衡·乱龙》：“夫画布为熊麋之象，名布为侯，礼贵意象，示义取名也。”[③]谓寓意深刻的形象。后来，意象一词被运用到文学批评中，指经过运思而构成的形象。南朝梁刘勰《文心雕龙·神思》：“然后使玄解之宰，寻声律而定墨；独照之匠，窥意象而运斤。”[④]简言

① 胡经之：《中国古典美学丛编》，中华书局，1988，第 245 页。

② 宗白华：《美学散步》，上海人民出版社，1997，第 89 页。

③ 黄晖：《论衡校释》，中华书局，2009，第 705 页。

④ 杨明照：《增订文心雕龙校注拾遗》，中华书局，2000，第 369 页。

之，意象就是指为了达到特定的艺术效果，作者精心创作的、能够体现出作者主观情志的事物。因此，意象也就成为意境的重要组成要素，也是创造意境的重要手段。而意境则是诸多意象有机组合的效果，是一种整体的艺术感受。

韩宝忠作于秋季的诗歌中，有不少关于秋景的描写，目的就是为了达到特定的艺术效果，即描绘出属于“秋”的意境。当然，具体到不同的作品，其表达手法和实现途径也各不一样。但总体来看，主要都是通过对秋天意象的使用，来构建“秋”的意境。其《不如痴斋诗草》中，有关“秋”意象描写的作品，如《八月十四同善汝明郭搏九李荫臣夜饮席间分韵得秋字》：

穷途经岁强依刘，幸得良朋互唱酬。
一枕黑甜庄蝶梦，半庭红孕杜鹃秋。
仙风不度文箫帐，华月偏多庾亮楼。
贝阙珠宫寒几许，乡心无那曲江头。①

庄蝶梦即庄周梦蝶的典故，《庄子·齐物论》：“昔者庄周梦为胡蝶，栩栩然胡蝶也，自喻适志与，不知周也。俄然觉，则蘧蘧然周也。不知周之梦为胡蝶与，胡蝶之梦为周与？”表达了人生变幻无常的感慨。这个属于用典，而下句则为景色描写，以白描的手法描绘秋季之景。颈联中，“仙风”即令人心旷神怡的秋风，“华月”谓皎洁的月亮。这些对秋季景色的描写，蕴含着一种感官的体验在内，是构成意境的重要组成部分。

《不如痴斋诗草》中，秋景诗歌中有不少相当精彩的作品，如《中秋》：

红牙何处按歌声，风定垂帘漾水晶。
沅芷秋波难再碧，月华今夜不须明。
海棠本是无香种，天竹谁教有豆生。
一曲紫云人窃听，木樨花下白鸾惊。②

---

① 韩宝忠：《不如痴斋诗草》，邓稳整理，巴蜀书社，2020，第22页。

② 同上书，第23页。

这首诗作于中秋时节，“红牙”是一种乐器，即檀木制的、用以调节乐曲的节拍。宋司马光《和王少卿十日与留台国子监崇福宫诸官赴王尹赏菊之会》:“红牙板急弦声咽，白玉舟横酒量宽。”“沅芷”出自《楚辞·九歌·湘夫人》:“沅有芷兮澧有兰。”整首诗中，作者虽然也写到了秋季的景色，并未刻意描绘，着重从视觉、听觉等感官方面进行描摹，以虚实结合的手法，建构了中秋令人心旷神怡的情境。

再如《九日过胭脂坡》:

胭脂坡上偶停车，陵树萧疏噪暮鸦。
明月二分凄碧柳，秋风十里卖黄花。
更无翠黛调琴曲，那得貂裘付酒家。
十二栏杆何处是，断云残雨梦琵琶。①

与上一首《中秋》不同，这首诗开篇描绘胭脂坡秋季景色的萧条，通过想象，表达内心的寂寥。“陵树”指陵墓上的树木，以傍晚的乌鸦进行点缀，凸显了胭脂坡的凄凉。颔联的对仗十分工整、自然，以一“凄”字，渲染了秋季的氛围。颈联和尾联主要是作者的自我联想，打破时空，通过过去与现在的糅合，衬托了诗歌“九日”的季节主题。

上述作品主要以写景抒情为主，在营造意境方面，并未表现出刻意的目的，而下面的这篇《秋雨无聊同内子夜话》，则体现了作者对“秋”意境的建构:

茫茫百事身嗟寄，旧话陪卿有睡不?
裳葛薄同捐箧扇，壁纱轻却下廉钩。
黄花晚听幽蛩语，绿酒新倾味蜡浮。
霜叫远空排雁阵，凉天一雨夜来秋。②

① 韩宝忠:《不如痴斋诗草》，邓稳整理，巴蜀书社，2020，第23页。
② 同上书，第72页。

这是一首回文诗，是作者夜晚无眠时所作。虽然回文诗一般认为是游戏之作，但韩宝忠的这篇作品，却清新雅致，毫无游戏之作的俳谐之气。颔联描绘了秋季的生活场景，秋季天气转凉，夏季的薄衣服连同扇子一同都被收了起来，墙上的纱帐也放了下来。颈联选取了黄花、幽蛩语等秋季常见的景象和场景，渲染了季节的氛围。尾联作为结束联，仍然为写景，作者有意用了“霜”“远空”“雁阵”“凉天”“雨”等意象，从而更加突出了秋的感受。整体来看，这首诗以诸多秋季特定的场景和景物，共同营造了“秋”的意境，体现了作者的匠心独具。

《不如痴斋诗草》中，一些作品为写景之作，虽然也表现出了作者不同的心境，但相对来说，主观情愫较少，主要是对描写对象的客观描摹，按照王国维的说法，即接近于“无我之境”。如《秋雨》：

阴云漠漠雨纤纤，挹得西来爽不嫌。
润到琴书残暑退，听馀襟袖晚凉添。
牵怀栗里花三径，触想吴淞梦一帘。
霁展长空清若洗，远山妆好衬明蟾。①

此诗描绘秋天细雨绵绵的景色，抒发了一种恬静淡然的情感。秋天的雨水淅淅沥沥，容易让人滋生愁闷，但此诗读来，则令人心旷神怡，遐想无限。首联描摹秋雨的形态，次联写秋雨既可以消退残暑，又可以令襟袖添凉。第三联中用到两个地名，栗里坐落于山南虎爪崖下，是一个山环水绕、景色秀丽的山村，也是大诗人陶渊明的故乡。吴淞位于中国上海市北部，黄浦江注入长江口（即吴淞口）的西侧，属于典型的江南地区。作者以两个地名对举，表达了闲适恬淡的心情。秋雨过后，天空若洗，心情也变得更为辽阔，远处的山坡也被雨水清洗过，正好衬托初升的月亮。通篇读来，作品明净清爽，表达了作者悠然的心境。

通过以上作品我们看到，韩宝忠不少秋季诗歌作品，都在着力刻画秋的

---

① 韩宝忠:《不如痴斋诗草》，邓稳整理，巴蜀书社，2020，第232页。

意境。这种意境的建构，首先得益于对秋季景物的描写，作者通常使用白描的手法，描绘秋季常见景物。但仅此还不够，意象只是构成意境的重要组成部分，还需要综合运用各种手法，对之进行艺术加工，从而产生整体效果。《不如痴斋诗草》中，韩宝忠常常在写景的基础上，进一步增加想象，不仅拓展了诗歌的时间和空间范畴，同时也增加了诗歌的表现力。这种对意境的建构，体现了韩宝忠诗歌的独特魅力。

三、《不如痴斋诗草》中秋景诗的文学史意义

韩宝忠对秋景描写的诗歌，具有典型的文学史意义。人生活在世界上，不可避免地与自然产生诸多关系，会受到自然界的各种影响。这种影响，在很多方面都有体现，陆机在《文赋》中说："遵四时以叹逝，瞻万物而思纷。悲落叶于劲秋，喜柔条于芳春。心懔懔以怀霜，志眇眇而临云。"唐大圆解释说："文之思维，不独由读书而生，亦有时遵随春夏秋冬四时之迁易，而瞻观万物之变化，则思想纷纭而生。如何瞻观乎？或有时观木叶之脱落，而悲秋风之劲健，亦有时睹树枝之嫩柔，而喜春光之芬芳，皆有生文思之机会者也。"[①] 简言之，主观情愫往往会随着客观环境的改变而改变。一年四季风景不同，人们的心情也有所变化。再如钟嵘《诗品·序》："气之动物，物之感人，故摇荡性情，形诸舞咏。""若乃春风春鸟，秋月秋蝉，夏云暑雨，冬月祁寒，斯四候之感诸诗者也。"[②] 不同季节会有不同景物，从而产生不同的感受，形成相应的诗歌作品。这段话揭示了诗歌发生的本质，也体现了自然界对人类情感和文学创作的影响。韩宝忠诗歌中，这种影响可以分为两个方面，一是节候的变化直接触发作者的创作动机，正因如此，我们才会看到《不如痴斋诗草》中，很多的作品篇名都带有春夏秋冬等季节名字。如辛酉年（1921），作者曾创作《秋声》《秋色》《秋影》《秋意》四篇七言律诗。虽然作者未以组诗冠名，但实际上就是作者在同一时间，面对相同景色，从不同方面进行的刻

① 陆机：《文赋集释》，张少康集释，人民文学出版社，2002，第 24 页。

② 钟嵘：《诗品笺注》，曹旭笺注，人民文学出版社，2009，第 1 页。

意描摹。同时，作者在创作的过程中，往往也会对这些客观场景加以想象，以艺术的手法进行加工，构建出一个既体现客观场景，又带有主观情感的独特意境。这个方面，在《不如痴斋诗草》中关于秋季的诗歌中，表现得尤为明显。

中国是一个诗的国度，从《诗经》以来直至清代，产生了大量著名诗人，不同时代又有不同的诗歌流派，可谓争奇斗艳、精彩纷呈。在中国诗歌的发展史上，有很多的具有代表性和开拓性的诗人，比如曹植、陶渊明、杜甫、苏轼等，他们共同推动了中国诗歌的发展。韩宝忠生活于晚清民国时期，这一时期中国诗歌的发展已经很难开辟出新思路新境界。同时，纵观中国诗歌史，韩宝忠并不能算是著名的诗人，甚至其好友华俊声在为《不如痴斋诗草》所作之序中，开篇即说："韩剑芝比部与余为世交，髫年工书。尝与论文，初不知其能诗也。"[①]华俊声很早就认识作者了，知道他工于书法，又曾讨论作文，却一直不知他还擅长作诗。这当然与韩宝忠内敛的性情有关，同时也体现出了韩宝忠的诗名在当时的确不是那么大。但我们也应注意到，《不如痴斋诗草》中的秋景诗歌具有非常典型的诗史意义，一是体现了中国古典诗歌中的"秋思"主题，二是体现了诗歌意境的建构方法。

"秋思"是中国古代古典诗歌中具有代表性的主题。秋季花叶枯败，寂寥凄凉，作为对外界具有敏锐感触的诗人，往往在这个时节产生一种特别的情愫，或思念，或寂寥。刘禹锡在《秋词》一诗中说："自古逢秋悲寂寥，我言秋日胜春朝。晴空一鹤排云上，便引诗情到碧霄。"刘禹锡一反常态，刻意凸显了自己豪迈。但同时也体现了"秋思"的传统，的确是自古以来文人的一种常态心理。

一年四季，每个季节的特点不同，秋主"收"，司马迁《史记·太史公自序》："夫春生夏长，秋收冬藏，此天道之大经也。"[②]秋季万物停止生长，人的心境也归于安宁，从而更易于思考，能够凝聚心思开展创作。中国古代关于"秋思"的作品不胜枚数，仅仅是标题中带"秋思"二字，我们耳熟能详的

---

① 韩宝忠：《不如痴斋诗草》，邓稳整理，巴蜀书社，2020，第1页。

② 司马迁：《史记》，中华书局，1982，第3290页。

作品，就有李白《秋思》二首、张籍《秋思》、陆游《秋思》、马致远《天净沙·秋思》等。这里我们可以李白《秋思》二首为例，加以分析。其诗云：

一

春阳如昨日，碧树鸣黄鹂。
芜然蕙草暮，飒尔凉风吹。
天秋木叶下，月冷莎鸡悲。
坐愁群芳歇，白露凋华滋。

二

燕支黄叶落，妾望自登台。
海上碧云断，单于秋色来。
胡兵沙塞合，汉使玉关回。
征客无归日，空悲蕙草摧。①

这是闺怨诗，作者以女子的口吻，通过对秋季各种景物的描绘，通过想象，表达一种寂寥的心情和对丈夫的思念。此外还有很多诗歌是在内容中体现出这一主题的，如唐沈佺期《古歌》："落叶流风向玉台，夜寒秋思洞房开。"与李白一样，这里的"秋思"乃闺房之思。宋苏辙《次韵徐正权谢示闵子庙记及惠纸》："西溪秋思日盈牋，幕府拘愁学久骞。"这是朋友间的思念。明高启《谢陈山人赠其故弟长司所画山水》诗："满空云冻动秋思，飞泉落日何萧骚。"这是对亲人的思念。可见，秋思的确是中国古典诗歌中一个永恒的主题。当然，本文所称的"思"，并非狭义上的思念，而是指处于秋季并受到影响的一种思绪。

《不如痴斋诗草》中的秋季诗歌，作者并不单纯写景，主要通过各种手法，表达一种内在的情绪。如《中秋感怀》："一样窗前好明月，团圆不与旧

① 李白：《李太白全集》，王琦注，中华书局，1977，第349—350页。

时同。”[①] 表达了作者对时光流逝、昨是今非的感慨。《中秋有怀寄顾大》：“坐望承平何日得，楚歌四面尚闻垓。”[②] 流露了对战乱的厌倦和对和平生活的向往。《九月九日现明上人招游广济寺与净业诗社同人分韵赋诗》：“物外翛然得，裁诗击钵成。”[③] 描绘了自己重阳与友人登高赋诗、怡然自得的心情。《秋夜诵经》：“非台何处微尘惹，领略中宵一味清。”[④] 描绘自己秋夜诵读佛经的安宁。《庾亮南楼》：“秋色今多兴倍佳，据床遥忆放形骸。”[⑤] 抒发了自己旷达的心情。上述作品，均为抒怀之作，集中体现了中国古典诗歌“秋思”的书写传统。

韩宝忠秋季诗歌的文学意义，还体现在其对于诗歌意境建构的方法。我们知道，意境是通过意象的描绘得以实现，也就是说，意象是意境的基础。但意境从来都不是意象的简单堆砌，创作过程中，需要综合运用不同手段来进行有机组合。韩宝忠诗歌在这方面的表现也是非常具有典范意义的。在其秋季诗歌中，各种对比、想象、白描、融情于景、以景写情，这些写法，扩充了诗歌的容量，增加了情感的张力，从而使得诗歌意境的建构更为丰满。这里我们可以《秋意》为例：

江干惜别柳千丝，燕子飞飞似客时。
五夜微凉醒独觉，一般清味料谁知。
安排菊蟹添吟兴，惆怅莼鲈系旅思。
明日重阳何处约，登高我欲赋新诗。[⑥]

这首诗运用了不少经典意象，如分别时的“江干”“柳千丝”，用以激发诗兴的菊花与蟹螯，还有表达怀乡之情的鲈鱼与莼菜。这些意象集中于一首诗中，极大丰富了诗歌的内涵，拓展了诗歌的想象空间。这首诗跨越不同时

---

① 韩宝忠：《不如痴斋诗草》，邓稳整理，巴蜀书社，2020，第 33 页。
② 同上书，第 183 页。
③ 同上书，第 209 页。
④ 同上书，第 241 页。
⑤ 同上书，第 241 页。
⑥ 同上书，第 136 页。

段，有回忆分别时依依不舍的场景，有分别之后寂寞失落的心情，还有对未来再次相见时的憧憬。同时，作者运用的手法也是多样的，有今昔的对比，有对未来的想象。总之，上述多种意象和手法的使用，打破时空的写法，均为诗歌意境建构过程中重要的手段。

小结

作为晚清民国时期不被人关注的一位作家，韩宝忠的诗歌成就自然无法与文学史上的大家相比，但这并非就可以否定其诗歌的成就和文学史意义。通过上述分析我们看到，韩宝忠的诗歌，尤其是秋景诗歌，的确具有自身的特色。他吸收了传统诗歌的表达艺术，同时融入了自己对意境的塑造手法，从而产生一种独到的效果。长期以来，我们对文学史的研究，主要是关注、研究各个阶段的大作家，对中小作家的关注不够，这种方法其实是不科学的。不同时段文学史的发展通常是集体努力的效果，我们应当看到，在一些大家的背后，还存在着一群小作家，他们可能没有那么耀眼，但也是文学史发展的推动者。此外，文学是对社会现实的反映，具有重要的社会功用。从这个角度说，《不如痴斋诗草》更是一面社会的镜子，也是对当时社会历史的记载和反映。其中的诗歌创作从庚子年（1900）直至己卯年（1939），四十年的时间里，创作了数百首作品，堪称一部诗史，也是对当时中下阶层官吏心路历程的直接反映。这个方面，是我们在研究《不如痴斋诗草》的过程中，所不能忽视的。

韩宝忠诗歌意象研究

刘　莉[①]

韩宝忠（1875—1939），字剑芝，号望潇湘馆，祖籍安徽望江，晚清民国诗人，有诗集《不如痴斋诗草》。作为“宦海沉浮二十年”的中下层官员代表，韩宝忠的诗歌全面展示了他的仕宦经历、家庭生活，涉及行旅、家庭、仕宦、交游，甚至休闲、娱乐等等。对其诗歌意象的研究，可以帮助我们认识晚清民国文人群体的真实生活状态与审美趣味。

先秦时期，便已将“意”与“象”联系起来，《易传·系辞上》：“子曰：‘书不尽言，言不尽意。’然则圣人之意，其不可见乎？子曰：‘圣人立象以尽意，设卦以尽情伪。’”[②]“意”“象”连用，最早见于汉代王充的《论衡》。“意象”进入文艺批评领域，则始于南朝梁刘勰的《文心雕龙》。“意象”并非客观物象，这已成为当代学者的共识，“意象”乃是“意中之象”，是“融入了主观情感的客观物象，或者是借助客观物象表现出来的主观情意”[③]，但关于诗歌“意象”具体内涵的界定，学界仍有争议。以袁行霈、傅道彬等为代表的学者认为，诗歌中带有主观色彩的单个物象均可称为“意象”，以蒋寅、陈伯海为代表的学者则认为意象不能等同于诗中名物之象，强调整体画面的构成与意境的完整表达。二派观点并非完全相悖，都认为是否承载诗人的主观情

---

① 刘莉（1978—　），女，天津静海人。安徽财经大学文学院副教授，文学博士，研究方向为中国古代文学。

② 《周易》，杨天才译注，中华书局，2016，第 361 页。

③ 袁行霈：《中国诗歌艺术研究》，北京大学出版社，1996，第 53 页。

志是物象能否成为诗歌意象的关键。笔者更倾向于袁行霈、傅道彬等学者的观点，理由有二：一是物象的择取本身已蕴含了作者的主观倾向；二是“意象”毕竟落脚于“象”，具有相对独立性，过于强调整体情志的一致性似无必要。

对于韩宝忠诗歌的研究，似可从以下内容进行努力。首先，以诗歌意象为切入点，解析韩宝忠《不如痴斋诗草》诗歌作品。在做类型化研究的同时，探究其诗歌意象的丰富意蕴，及在韩宝忠诗歌风格形成过程中的作用。其次，在类型化研究基础上进行审美研究。结合韩宝忠诗歌意象的营构方式，还原其时代背景与文化语境，发掘其诗歌的美学价值。最后，做比较研究。在横比、纵比的基础上，挖掘韩宝忠诗歌意象的独特之处，明确其在文学史上的意义。

总之，基本由点及线与面，既考虑纵向承上与启下的历史性，又兼顾横向勾连比较的时代性；既有微观的单个意象考察，又有宏观的整合研究。这一研究思路有利于多角度、多方位地对韩宝忠诗歌意象做全面、立体、系统的分析。

一、韩宝忠《不如痴斋诗草》诗歌意象类型

韩宝忠诗歌意象繁多，内涵丰富。根据韩宝忠诗歌创作情况，大体可将其诗歌意象区分为自然意象与人文意象。自然意象中有天文意象、地理意象、动物意象、植物意象等；人文意象既有生活意象，又有建筑意象，人物意象也比较突出。当然，自然意象与人文意象并非泾渭分明，也存在一些交叉现象。这些意象有的是静态的，有的是动态的。从表现形式看，既有描述型意象，又有象征型、比喻型意象，无不服从于诗歌主题的表达，在传达细腻幽微情感的同时，提高了诗歌的审美价值。

（一）以“雨”为代表的传统意象

韩宝忠对“雨”“雪”等传统天文意象相当偏爱，如《早起赏雨》《早雨》《同友人闻喜遇雪》等。《不如痴斋诗草》中的“雨”既有春雨（如《春雨》），又有秋雨（如《秋雨》《秋雨无聊同内子夜话》）、夏雨（如《夏雨生众绿》）。

他笔下不同季节的“雨”各有风貌，也多与时代变迁、个人身世之感相结合，使“雨”皆能著我之色彩。

《不如痴斋诗草》以时间顺序编订，其著录的最早涉及“雨”之意象的是《悲遣》二十首，其诗作于庚子年（1900），诗序曰：“庚子民教相仇，携眷避山右，解装十日，内子辄染时疫而终。草草一棺，苦情莫状，予率成悼亡诗二十首以哭之。”①《悲遣》二十首前面一首为《西征》，“绕铺疏槐暗烟雨，举家行李逐风波”，两相佐证，此时正是韩宝忠举家前往山西时所作。国家时局动荡，自身前途未卜，妻子又染时疫去世、次子早夭，连番打击之下韩宝忠凄苦、孤寂之情可以想见。《悲遣》将记忆中夫妻相处、闺房之乐的种种温馨场景与现实中“草草一棺”的薄棺草敛相对照，使得悲哀之情愈发凄怆。恩爱夫妻骤然分离，韩宝忠精神恍惚，多次表达“垂泪灯前待不来”“剪烛难忘对坐时”的失意，书写痛失爱妻陈氏后的刻骨相思之情。《悲遣》其八曰：“酒醒微雨碧窗纱，顾影无人懒唤茶。一掬湘江斑竹泪，墨图空自泣梅花。”碧窗纱见证了夫妻二人“深情密誓惟偕老”“细研花露写唐诗”相知相爱相守的美满爱情，此意象频繁出现于韩宝忠的悼亡诗中。作于同年的《重遣四首》其二“万种闲愁谁解得，更无人语碧窗纱”，与《悲遣》其八相比，“酒醒微雨碧窗纱”更具生活场景性与画面想象感，借“微雨”意象不仅拓展了诗歌的叙述空间，更增添了深情绵邈的意味，将诗人失偶后的寂寞凄清、了无生趣的心理刻画得婉转幽微。

《不如痴斋诗草》中第一首以“雨”为题的是《夏雨生众绿》，该诗作于辛丑年（1901）。诗曰：“雨后田园晓气清，无边众绿一齐生。小亭湖上浑忘夏，团扇风前不记名。烟重鸟呼声翠翠，林殷花点泪猩猩。篝车遍起豚蹄祝，聒耳秧歌乐岁声。”②写雨后田园的美景，夏日雨后清新之气扑面而来。韩宝忠《不如痴斋诗草》仅以诗题中带“雨”者，便有十五首之多。其诗中之“雨”之意象有的是自然环境客观之雨，季节时令的产物，有的则是诗人心态的象征，主观情感的外化，烘托起兴的媒介。

---

① 韩宝忠：《不如痴斋诗草》，邓稳整理，巴蜀书社，2020，第2页。

② 同上书，第16页。

《不如痴斋诗草》"雨"意象丰富，韩宝忠写景诗中的"雨"大多与雨后植物、人的主观感受相联系，从主客观结合的角度描摹"雨"的声响、情态，并善于将其与光、影相烘托，颇具画面感。《早起赏雨》"喜雨积三日，开帘景物新"，开篇便暗示了作者等待雨水降临的迫切心情及雨水到来后溢于言表的喜悦之情，"竹稍青扫地，苔晕碧宜人"自然而然地将笔锋转向雨中的植物，竹与苔高低错落，动静相宜，青与碧都是雨中青翠欲滴的生命萌发的色彩，诗人由衷地感叹自然的美好与生机，颇能引起读者的共鸣。《夜雨留宿马坊门》写意外到来的骤雨"震雷催夜短，急雨入河遥"；《早雨》写夏日清凉之雨，"孤灯残梦小楼东，一线微凉罗幕通"；《药王庙阻雨晚眺》写作者为秋雨所阻豁达的心境，"一雨留人结佛缘"；《秋雨无聊同内子夜话》（回文诗）写秋雨凉夜的感慨，"凉天一雨夜来秋""秋来夜雨一天凉"；《九日宿遵化惠源店阻雨三日》写阻雨被迫留宿后对妻子家人的惦念，"一灯凉雨思螯菊，独骑秋风入马兰"；《积雨侵旬中秋始见晴日顾念灾黎感而赋此》写连日积雨后沉重的心情，对百姓疾苦的关切，"十日难期一日晴，苍天何事苦苍生"；《雨夜》写一夜暴雨的宏大气势，"雨声酣彻夜，河势猛淘沙"；《雨后偶成》写小雨过后清新的庭院，"闲庭小雨净无埃，砌上芳晖养碧苔"；《闰清明大雨》写风雨大作，"但听风声杂雨声"，大雨倾盆"镇日片云头上黑，未交三伏已盆倾"；《任瑾存宰广平以〈祈雨〉诗见寄索和》写对天降甘霖的喜悦，"膏雨随车万姓欢"的盛景。

韩宝忠善于化用前人诗句，《春雨》写想象之景，"渭北青新杨柳色，江南红遍杏花娇"，化用王维的"渭城朝雨浥轻尘，客舍青青柳色新"与陆游的"小楼一夜听春雨，深巷明朝卖杏花"，但化用无痕，对仗工整，妥帖自然。《雨后》颇具机趣，写雨后的青山"西山新雨后，一碧透遥岑"，意象虽源自王维的"空山新雨后"和韩愈的"遥岑出寸碧"，但如盐入水，化用无痕，"目送归鸿去，频挥一曲琴"明显源自嵇康的"目送归鸿，手挥五弦"，虽不比后者潇洒自如，但也别有一番风味。

除"雨"外，韩宝忠对"雪""风"等自然意象也十分偏爱。他眼中的瑞雪"剪得琼花散晓寒"，雪后银装素裹的世界"登楼放眼尘无著，太白晨光透陌阡"，既有远景，又有特写，以光线的细微变化感受瑞雪带来的喜悦，既有"活火茶烹雪一炉"的文人雅趣，又有"丰年有兆应崇俭，贺雪诗成亦谏书"

官吏的政治责任感（《长安瑞雪》)。《同友人闻喜遇雪》写西山暮雪后“涧碧松枝老，林红柿叶干”，色彩对比鲜明，错落有致，别具一番苍劲风格；《窄道子晴雪早发》写山雪之清冷，“驻马声嘶冰涧水，逼人寒耸玉屏山”，雪后的岩石与树木“层层石罅撑松绿，树树霜威杀叶红”，彻骨之寒凉中透出顽强的生命力。他笔下的“风”也各具情态，《过分水岭遇风》以风中之沙尘、落叶描摹风势“尘起沙迷目，峰低叶打头”，既是客观状物，又掺杂了诗人的主观感受；《雪后友人邀饮》写雪后寒冷的风，“雪晴云散晓风尖，寒袭重裘彻骨严”，以“尖”字将彻骨寒的晓风具象化，令人产生尖锐而冰冷的生理不适。

总之，以“雨”“雪”“风”等为代表的自然意象的运用，在增强了韩宝忠写景状物的画面感与艺术感的同时，又将其个人的生命体验、人生思考融入其中，情景交融、借景抒情，在拓展诗歌的表现空间、营造抒情氛围等方面起到积极作用。

（二）颇具时代特色的新意象

韩宝忠生活在晚清民国交替时期，正是时代风云变幻，新旧思想激荡之时。面对“三千年未有之大变局”[①]，作为一名封建社会末期的中下层官吏，韩宝忠从主事直隶司行走入仕，历任刑部主事，山西沁县知县，河北新乐县知事、唐山县知事、束鹿县知事，他关心百姓生活，熟悉民生疾苦。光绪二十三年（1897）三月，23 岁的韩宝忠以捐官入仕，开启仕宦经历。光绪二十六年（1900），八国联军入京，韩宝忠避祸“携眷避乱山西，侨居平遥”，他认为“论法即今应虎变，补牢何暇悔羊亡”（《感怀》)，有坚定的变法革新主张；光绪二十七年（1901）回京后，韩宝忠先是踌躇满志，满怀匡世救民之抱负，“危幕岂堪巢燕雀，狂澜何事助蛟鼍”“我欲归耕无处所，一腔热血敢消磨”（《感时》)，他对辛亥革命态度矛盾，既担心“自治未成休成乱，安民不刻党人碑”（《东吴绅钤》)，又对共和表示肯定，“权利自然休放弃，竞争天赋与人身”“破坏非难建设难，人人欢夺自由权”（《祝〈法政经济报〉开馆

① 李鸿章:《筹议建造轮船未可裁撤折》，载《李鸿章全集》第二卷，海南出版社，1997，第 676 页。

四绝》)。总之，韩宝忠是一个在时代更迭中既传统又趋新的末世官吏，这种矛盾心态恰恰是当时大多数旧官吏心态的真实写照。

除传统意象外，《不如痴斋诗草》中还出现了一些古典诗歌中少见的新意象，具有明显的时代特色。韩宝忠对时局的关注，在他的诗歌中多有反映，很多新名词、新语句的使用使得《不如痴斋诗草》中出现了很多带有时代烙印的新意象。

作于庚戌年（1910）的《李肖峰乡丈因谏去官赋诗二律留别京友爰步元韵以和》赠诗因谏去官的同乡李肖峰，感慨“侈口富强无至计，望洋徒剩几唏嘘”，“自公退食无余事，闲看儿童学体操”，正是辛亥革命前他经世济民无望后无可奈何的写照。“体操”属于新事物，维新改革中涉及政治、经济、法律等一系列的变革，虽然大多无果而终，但毕竟给社会带来了一些新的风尚。《不如痴斋诗草》通过这些新意象反映了新政为教育界带来的变化，作于辛亥年（1911）的《西乡查学即事口占四绝》自注道：“开村小学体操整齐可喜。”《西乡查学即事口占四绝》还特别谈到当时私塾改良的情况：“荒祠深柳读书堂，学究欢迎说改良。”韩宝忠欢迎这些新鲜事物的出现，表现出积极接受的开明态度。《自遣》“变政空谈事与违，敢云法术继韩非”，《感时》“几经沧海风潮恶，一览全球天地卑”，境界扩大，既有知识分子被西学冲击后的震撼，也有心存不甘、变法图强的意志。其中，《和王啸亭答周茗芗留别北京原韵四章》其一颇具代表性。诗曰：“天演竞争新世界，人才如鲫未嫌多。旷观东亚和平局，谁赋南风解阜歌。志在藏弓难尽鸟，功能脱茧自成蛾。英雄时世犹堪造，出匣干将著意磨。”[①] 诗歌中传统意象与新意象交相辉映，是新旧交替时代的旧体诗吸收新意象的典型之作。再如《宋艮三先生以癸丑春六十寿征诗勉步原韵以和》“缔造冀成平等国，归来且作自由身”“三日流觞天气朗，共和争比永和新”“但使计然纡十策，任他欧亚利权争”，希冀以共和政体实现人民自由、国家富强。这些极具时代特色的新意象使得韩宝忠的诗歌颇具时代记忆的温度。

受西方科技影响，晚清民国时期新鲜事物不断涌现，在改变人们的生活

① 韩宝忠：《不如痴斋诗草》，邓稳整理，巴蜀书社，2020，第 51 页。

方式与思想理念的同时，这些新名词也给古典诗词带来了一定的冲击。如韩宝忠《火车口占寄京诸好友》，该诗作于辛亥年（1911）："客子思家梦未圆，一声汽笛到芹泉。神工打破天门险，人迹居然陆地仙……"以惊叹的口吻肯定了火车的高速与便捷。

晚清铁路的修造与开通，经历了曲折漫长的过程。同治十一年（1872），《申报》刊登了一篇《造铁路告白》，丰裕洋行、立德洋行等外商有意在上海小东门码头至和祥码头修建铁路，《申报》评论该事件云："中国于创建铁路一款，议之八九年，竟未见成功，有心世事者徒深浩叹。"可见，其阻力之大。光绪二年（1876），英商出资修建的吴淞到上海的铁路正式开通，这是我国境内的第一条铁路。为此，《汇报》发表的反对文章颇具代表性："火轮车路一举，为害于国"，并历数了修建铁路的种种罪状：火车失事问题、行人安全问题、对商贾无益、造成船业等行业百万人失业，以及担忧由此以后，西人会控制铁路等诸多隐患。在重重阻力下，该铁路仅运行一年多后，便由政府官员出面买回并拆毁。光绪十五年（1889）前后，围绕修造铁路一事，清政府内部又掀起了一次大讨论，仅1889年1月，便有数十位大臣上书反对造铁路，尽管主张建路的李鸿章、张之洞等得到光绪的支持，但修造铁路仍是进展缓慢、一再拖延。韩宝忠当时乘坐的当为正太火车。正太铁路是我国第一条客运专线。光绪二十二年（1896）经山西巡抚胡聘之奏请，光绪三十年（1904）正式开工，自申请修建至竣工通车历时11年。韩宝忠作《火车口占寄京诸好友》时，正太铁路刚开始运行四年左右，于国人而言，还属于新鲜事物。与京中守旧的大臣们相比，更为了解民生疾苦的韩宝忠表现出了开放、包容、乐于接受西方先进技术的务实态度。"客子思家梦未圆，一声汽笛到芹泉"，极写火车之迅捷，用"一声汽笛"的长鸣，打破客子的思家之情。黄遵宪《今别离》咏火车、轮船云："送者未及返，君在天尽头。"韩诗重在旅人，黄诗重在送者，虽角度不同，都极写火车之快，有异曲同工之妙。"神工打破天门险，人迹居然陆地仙"，更是直抒胸臆，惊叹科技的神奇。赵熙咏火车的"时穿菀柳浓花外，想见垂天凿地功"，同样写火车的神迹，韩诗更感叹对人、事的影响。西方技术、西方事物进入我国后，文学界一般比较关注以黄遵宪等为代表的新派对它们的肯定，但由韩诗可见，尽管当时守旧大臣顽固抵抗，以韩为代表的部分中下层官吏态度更为开明，表现了他们务实、关心民生的一面。

二、韩宝忠《不如痴斋诗草》诗歌意象审美研究

韩宝忠诗歌中的意象很具人情味与生活气息。咏物多与写人相结合，颇具画面感与抒情性。作于戊午年（1918）的八首咏物诗，分别咏帘、床、帐、瓶、扇、镜、衾、枕，明显属于日常生活用品。《帘》全诗如下："珠玑为箔玉为钩，暮卷西山雨气收。湘水一泓窥好月，春风十里忆扬州。虾须垂处香常在，燕剪投来语未休。摇荡水晶人睡起，晓妆相对看梳头。"[①] 首句化用李商隐的"珠箔轻明拂玉墀"、王勃的"画栋朝飞南浦云，珠帘暮卷西山雨"，对杜牧"春风十里扬州路，卷上珠帘总不如"等诗句的化用亦能了无痕迹，韩宝忠作诗擅于化前人诗句为己所用，意象繁复而华丽，在锦绣珠阁中出现的刚刚起床梳洗的佳人形象更给此诗增添了一抹香艳之色。《瓶》将对器型的生动描摹与人的精神气质巧妙结合，"胆细能行一尺雨，腹空涵养四时春"，抓住瓶的外形、功能的同时，以"守口铭宜箴座右，莫教斯罄醉芳辰"，带有一定的思想性与哲理性。《扇》拟汉班婕妤《怨歌行》，却无自怨自艾、悲切哀婉之意，更多是对美好爱情的向往与坚守，"难得披纱回一笑，团圞赢得两心同"的自信与憧憬。韩宝忠的《镜》"玳瑁台前水一汪"延续了他华丽富贵的意象选择，以"到底至诚心不染，鉴人肝胆又何妨"提升了全诗的境界。作于甲寅年（1914）的《竹席》既有夏日竹席消暑的感受，又有"避暑晨昏供坐卧，感时舒卷识炎凉"的人生感悟，还抒发了"拂来欲洒相思泪"对亡妻的思念。总之，韩宝忠的咏物诗多从生活中常见事物入手，选用意象多带富贵气息，但不凝滞于物，多能超越具体物象，书写自身独特感悟。

韩宝忠有相当一部分写景诗歌和羁旅诗，意象绵密，情景结合，物皆着我之色彩，颇具画面感。从诗歌的图像化角度观照，韩宝忠的诗歌重视动静得宜，讲究色彩搭配，既有特写镜头、近景观照，又不乏空间拓展、远景勾勒，布局合理，结构颇见匠心。

---

① 韩宝忠:《不如痴斋诗草》，邓稳整理，巴蜀书社，2020，第 104 页。

韩宝忠另有悼亡诗、时事诗等，感情真挚，寄慨遥深，既有正直文人对百姓苦难的同情、对国事艰难的担忧，也有作为官员抱负难酬的愤懑，对政局变幻、官场险恶的嗟叹，再加以家庭生活的不幸、痛失爱妻幼子的打击，其作品中又流露出封建社会末世之中个人命运难以自主的悲哀。家国不幸与个人苦难遭际相结合，使得韩宝忠诗歌意象笼罩了一层悲情色彩。

韩宝忠晚年的唱和诗、题咏诗具有明显隐逸情调。大势颓败，难以挽回，其诗歌中既有无才补天的愧疚、遗憾与自责，又有独善其身的避世情结。他辞官归隐、手抄《金刚经》，心态渐转平和，诗中多闲适意象，意象间勾连自然，平缓稳妥，少见怪诞奇崛。

以植物意象中的花卉意象为例，韩宝忠诗歌中仅以花卉为题的，便有十余首。他偏爱浅淡素雅的梅花、菊花等，如《白梅》《绿菊》《秋海棠》《梅》《白莲》《菊花四首》等，表现了传统文人的审美情趣。

《白莲》诗云："丰神不染自娉娗，夜月明辉坐水亭。门外徐生风簌簌，池边初过雨星星。搴来素手鱼行避，换去红衣鹭梦醒。静悟禅机空色相，溪光人影淡流萤。"[1] 开门见山，直切所咏之物，先写白莲的风神形貌，随后又宕开笔墨，进一步拓展空间，写门外的风，池边的雨，避实就虚，又将白莲拟人化，将其形容为刚被搅碎美梦的女性。"红衣""鹭梦"意象直指闺中思春少女，但"换去红衣鹭梦醒"，"换去""醒"两个动词的衔接，暗示了时光的流转，情绪的变换，形象的转变。"静悟禅机空色相"看似老生常谈的色空之论，但联系前文的"换去红衣鹭梦醒"，确是水到渠成，并不刻意。"溪光人影淡流萤"又是虚实结合，真是情韵缥缈。韩剑芝此诗咏白莲，又不凝滞于此意象，笔触简练，远近相间，视听结合，粗疏勾勒与局部特写并重，从风神气韵、自然风景、禅机感悟三个角度呼应主题，若即若离，融情于景，耐人寻味。王士禛从山水画中汲取经验，认为"远人无目，远水无波，远山无皴"乃诗家三昧。韩宝忠这首《白莲》颇具神韵派风味，如丹青圣手一般，触物生情，情来神会，将自己的独特领悟定格于刹那间的自然美景。

在自然意象中，他对时令季节的变迁非常敏感，风、雨、雪等意象尤

① 韩宝忠:《不如痴斋诗草》，邓稳整理，巴蜀书社，2020，第 174 页。

为敏锐，这与封建末世文人抑郁、敏感，以及时局动荡下文人的心态有一定关系。

总体来看，韩剑芝的诗歌意象丰富多彩，风格平淡清远，语言清新明隽，韵味悠长。

三、韩宝忠《不如痴斋诗草》诗歌意象比较研究

按与韩宝忠有姻亲关系的姜浩之语，其诗“意味隽永，知寝馈于三唐者深矣”①。与同光年间宋诗派不同，韩宝忠更多受王渔阳“神韵”说的影响，诗学老杜、李义山等。通过与王士禛诗歌、李商隐悼亡诗等同类题材诗歌的意象比较，更能凸显韩宝忠诗歌意象的特色。

（一）韩宝忠诗歌“寝馈于三唐者深矣”

韩宝忠之诗法宗三唐，“寝馈于三唐者深矣”，他的《西征》《春望蓟门》诸作，境界阔大，感慨遥深，《送别内兄陈鼎臣》“如读老杜乱后诸作”②，对丧乱变迁的感喟，对早逝妻子的哀痛，自身怀才不遇的感伤，与知己离别的勉励与不舍，自然融合于一体，沉郁顿挫，确有老杜遗风。《巢父洗耳处》则直接化用老杜“闻道长安似弈棋”，可见，其受杜甫影响颇深。韩宝忠另有《无题》诗、悼亡诗多首，学李义山处也十分明显。他的朋友张云楼评价说：“诗宗李杜浑无迹，书法钟王妙入神。”③纵览《不如痴斋诗草》，其宗法的“李杜”显然指的是李商隐与杜甫。

与李商隐同调，韩宝忠悼亡诗善于选取生活中的常见意象为媒介，由物思人，回忆生活点滴场景如在目前，以旧时之“欢”与“合”衬今日之“悲”与“离”，旧日越欢畅，益显今日形单影只的凄惶，以乐景写悲景，越显凄凉。韩宝忠尤其钟情于李商隐的《锦瑟》，他的《悲遣》“绿绮无端弦四十”“蝴蝶有情终是梦”直接化用“锦瑟无端五十弦”“庄生晓梦迷蝴蝶”

---

① 华俊声：《序》，载韩宝忠《不如痴斋诗草》，邓稳整理，巴蜀书社，2020，第 2 页。

② 韩宝忠：《不如痴斋诗草》，邓稳整理，巴蜀书社，2020，第 20 页。

③ 同上书，第 59 页。

等语,《有所思》其四亦是如此,“庄蝶梦醒空是色,杜鹃声促雨如烟”,与“庄生晓梦迷蝴蝶,望帝春心托杜鹃”相比,显然不如后者凝练而遥深,但由于韩宝忠诗歌多有自注,其细节的真实性显然也能引起读者的共鸣。《悲遣》“凤凰台近洗妆台”,自注曰:“侨居平遥,凤凰台近在县之西门,洗妆台亦在山右”;“桃华海上笑春风”,自注曰:“辛卯在沪完姻”;“一掬湘江斑竹泪”,自注曰:“内子楚人”;“墨图空自泣梅花”,自注曰:“内子喜画梅”;“石头絮语真成梦”,自注曰:“内子喜说《红楼》,闲以排闷”;“梅影凋残鹤飞去”,自注曰:“次子相继而夭”。友人鸿元读《重遣四首》后作眉批云:“义山惯写情根,长吉工于凄调。天长地久,石烂海枯,着不得些子平淡语,殆亦天使然耶。昔人悼亡诗云‘宜颦宜笑娇模样,翻悔从前领略疏’,韩子恨亦同此。”[①]惊天动地的誓言固然令人震撼,但细水长流的相处润物无声,更见“苦煞相思无尽期”的煎熬与折磨。凄婉的言辞佐以真实意象细节的自注,更见韩宝忠悼亡诗的真切与哀伤。

(二)韩宝忠诗歌与渔阳诗风

王士禛作诗主“神韵”。“神韵”之说,最早可追溯到南朝。南齐谢赫《古画品录》以“神韵”论画。钟嵘《诗品》以“滋味”论诗,并在《诗品·序》中提出诗歌的最高境界是“使味之者无极,闻之者动心”。晚唐司空图以“韵味”论诗,讲究“象外之象,景外之景”,追求“味外之旨”与“韵外之致”。宋代严羽提倡“妙悟”,强调诗歌的“别才”“别趣”,并推盛唐诗歌为最高境界。至明清时期,徐祯卿《谈艺录》指出情乃心之精,强调“情”是诗歌之本源。此外,胡应麟《诗薮》、王夫之《明诗评选》品评诗歌时也曾多次使用“神韵”一词。在总结前人之论的基础上,王士禛的“神韵说”更注重对“味外味”(《蚕尾续集序》)的追求,将抒情主体的个性才情与诗歌的美学特质有机结合,注重诗歌含蓄蕴藉的韵味,提倡清远醇美的意境,为清代诗坛开辟了新境界。他提倡唐代王维一派清丽淡远的诗风,同时也推举杜甫、韩愈等雄壮奔放的风格。

---

① 韩宝忠:《不如痴斋诗草》,邓稳整理,巴蜀书社,2020,第10页。

顺治十四年（1657），王士禛在济南大明湖即景赋秋柳诗四首，引起诗坛震动，远近传唱。李兆元以为此诗主旨是吊明亡之作，王士禛说："仆本恨人，性多感慨。寄情杨柳，同《小雅》之仆夫；致托悲秋，望湘皋之远者。"（《秋柳诗四首序》）以此来看，《秋柳》诗确实是寄慨遥深的。明亡之时，王士禛还是个髫龄稚童，但这并不意味着他对时代变迁与社会动荡毫无感触。诗歌中对秋日之柳的吟咏，对代表旧日繁华的帝王之都南京城的叙说，黄骢曲等典故的运用，以及意象的选择，都表达了一种美好事物幻灭的沧桑感，使得此诗浸润着浓重的惆怅情思。这种"大都好物不坚牢，彩云易散琉璃脆"的感悟未必一定要与明清易代这一特殊历史事件相联系，但其中繁华易逝、岁月变幻的感伤却是很容易被领悟的。典雅优美的文辞，饱含历史沧桑的典故，富于音乐性的音节流转，都增加了这首诗哀婉凄恻的魅力。《秋柳》诗在当时引起众多文人唱和，顾炎武、曹溶、朱彝尊、冒襄、徐夜、陈维崧都有和作，掀起了创作热潮。

韩宝忠的《秋柳》四首作于王士禛《秋柳》诗后260年。1912年，宣统帝溥仪颁布退位诏书，清朝覆灭。韩诗作于1916年，正是清朝灭亡，政局动荡之时，诗中同样充满了历史沧桑感。《秋柳》第一首曰："张绪风流犹是昨，桓温感慨不胜今"，择取了两个著名的历史典故。《南史》卷三一《张裕传》附《张绪传》："绪吐纳风流，听者皆忘饥疲，见者肃然如在宗庙。虽终日与居，莫能测焉。刘悛之为益州，献蜀柳数株，枝条甚长，状若丝缕。时旧宫芳林苑始成，武帝以植于太昌灵和殿前，常赏玩咨嗟，曰：'此杨柳风流可爱，似张绪当年时。'其见赏爱如此。"以杨柳喻忘情荣禄、口不言利的张绪之才情风姿，似乎只是单纯使用了与柳相关的人物典故，桓温句则寄托了时代沧桑巨变的感悟。《世说新语·言语》："桓公（温）北伐，经金城，见前为琅玡时种柳，皆已十围，慨然曰：'木犹如此，人何以堪！'攀枝执条，泫然流涕。"韩宝忠借桓温物是人非的感慨，抒发时代变迁的历史喟叹。尽管诗中有"慢吹长笛斜阳里，留与梅花说往时"（其四）的忧郁怅然，但更多还是韩宝忠"松菊犹存五株在，先生亦抱岁寒心"（其一）清白操守的表达。

王士禛的"神韵"说，确有脱空之嫌，袁枚评价他"主修饰不主性情"，情感表达"不真"。赵执信指出"神韵"说过于虚无缥缈，不能指事切情，格局太窄。与王诗相比，韩宝忠的咏柳诗情感饱和度弱于王诗，但更切柳。有老杜遗风的顾炎武《赋得秋柳》云："昔日金枝间白花，只今摇落向天涯"，"先皇玉座灵和殿，泪洒西风夕日斜"。顾炎武的秋柳诗主旨显豁，风格悲壮，与韩宝忠的秋柳诗又有不同。顾诗境界更大，体现了鼎革时期的文人风骨，悲壮而坚定，韩宝忠的咏柳诗则表达了知识分子在封建末世时代变迁中的迷惘怅然，但又坚定自守清白的心理，是介于王士禛的用笔委婉与顾炎武的慷慨悲壮二者之间的审美取向。

晚近政治生态下的循吏诗歌及其诗史视野

——以《不如痴斋诗草》为研讨中心

张明明　孙泽贤①

韩宝忠（1875—1939），字剑芝，号望潇湘馆。祖籍安徽望江，于清廷任主事直隶司行走，民国后曾担任山西沁县知事、河北新乐县知事、河北唐山县知事、河北束鹿县知事等。有《不如痴斋诗草》行世，存诗近千首。其诗自觉描摹晚清时局下的民生日常，具有积极的“立言”意识与诗史价值。韩宝忠出身官宦世家，一生为官清廉，颇有政声。隆平县百姓曾为其树立“永垂不朽”政绩碑。晚近时期古今中外文化对撞，在动乱中亦萌发破与立的变机。

借助韩宝忠《不如痴斋诗草》中的“诗史”类作品，可还原晚近时期基层循吏视野下的真实历史图景。

一、中国循吏传统与《不如痴斋诗草》中的诗史意识

中国政治史上的循吏传统由来已久，所谓“循吏”即奉职循理之官吏，其称最早见于《史记·循吏列传》。《循吏列传》记述了春秋战国时期五位官

---

① 张明明（1985—　），男，安徽六安人。文学博士、博士后，扬州大学文学院（文化传承与创新研究院）副教授，硕士生导师，研究方向为明清文学。孙泽贤（1999—　），女，山东平邑人，扬州大学中国古代文学专业2022级硕士研究生。

吏的事迹，其中，以德化而称者有孙叔敖、子产；以廉节而称者，如公仪休、石奢、李离。司马迁以“奉职循理，亦可以为治，何必威严哉？”[①]道出其心向往之的吏治典范。此后历代正史几乎皆遵《史记》体例，而列循吏传。《隋书·循吏传》论曰：“养之以仁，使之以义，教之以礼，随其所便而处之，因其所欲而与之，从其所好而劝之。”[②]比较全面地总结了循吏的为政特点。“养之以仁，使之以义，教之以礼”可以理解为儒家教化传统，而“随其所便而处之，因其所欲而与之，从其所好而劝之”则带有道家清静无为之意味。因此，判断是否为循吏之依据不能仅着眼于爱民、美政等儒家政治观视域下的政绩表现，还应虑及为官者不扰民的无为而治精神。后世吏治中，无为的德治思想也时常在文学上得到体现。譬如，欧阳修在其《丰乐亭记》中记曰：

> 修之来此，乐其地僻而事简，又爱其俗之安闲。既得斯泉于山谷之间，乃日与滁人仰而望山，俯而听泉。掇幽芳而荫乔木，风霜冰雪，刻露清秀，四时之景，无不可爱。又幸其民乐其岁物之丰成，而喜与予游也。因为本其山川，道其风俗之美，使民知所以安此丰年之乐者，幸生无事之时也。夫宣上恩德，以与民共乐，刺史之事也。[③]

实际上，“与民同乐”早在先秦时期已有萌芽，语出《孟子·梁惠王下》：“今王田猎于此，百姓闻王车马之音，见羽旄之美，举欣欣然有喜色而相告曰：‘吾王庶几无疾病与，何以能田猎也。’此无他，与民同乐也。今王与百姓同乐，则王矣。”[④]孟子以“与民同乐”的图景激励梁惠王实行“王道”，足以为其政治理想作一注脚。而在欧阳修的描述中则似乎更偏向于道家“小国寡民”之意，其中山川之美的衬托，又带有些许的隐逸格调。与之相呼应的是，苏轼在杭州太守任上所写的一首诗作《吉祥寺赏牡丹》：“人老簪花不自羞，

① 司马迁：《史记》，裴骃集解，司马贞索隐，张守节正义，中华书局，2011，第2693页。
② 魏徵等：《隋书》，中华书局，1973，第1673页。
③ 欧阳修：《欧阳修诗文集校笺》，洪本健校笺，上海古籍出版社，2009，第1018页。
④ 孟子：《孟子》，方勇译注，中华书局，2010，第21—22页。

花应羞上老人头。醉归扶路人应笑，十里珠帘半上钩。”[①]截取簪花过市这一场景，塑造了与民同乐、放浪不羁的“风流太守”形象。苏轼表面风流，实为“循吏”。正如《论语·先进》中以“莫春者，春服既成，冠者五六人，童子六七人。浴乎沂，风乎舞雩。咏而归”[②]来展现太平图景，苏轼“人老簪花”的自嘲，亦可看作其自信、自得于政绩的心态写照。欧阳修、苏轼等人兼文坛领袖与地方官员为一身，很好地诠释了“官学一体”的地方循吏之为政特色。由于地方官管理地区事务，能够深入民间日常，与百姓切身利益休戚相关，因此“循吏”在宋元以降的戏曲小说中，又往往被称呼为“清官”或“青天老爷”，其称最早见于元杂剧。如包公戏之《盆儿鬼》，有“但得你见青天恁时节可也快活杀你”[③]之语，《窦娥冤》中有“谢青天老爷做主”[④]之语。包拯等清官形象反映了底层百姓心目中地方“父母官”之理想人格。与《史记》中位高权重的循吏形象不同，此时的清官往往以地方官为主，而不一定是高高在上的朝廷要员。循吏在宋元以降的政治语境中，与清官的概念几无二致，有的或许只是称谓上的雅俗之别。

韩宝忠一生混迹于基层吏治，对政治时局以及百姓的日常生活颇为关注，并皆纳入其诗咏，颇具诗史意义。其上承杜甫“三吏三别”，以冷峻客观而又饱含悲悯的态度记述了乱世中芸芸众生相。举例言之，其《积雨侵旬中秋始见晴日顾念灾黎感而赋此》诗曰：

十日难期一日晴，苍天何事苦苍生。
但愁今夜秋风紧，谁管中宵月色明。
万户烟消釜底爨，千家露宿水边棚。
未能拯溺惭官拙，怕听嗷鸿有颂声。[⑤]

---

① 曾枣庄、舒大刚主编《三苏全书》，语文出版社，2001，第56页。
② 杨伯峻：《论语译注》，中华书局，2009，第118页。
③ 臧晋叔：《元曲选》，中华书局，1958，第1404页。
④ 同上书，第1508页。
⑤ 韩宝忠：《不如痴斋诗草》，邓稳整理，巴蜀书社，2020，第101页。

此诗作于民国六年（1917），韩宝忠时任新乐县知事。首联以“苍天何事苦苍生”质问上苍，直抒胸臆地表达了诗人身为父母官对乱世中黎民百姓的恻隐之心。“万户烟消釜底爨，千家露宿水边棚”则更是细节突出地描摹了当时的民生疾苦。当然，正如王国维所言“偶开天眼觑红尘，可怜身是眼中人”，在以诗记史的道路上，韩宝忠也道尽了自己身为基层循吏的宦海沉浮。光绪二十六年（1900），即庚子年，八国联军入侵北京，慈禧与光绪仓皇出逃西安，史称“两宫西狩”。“西狩”语自《左传·哀公十四年》，讲述鲁哀公“西狩获麟”之事，本为祥瑞之兆。而慈禧出逃，连累北京，乃至直隶一带的官吏与百姓都跟着逃亡，谈何“西狩”？只是自欺欺人的口实罢了。韩宝忠时任主事直隶司行走，是年六月举家迁往山西平遥。作《西征》诗：

朝朝谁促唱骊歌，山路崎岖唤奈何。
绕铺疏槐暗烟雨，举家行李逐风波。
一官培植思庭训，廿载光阴悔墨磨。
此去天涯何所事，愿抛簪组换农蓑。①

此诗作于韩宝忠丧妻之后，诗人经历家国之变，心中悲苦不已。在离乱中生出归隐之心。这种归隐之心在其他诗作亦有体现，如“我欲归耕无处所，一腔热血敢消磨”②“乐土何方觅卜居，干戈无计守田庐”③。然而在大时代的裹挟下，诗人未能“归耕”，倒是在清末民初的危局中走过了“艰难苦恨繁霜鬓”的政治生涯。

又如《秋雨无聊同内子夜话》，亦以细腻的笔触描写了自我内心体验：

其一

茫茫百事身嗟寄，旧话陪卿有睡不？

---

① 韩宝忠:《不如痴斋诗草》，邓稳整理，巴蜀书社，2020，第 2 页。
② 同上书，第 33 页。
③ 同上书，第 190 页。

裳葛薄同捐箧扇，壁纱轻却下帘钩。
黄花晚听幽蛩语，绿酒新倾味螘浮。
霜叫远空排阵雁，凉天一雨夜来秋。

其二

秋来夜雨一天凉，雁阵排空远叫霜。
浮螘味倾新酒绿，语蛩幽听晚花黄。
钩帘下却轻纱壁，扇箧捐同薄葛裳。
不睡有卿陪话旧，寄嗟身事百茫茫。①

此诗为回文诗，构思精巧、意境隐幽。题材上可归为咏怀、感怀一类。表达身世沉浮之感，而无无病呻吟之声。尤其在诗歌语言的表达上，灵动而有生气。如“茫茫百事身嗟寄”与“寄嗟身事百茫茫”，“凉天一雨夜来秋”与“秋来夜雨一天凉”等，其遣词用句颇值得玩味。古人以诗吟咏身世，并抒发感慨，乃是常态。可见，韩宝忠以诗记史并不仅在于“宏大叙事”，如庚子事变、辛亥革命、袁世凯称帝等重大历史事件。同时也有意识地记录着自己生活中的点滴。此类诗作于宏观“诗史”似无裨益，但对于了解韩宝忠个人内心世界颇有启发。借此可以进一步考察其在公务之外的生活史细节。

二、《不如痴斋诗草》中的吏治思想及其保民观念

循吏因其区别于贪官、酷吏、佞臣的个人品德及政治作为，在民间获得极高声誉，这一点在乱世体现更为鲜明。晚近政治局势下，韩宝忠等基层循吏不仅保持着儒家传统的忧国忧民思想，又在新变中表现出其倾向维新的一面，这种所谓的“两面性”是具有普遍意义的，或可认为，这是当时的政治环境下每个循吏都必将面临的问题。循吏心系百姓，必然就会倾向于“爱民”“利民”“保民”的政策，事实也证明韩宝忠无论是在清朝还是民国，都

① 韩宝忠:《不如痴斋诗草》，邓稳整理，巴蜀书社，2020，第 72 页。

保持着"利益百姓"的初心。韩宝忠的仁政思想与其出身不无关系，韩氏虽祖籍望江，却出生于北京，其祖上因仕宦移居北京已两百年。"即使没有明确的资料表明韩宝忠的真实启蒙教育情况，但从他诗书继世的家训和他最终科甲入仕的人生轨迹，我们依然可以断言，其蒙学和青年时期长时间的读书阶段均是以学习《四书》《五经》为主。"①

在韩宝忠早期作品中，看到更多的是其个人感怀之作，以及与亲友的唱和之作。仅凭这些作品能考察其循吏思想与文化的程度并不多。进入民国以后，其诗作反而开始密切地关注于民生。究其原因，或许与其从清末到民国的任职经历有关。韩宝忠在清末的任职一直为"主事直隶司行走"。所谓"直隶司"乃直隶清吏司的简称，为刑部下属十八清吏司之一。顺治元年（1644），刑部设江南、浙江、福建、四川、湖广、广西、陕西、云南、贵州、河南、广东、山西、山东、江西等十四司。雍正元年（1723）添设现审左、右二司。乾隆六年（1741），改现审左司为奉天司，改现审右司为直隶司。直隶清吏司掌核顺天府、直隶及八旗游牧察哈尔左翼所属刑名案件，兼理京畿道御史、顺天府府尹等处文移。各清吏司堂官为郎中，而主事为属官，仅为从六品，系京官中的低阶官职。再论"行走"，所谓"行走"，犹言入值办事。清代官制，凡不属于专设官职，调充某项职役的都用此称。"行走即入值办事之意。清制，临时调充某项职务而尚未给以正式官衔者，即称在某处或某官上行走，如御前大臣上行走，军机大臣上行走，南书房行走，总理各国事务衙门行走之类。北洋军阀统治时期，称额外派充之官为行走，如参事上行走、秘书上行走之类。"②韩宝忠在清朝政府所担任的微末京官并无用武之地，难怪乎在庚子逃难途中会有"此去天涯何所事，愿抛簪组换农蓑"的感慨了。进入民国后，韩宝忠首先担任的是沁县知事，所谓知事就相当于县长，是地地道道的父母官。从微末京官到一方长官的身份转换，使得其诗作更偏重于民生。在1911年沁县任上，连续作《和王啸亭答周茗芗留别北京原韵四章》：

---

① 牟歆：《清末民国时期政治风云中的中下层官员心态索隐——以韩宝忠〈不如痴斋诗草〉为例》，载邓稳主编《旷观时局，寓情诗书：〈不如痴斋诗草〉研讨会论文集》，巴蜀书社，2022，第79页。

② 陈茂同：《中国历代职官沿革史》，昆仑出版社，2013，第457页。

回首沧桑几变更，水流听罢看云行。
闲探石室追遗学，愧宰铜鞮浪得名。
才短难偿求治愿，时危枉作不平鸣。
南天苦雨西山雹，相对穷黎百感生。①

又，《东吴绅钤》：

政繁绝少郑侨慈，瘠土何时霖雨滋。
爱国尚期诸父老，障民休恃好城池。
官民共挽千钧发，上下同珍百姓脂。
自治未成休自乱，安民不刻党人碑。②

可以看出，从清末到民初，韩宝忠首先关注的并不是自己的“乌纱帽”，不是如何去适应新的政治生态，而是一如既往地执着于“循吏”之初心，将百姓生计放在头等位置。“时危枉作不平鸣”“自治未成休自乱”等语颇有振聋发聩的声势，意在提醒新政府不可重蹈清亡的覆辙，在当时内忧外患的形势下，要提防内乱，珍惜民脂。对于刚入职“新朝”的基层循吏而言，诗作中所体现出的胆识与胸襟是显而易见的。具体而言，“爱民”体现在“南天苦雨西山雹，相对穷黎百感生”“政繁绝少郑侨慈，瘠土何时霖雨滋”等句，对自然灾害的焦急，对黎民苍生的关切，对自己“不才”的愧疚等心理刻画得跃然纸上。而“官民共挽千钧发，上下同珍百姓脂”则显然带有“保民”的成分。

又如甲寅年《四十自述·其二》：

层层白浪兼天涌，岂独王孙事可哀。
恶竹惊雷偏怒出，良苗不雨枉新怀。

① 韩宝忠：《不如痴斋诗草》，邓稔整理，巴蜀书社，2020，第51页。
② 同上书，第54页。

拔钗只有糟糠相，贳酒拼将魄磊开。
忆得蟠桃修禊好，无人不道赛驰回。[①]

此诗自注曰：“广渠门内有蟠桃古刹，每至暮春之初，开庙会三日。游人赛马，危险丛生。时在警左厅，职司行政。填秽渠，修马道。维持秩序，游人乐之。转瞬十余年事矣。”[②]从自注可知，诗人当时在京城任职时，曾“填秽渠，修马道”，以此保障游人的安全问题，并将暮春修禊中赛马的传统保存了下来。诗人当时虽为京城低阶官吏，但未对民生袖手旁观，而是站在百姓的角度切实地发现问题并解决问题。“忆得蟠桃修禊好，无人不道赛驰回”更是将“与民同乐”的和乐气氛表达得淋漓尽致。此诗为循吏思想中“利民”一举的明证。此外，在《追悼道阶长老·其二》中，诗人自注“曾在江浙募款赈济各省灾民”。[③]《和任瑾存元韵》自注“君放急赈，与余丁巳雄县办赈之意相似”。[④]多次提到自己赈济灾民之政务，亦可见其兢兢业业的为政态度。总之，其一生从政轨迹与循吏心态在《不如痴斋诗草》中往往能得到印证，于公于私，皆有诗史之意义。

三、新政视野下的务实精神及其诗史反馈

循吏思想体现了以民为本的观念，而在韩宝忠身上又表现出一定程度的民先于君的色彩，他以开明的态度顺应时代潮流，接受新时局。在晚清维新变法逐渐深入人心的生态下，韩宝忠并未选择做清朝的遗老。传统时期的循吏思想要顺应“君君臣臣父父子子”的儒家伦理规范，但在新旧文化碰撞的清末民初，韩宝忠坚定地选择了在民国治下继续履行循吏的责任与义务。而这些思想上的转变，多在其诗作中得以体现。

首先是对于政治局势的态度。辛亥年（1911）在革命浪潮的冲击下，诗

① 韩宝忠：《不如痴斋诗草》，邓稳整理，巴蜀书社，2020，第 78 页。
② 同上书，第 78 页。
③ 同上书，第 212 页。
④ 同上书，第 133 页。

人内心的波澜起伏存于其诗史中。《宋畏三先生以癸丑春六十寿征诗勉步原韵以和》组诗颇具代表性，兹列之如下：

其一

廿载沧桑变局频，狂潮一怒洗陈因。
论才志在安天下，强种休教问水滨。
缔造冀成平等国，归来且作自由身。
乾坤曼衍鱼龙戏，放眼何辜此日春。

其二

劳人才得息征尘，喜祝先生杖履春。
燕市又经花事了，岭香曾擘荔皮皴。
知兵我久钦吴子，卑礼谁还聘剧辛。
三日流觞天气朗，共和争比永和新。

其三

岁月空抛唤奈何，君乡两度客中过。
梁材圣庙瞻山杞，杯酒神池听雨荷。
鹅子岿前思宦辙，凤凰台畔借行窝。
他山相助须攻错，经济文章信足多。

其四

恨无仙境访蓬瀛，澹泊心于白水盟。
漫恃新基夸夏大，堪欣旧雨集春明。
能文自有谈鸡妙，除暴纷传渡虎名。
但使计然纡十策，任他欧亚利权争。①

① 韩宝忠：《不如痴斋诗草》，邓稳整理，巴蜀书社，2020，第59—60页。

“廿载沧桑变局频，狂潮一怒洗陈因”，大有扬眉吐气的意味，“缔造冀成平等国，归来且作自由身”，更透露出诗人迎接新政，希冀未来的积极态度。“共和争比永和新”一句则明确道出了诗人对共和的支持与热忱。“能文自有谈鸡妙，除暴纷传渡虎名”用典新奇，“谈鸡”典出刘宋刘义庆《幽明录》：

晋兖州刺史沛国宋处宗，尝买得一长鸣鸡，爱养甚至，恒笼著窗间；鸡遂作人语，与处宗谈论，极有言致，终日不辍。处宗因此言功大进。①

《幽明录》作为六朝志怪小说的代表，颇多玄怪之谈。此典谓宋处宗与长鸣鸡秘谈，而言巧大进。后世以“谈鸡”“鸡谈”等作为玄谈、清谈之代称。此处有称赞宋畏三先生能文善辩之意。“渡虎”之典出自《后汉书·宋均传》：

（宋均）迁九江太守。郡多虎暴，数为民患，常募设槛穽而犹多伤害。均到，下记属县曰：“夫虎豹在山，鼋鼍在水，各有所托。且江淮之有猛兽，犹北土之有鸡豚也。今为民害，咎在残吏，而劳勤张捕，非忧恤之本也。其务退奸贪，思进忠善，可一去槛穽，除削课制。”其后传言虎相与东游渡江。②

此典堪称循吏故事的典范，言东汉光武帝时九江太守宋均“易俗去虎”之事。宋均认为老虎危害地方，本质上源于暴政。因此设置栅栏、陷阱捕虎的兴师动众行为治标不治本，唯有行仁政才能“除削课制”。后世以此典故歌咏循吏为政有方，治下太平。李白《中丞宋公以吴兵三千赴河南，军次寻阳，脱余之囚，参谋幕府，因赠之》一诗，其中便有“独坐清天下，专征出海隅。九江皆渡虎，三郡尽还珠”③之句。诗人在此处称扬宋畏三“除暴纷传渡虎名”，多少也有些自况的意味了。最后的“但使计然纡十策，任他欧亚利权争”更是表达了诗人对民国新政的期许态度。其潜台词是，不论世界历史

① 《汉魏六朝笔记小说大观》，王根林校点，上海古籍出版社，1999，第721页。

② 范晔：《后汉书》，中华书局，2007，第412页。

③ 李白：《李太白全集》，王琦注，中华书局，1977，第561页。

的车轮转向何处，身为循吏，做好自己的本职工作就足以应对纷繁复杂的内外环境。在此后的诗作中，我们也能看出，困境逆境是诗人仕宦途中的常态，其身世之感时常迸发。如“不尽兴亡感，相逢酒一卮。河山成破碎，尘海尚奔驰”。①(《和朱悟慈寄赠元韵》) 如“荆棘满前途，勤修敢自画。言逊居危邦，莫效灌夫骂”。②(《感时》) 但无论如何风云变幻，韩宝忠在其循吏生涯中始终能坚持初心，坚守自我期许的循吏身份之本分。

其次是在正确认知时局的前提下，诗人努力践行儒家知行合一、反求诸己的道德要求。乙丑年（1925)，诗人作《自省》诗：

一向持心悟道微，畏人车马任轻肥。
何须鹬蚌相争夺，要共鱼鸢识跃飞。
政绩最堪思丙吉，刑名岂敢继韩非。
清池忽印团团月，偶看行云坐石矶。③

此时韩宝忠已经离开山西回京，并赋闲在家，常于悟善社同释道名流诗酒唱和。悟善社又称“世界六圣宗教大同会”，聚集当时的社会名流，带有浓厚的宗教色彩。我们从“一向持心悟道微”“清池忽印团团月，偶看行云坐石矶”等诗句中能看出诗人此时颇有一些出世的念想。而“政绩最堪思丙吉，刑名岂敢继韩非”句是其循吏生涯的真实反映。丙吉乃西汉名臣，汉宣帝时期官至丞相。其为政清廉而能选贤任能，一度举荐了黄霸、杜延年、于定国、陈万年等贤能之士，且都以循吏而名世，颇受后世史家的尊崇，如权德舆称其:“在汉孝宣，厉精理道，则有魏相通故事，丙吉知大体，百职修明，中兴有声。”④“政绩最堪思丙吉”很好理解，意为从政当以丙吉为楷模。而“刑名岂敢继韩非”则是将韩非与丙吉相对而言。丙吉既为循吏，韩非则有酷吏之嫌。《后汉书·酷吏列传》记周纡的时候，称其:“为人刻削少恩，好韩非之

① 韩宝忠:《不如痴斋诗草》，邓稳整理，巴蜀书社，2020，第158页。
② 同上书，第166页。
③ 同上书，第169页。
④ 周绍良、栾贵明等:《全唐文新编》，吉林文史出版社，2000，第5878页。

术。”[①] 说明韩非之术以崇尚严刑峻法为要，在史家看来并非厚德君子。这样理解的话，“刑名岂敢继韩非”便有反语的意味了。意为在刑名之术上，不能学习韩非那一套，而是要慎刑平政。《元史·张懋传》便称张懋：“恶衣粝食，率之以俭，慎刑平政，处之以公。”[②] 在刻画张懋的循吏形象之时，以“慎刑平政”为依据。可见循吏虽然要做到赏罚分明，但绝不主张重刑。孟子称重刑为“罔民”，建议君王在实行仁政之时，一定不可以重刑而“罔民”，所谓“若民，则无恒产，因无恒心。苟无恒心，放辟邪侈，无不为已。及陷于罪，然后从而刑之，是罔民也。焉有仁人在位，罔民而可为也？”[③] 儒家一贯主张仁政，自然与法家刑名之术理念相悖。总之，“政绩最堪思丙吉，刑名岂敢继韩非”一句是诗人自省之语，可以见出其坚定选择儒家仁政，而非法家酷政的循吏立场。

同一年，诗人在其《自励》诗中写道：

> 天下如斯瘦，方知国不肥。云翻旋雨覆，雌伏待雄飞。
> 讲道时休间，知音日渐稀。闭门惟省过，一德凛危微。[④]

首联“天下如斯瘦，方知国不肥”道尽了悲天悯人、忧国忧民的循吏心态。世界翻云覆雨，个体则需要及时调整心态，进退有度，此之谓“雌伏雄飞”，即如孔子所言“用之则行、舍之则藏”。“讲道时休间，知音日渐稀”仍可看作在加入悟善社后，诗人偏向佛道的心态变化。但值得玩味的是，闭门自省后，诗人悟出的仍然是儒家境界。所谓“一德”，出自《易经·系辞下》：“恒以一德。”孔颖达疏曰：“恒能始终不移，是纯一其德也。”[⑤] 乃始终如一的永恒之德。危微，即《古文尚书·大禹谟》中的“人心惟危，道心惟微；惟

---

① 范晔：《后汉书》，中华书局，2007，第 730 页。
② 宋濂等：《元史》第 12 册，中华书局，1976，第 3599 页。
③ 孟子：《孟子》，方勇译注，中华书局，2010，第 13 页。
④ 韩宝忠：《不如痴斋诗草》，邓稳整理，巴蜀书社，2020，第 171 页。
⑤ 李克勤主编《十三经注疏·周易正义》，北京大学出版社，1999，第 314 页。

精惟一，允执厥中”。[①]《古文尚书》自宋吴棫、朱熹开始怀疑，至明梅鷟作《尚书考异》认为其为伪书。此后，清阎若璩《古文尚书疏证》、惠栋《古文尚书考》，分条析理揭示其作伪之源流，目前基本上被学界定为伪书。但“人心惟危，道心惟微；惟精惟一，允执厥中”之说一直在智识阶层有着广泛的传播与影响。他们将其看作上古流传下来的统摄个人私德乃至治国之道的根本原则。陈书禄主编的《中国文化概说》提道：“朱熹等认定这十六个字是尧、舜、禹三圣相传的道统的真传。以后宋儒称为‘十六字心传’。”[②]总之，“一德凛危微”总结了诗人以循吏之标准以“自励”的人生信条，与诗题《自励》正相呼应。

结语

晚近以来，世风大变，古今中外的冲撞，使得本就风雨飘摇的政局愈发跌宕。传统循吏在此背景下，或守旧，或维新，或游刃于二者之间。以韩宝忠所代表的中下层循吏，既保持了传统士大夫的体面与尊严，继承了赋诗言志、诗以载道的文化传统，又迅速适应了新社会，接受了新思想，在变革维新的大趋势下主动选择进步。《不如痴斋诗草》以诗史之笔，为后人展示了这段新旧交替的历史。综观韩宝忠的人生政治轨迹，无愧“循吏”之称。自隋唐科举取士后，循吏多出于读书人队伍，因此呈现出“官学一体”的特征。韩宝忠以旧学之家而入仕，兼备才学、德行，又自觉以诗歌作为纪实之载体，故其苦心孤诣之《不如痴斋诗集》堪称晚清“循吏诗”之典范。

---

① 《尚书》，王世舜、王翠叶译注，中华书局，2012，第 361 页。

② 陈书禄主编《中国文化概说》，南京大学出版社，2000，第 53 页。

韩宝忠《春咏三十六绝》语典运用探析

金景芝[①]

韩宝忠（1875—1939），字剑芝、双修，号望潇湘馆。祖籍安徽望江县，生于北京。历任刑部主事、山西沁县知县、河北新乐县知事、河北唐山县知事、河北束鹿县知事等职。雅好文学，长于书法，有诗集《不如痴斋诗草》三册。

一、《春咏三十六绝》概述

《春咏三十六绝》[②]是韩宝忠创作的围绕着“春”字展开的咏物组诗，堪称入于眼、成于心、出于笔的成熟诗作。咏物诗往往托物言志，不仅包含人生哲理，字里行间也可见作者的性情怀抱。正如刘熙载《艺概》所言：“昔人词咏古、咏物，隐然只是咏怀，盖其中有我在也。”[③]即便作者的情感是含蓄隐没的，只要肯于寻绎，也能洞微阐幽。

“三十六”本是约略之辞，极言其多。《文选》卷一班固《西都赋》有：“离宫别馆，三十六所。”[④]李善注：“离别，非一所也。”试想春机勃勃，万物

---

① 金景芝（1982—　），女，河北无极人。河北大学文学院讲师，文学博士，主要从事中国古代文学研究。

② 文中所引《春咏三十六绝》诗句均出自清韩宝忠《不如痴斋诗草》，邓稳整理，巴蜀书社，2020，第 64—71 页，不再一一标注。

③ 刘熙载：《艺概注稿》下册，中华书局，2009，第 554 页。

④ 萧统：《文选》，李善注，上海古籍出版社，1986，第 10 页。

萌发，春景怡人，春色可爱，更兼春意盎然，春情萌动，固非一道。此或是该“春咏”组诗取数“三十六”之本意。

在此之前，以“量词+咏”为诗题，最早见于南朝梁沈约的《十咏》及《八咏》。《十咏》今存二首《领边绣》《脚下履》，为典型的宫体格调，而《八咏》则属抒情而非体物之作。另据王台卿《同萧治中十咏二首》[①]、萧纲《同庾肩吾四咏诗二首》[②]可知，萧治中（其名不详）、庾肩吾也有此类作品。惜乎已经亡佚，不可得见。

以“咏”为题的咏物组诗，至唐代方蔚然成风。初唐李峤虽有“百咏”，然其各以一字为题，一诗咏一物，缺乏统一主题的统摄，故不得计入。直至骆宾王《秋晨同淄州毛司马秋九咏》，再到李白《姑孰十咏》、杜甫《江头四咏》、皇甫冉《山中五咏》、刘长卿《龙门八咏》、唐佚名诗人《敦煌二十咏》等，方可称此类咏物组诗的代表。

韩宝忠这组《春咏三十六绝》，举凡春景春物、春意春情，无不纳入。作者以其灵心慧眼，发掘那些能够体现盎然春意的物象，再赋予其独特的情思感悟，使之成为表意之象，即意象，再以一“春”字加以统摄，从而形成了一个各自有别又彼此勾连的有机整体。基于自身深厚的文学修养和高超的艺术才能，韩宝忠将前人的诗词语句熔铸于诗作中。《春咏三十六绝》不仅读来宫沉羽振、文字铿锵，其尤为出色之处还在于语典的广泛使用，强调句有来处，见出诗人的灵心慧性。

二、《春咏三十六绝》语典统计

所谓语典，即“有来历出处的词语”[③]，运用语典，是中国古典诗歌常见的艺术手法。语典的产生，是传统诗词语言魅力的体现，能够使文学作品以尽量少的语言来表达丰富的情感和意义。诗文中的语典在流传的过程中不断被征引化用，一些词语或语句所代表的意象和内涵便趋于定型，成为有丰富历

---

① 逯钦立:《先秦汉魏晋南北朝诗》，中华书局，1983，第 2090 页。

② 同上书，第 1946 页。

③ 辞海编辑委员会:《辞海》，上海辞书出版社，1979，第 271 页。

史文化积淀的典故。《春咏三十六绝》对《诗经》《楚辞》及唐宋诗、宋词乃至元曲，都有承袭化用，并能融会贯通。本文尝试梳理统计并阐发之，详见表 1。

表 1 《春咏三十六绝》诗句及其语典出处

诗题	诗句	语典出处
《春初》	鼕鼕社鼓赛东郊。	社鼓鼕鼕赛庙回。（〔宋〕陆游《秋社》）①
	何事东皇太轻薄，嫩红偷孕海棠梢。	多谢东皇着意晴，海棠匀趁笑相迎。（〔宋〕曹勋《多谢》）②
《春日》	倚翠偎红惹恨时。	且恁偎红倚翠，风流事、平生畅。（〔宋〕柳永《鹤冲天·黄金榜上》）③
	戏把长安花看遍。	春风得意马蹄疾，一日看遍长安花。（〔唐〕孟郊《登科后》）④
	夕阳犹未下迟迟。	栏干凭暖，欲下迟迟。（〔宋〕晁端礼《绿头鸭·咏月》）⑤
《春云》	舒卷无心养太空。	去留舒卷无心惯，聚散之间。（〔元〕赵显宏《殿前欢·题歌者楚云》）⑥
	坐看悟出丹青笔。	只在丹青笔，凌云也不难。（〔唐〕钱起（一作崔峒）《咏门上画松上元王杜三相公》）⑦
《春雷》	车声天半走隆隆。	戎车啴啴，啴啴焞焞，如霆如雷。（《小雅·采芑》）⑧ 雷殷殷而响起兮，声象君之车音。（〔汉〕司马相如《长门赋》）⑨

① 陆游:《剑南诗稿校注》，钱仲联校注，上海古籍出版社，1985，第 2861 页。
② 吴之振、吕留良、吴自牧:《宋诗钞》，中华书局，1986，第 1888 页。
③ 柳永:《乐章集校注》，薛瑞生校注，中华书局，2002，第 239 页。
④ 孟郊:《孟郊集校注》，华忱之、喻学才校注，人民文学出版社，1995，第 154 页。
⑤ 唐圭璋:《全宋词》，中华书局，1965，第 419 页。
⑥ 隋树森:《全元散曲》，中华书局，1964，第 1181 页。
⑦ 钱起:《钱起诗集校注》，王定璋校注，浙江古籍出版社，1992，第 175 页。
⑧ 王先谦:《诗三家义集疏》，中华书局，1987，第 621 页。
⑨ 严可均:《全上古三代秦汉三国六朝文》，中华书局，1958，第 245 页。

续表

诗题	诗句	语典出处
《春雷》	帘幕低翻双燕子。	梦后楼台高锁，酒醒帘幕低垂。去年春恨却来时。落花人独立，微雨燕双飞。(〔宋〕晏几道《临江仙·梦后楼台高锁》)①
	沿塘催雨飐芙蓉。	惊风乱飐芙蓉水。(〔唐〕柳宗元《登柳州城楼寄漳汀封连四州》)②
《春雨》	海棠垂泪杏娇酣。	海棠垂泪柳掩烟。(〔清〕熊琏《浪淘沙·春雨》)③
	卖花声里忆江南。	春在卖花声里。(〔宋〕王嵎《夜行船》)④
《春风》	扬州十里总销魂。	春风十里扬州路。(〔唐〕杜牧《赠别二首·其一》)⑤
	惆怅繁华廿四番。	二十四番花有信。(〔宋〕贺铸《减字木兰花·四之一》)⑥ 二十四番花有信，一百七日食犹寒。(〔宋〕陆游《春日绝句》)⑦
	酒旗红扬杏花村。	杏花村馆酒旗风，水溶溶。扬残红。(〔宋〕谢逸《江神子·杏花村馆酒旗风》)⑧ 院宇绿杨树，酒旗红杏村。(〔元〕张可久《南吕·金字经》)⑨
《春雪》	天公润物静无声。	润物细无声。(〔唐〕杜甫《春夜喜雨》)⑩
	散逐东风满洛城。	散入春风满洛城。(〔唐〕李白《春夜洛城闻笛》)⑪

---

① 晏殊、晏几道:《二晏词笺注》，薛瑞生校注，上海古籍出版社，2008，第 282 页。
② 柳宗元:《柳宗元集校注》，尹占华、韩文奇校注，中华书局，2013，第 2815 页。
③ 杨焄:《江南女性别集：五编》，黄山书社，2016，第 725 页。
④ 唐圭璋:《全宋词》，中华书局，1965，第 1603 页。
⑤ 杜牧:《杜牧集系年校注》，吴在庆校注，中华书局，2013，第 614 页。
⑥ 唐圭璋:《全宋词》，中华书局，1965，第 527 页。
⑦ 陆游:《剑南诗稿校注》，钱仲联校注，上海古籍出版社，1985，第 3137 页。
⑧ 唐圭璋:《全宋词》，中华书局，1965，第 650 页。
⑨ 隋树森:《全元散曲》，中华书局，1964，第 850 页。
⑩ 杜甫:《杜诗详注》，仇兆鳌注，中华书局，1997，第 799 页。
⑪ 李白:《李太白全集》，王琦注，中华书局，1977，第 1161 页。

续表

诗题	诗句	语典出处
《春雪》	点缀梨花千万树。	千树万树梨花开。（〔唐〕岑参《白雪歌送武判官归京》）①
《春月》	楼头清澈玉人箫，花影迷离廿四桥。	二十四桥明月夜，玉人何处教吹箫。（〔唐〕杜牧《寄扬州韩绰判官》）②
《春露》	侵晨花气袭人衣。	涧芳袭人衣。（〔唐〕王维《蓝田山石门精舍》）③
	桃李无言芍药肥。	桃李不言，下自成蹊。（《史记·李将军列传》）④
	拂槛风来红欲滴。	春风拂槛露华浓。（〔唐〕李白《清平调·其一》）⑤
《春晓》	宿雾沉沉花气浮。	曲水浮花气。（〔唐〕贾至《对酒曲·其一》）⑥
	群鸟惊飞啼不住。	两岸猿声啼不住。（〔唐〕李白《早发白帝城》）⑦ 春眠不觉晓，处处闻啼鸟。（〔唐〕孟浩然《春晓》）⑧
	一弯残月柳梢头。	月上柳梢头。（〔宋〕欧阳修《生查子·元夕》）⑨
《春昼》	闲庭镇日昼帘垂。	依然是、春昼帘垂。（〔宋〕蒋捷《风入松》）⑩
	报声鹦鹉唤茶来。	笼开鹦鹉报煎茶。（〔唐〕张蠙《夏日题老将林亭》）⑪

① 岑参:《岑嘉州诗笺注》，廖立笺注，中华书局，2004，第 317 页。
② 杜牧:《杜牧集系年校注》，吴在庆校注，中华书局，2013，第 545 页。
③ 王维:《王维集校注》，陈铁民校注，中华书局，1997，第 460 页。
④ 司马迁:《史记》，中华书局，2014，第 3478 页。
⑤ 李白:《李太白全集》，王琦注，中华书局，1977，第 304 页。
⑥ 彭定求:《全唐诗》，中华书局，1960，第 2595 页。
⑦ 李白:《李太白全集》，王琦注，中华书局，1977，第 1022 页。
⑧ 孟浩然:《孟浩然集校注》，徐鹏校注，人民文学出版社，1998，第 283 页。
⑨ 唐圭璋:《全宋词》，中华书局，1965，第 124 页。
⑩ 蒋捷:《蒋捷词校注》，杨景龙校注，中华书局，2010，第 173 页。
⑪ 彭定求:《全唐诗》，中华书局，1960，第 8082 页。

续表

诗题	诗句	语典出处
《春晚》	影斜桑柘月东升，村社归来酒不胜。	桑柘影斜春社散，家家扶得醉人归。(〔唐〕王驾《社日》)①
《春夜》	千金一刻可怜宵。	春宵一刻值千金。(〔宋〕苏轼《春宵》)②
	珠箔高悬银烛烧。	银烛烧残焰不馨。(〔唐〕李商隐《句》)③
	桃李芳园金谷酒。	会桃花之芳园。(〔唐〕李白《春夜宴从弟桃花园序》)④
	月圆花好几销魂。	月圆花好一般春。(〔宋〕晁补之《御街行·天街月照珠帘粉》)⑤
《春晴》	袅袅游丝妥太清。	游丝映空转。(〔梁〕沈约《三月三日率尔成篇》)⑥
	午梦惊回鹊一声。	午梦初回理旧琴。(〔宋〕陆游《夏日杂题》)⑦
《春阴》	非晴非雨更非烟。	若烟非烟，若云非云，郁郁纷纷，萧索轮囷，是谓卿云。(《史记·天官书》)⑧
	深院养花春漠漠。	花底梦回春漠漠，恨偏长。(〔宋〕曾觌《春光好》)⑨
	海棠无语困人天。	谢却海棠飞尽絮，困人天气日初长。(〔宋〕朱淑真《初夏》)⑩
《春寒》	料峭东风恋黑貂。	料峭东风翠幕惊。(〔宋〕苏轼《浣溪沙》)⑪

① 彭定求:《全唐诗》，中华书局，1960，第 7918 页。
② 苏轼:《苏轼诗集》，王文诰辑注，中华书局，1982，第 2592 页。
③ 彭定求:《全唐诗》，中华书局，1960，第 6256 页。
④ 李白:《李太白全集》，王琦注，中华书局，1977，第 1292 页。
⑤ 唐圭璋:《全宋词》，中华书局，1965，第 580 页。
⑥ 沈约:《沈约集校笺》，陈庆元校笺，浙江古籍出版社，1995，第 378 页。
⑦ 陆游:《剑南诗稿校注》，钱仲联校注，上海古籍出版社，1985，第 3940 页。
⑧ 司马迁:《史记》，中华书局，2014，第 1595 页。
⑨ 唐圭璋:《全宋词》，中华书局，1965，第 1315 页。
⑩ 朱淑真:《朱淑真集注》，冀勤辑校，中华书局，2008，第 47 页。
⑪ 苏轼:《苏轼词编年校注》，邹同庆、王宗堂校注，中华书局，2002，第 643 页。

续表

诗题	诗句	语典出处
《春寒》	迟迟故缓卖饧箫。	箫管备举。郑玄笺："箫，编小竹管，如今卖饧者所吹也。"（《周颂·有瞽》）① 箫声催暖卖饧天。（〔宋〕宋祁《寒食》）②
《春暖》	臬臬东风滑滑泥。	臬臬东风，悠悠倒景。（〔宋〕辛弃疾《沁园春》）③
	蜂喧蝶闹浑无赖。	肯羡蜂喧蝶闹，艳紫妖红。（〔元〕白朴《秋色横空》）④
	万紫千红燥露晞。	万紫千红总是春。（〔宋〕朱熹《春日》）⑤
《春半》	明月二分花半吐。	两岸月桥花半吐。（〔宋〕真德秀《蝶恋花》）⑥
	恼人春意不须多。	柳摇新绿，恼人春色。（〔宋〕秦观《风流子》）⑦
《春城》	飞花处处罥楼台。	春城无处不飞花。（〔唐〕韩翃《寒食》）⑧
	绿暗红稀尽锦裁。	绿暗红稀出凤城。（〔唐〕韩琮《暮春浐水送别》）⑨
	不防春色自东来。	须知春色自东来。（〔唐〕冯宿《尹河南酬别乐天梦得》）⑩
《春郊》	夕阳春社散鸡豚。	旭日散鸡豚。（〔唐〕杜甫《刘稻了咏怀》）⑪
	十里杏花芳草外。	十里杏花雨。（〔宋〕李彭老《祝英台近》）⑫

① 王先谦：《诗三家义集疏》，中华书局，1987，第1207页。
② 厉鹗：《宋诗纪事》，上海古籍出版社，2013，第262页。
③ 辛弃疾：《辛弃疾集编年笺注》，辛更儒笺注，中华书局，2015，第1393页。
④ 唐圭璋：《全金元词》，中华书局，1979，第641页。
⑤ 朱熹：《朱熹诗词编年笺注》，郭齐笺注，巴蜀书社，2000，第177页。
⑥ 唐圭璋：《全宋词》，中华书局，1965，第2423页。
⑦ 同上书，第456页。
⑧ 彭定求：《全唐诗》，中华书局，1960，第2757页。
⑨ 同上书，第6551页。
⑩ 同上书，第3120页。
⑪ 杜甫：《杜诗详注》，仇兆鳌注，中华书局，1997，第1774页。
⑫ 唐圭璋：《全宋词》，中华书局，1965，第2971页。

续表

诗题	诗句	语典出处
《春山》	嫣然一笑送青来。	嫣然一笑，惑阳城，迷下蔡。（〔战国〕宋玉《登徒子好色赋》）① 两山排闼送青来。（〔宋〕王安石《书湖阴先生壁》）②
《春水》	小楼昨夜雨如麻。	小楼昨夜又东风。（〔南唐〕李煜《虞美人》）③
	送客前溪泛若耶。	迟迟送客过前溪。（〔宋〕释元肇《送客》）④
	怪底春光浓似酒。	三月春光浓似酒。（〔宋〕陈允平《蝶恋花·寂寞长亭人别后》）⑤
	情深千尺酿桃花。	桃花潭水深千尺。（〔唐〕李白《赠汪伦》）⑥
《春宫》	梨香白雪柳黄金。	柳色黄金嫩，梨花白雪香。（〔唐〕李白《宫中行乐词八首·其二》）⑦
	百啭流莺绕上林。	新莺飞绕上林苑。（〔唐〕李白《侍从宜春苑奉诏赋龙池柳色初青听新莺百啭歌》）⑧
	明月羊车春夜梦。	（晋武帝）常乘羊车，恣其所之，至便宴寝。宫人乃取竹叶插户，以盐汁洒地，而引帝车。（《晋书·后妃传上·胡贵嫔》）⑨ 春风鸾镜愁中影，明月羊车梦里声。（〔唐〕戴叔伦《宫词》）⑩
	教人无那白头吟。	枉教人赋白头吟。（〔明〕孙蕡《闺怨·其七十二》）⑪

① 严可均：《全上古三代秦汉三国六朝文》，中华书局，1958，第 74 页。

② 王安石：《临川先生文集》，中华书局，1959，第 327 页。

③ 李璟、李煜：《南唐二主词笺注》，陈书良、刘娟笺注，中华书局，2013，第 25 页。

④ 释元肇：《淮海挐音》，《成篑堂丛书》影印本。

⑤ 唐圭璋：《全宋词》，中华书局，1965，第 3122 页。

⑥ 李白：《李太白全集》，王琦注，中华书局，1977，第 346 页。

⑦ 同上书，第 297 页。

⑧ 同上书，第 376 页。

⑨ 房玄龄等：《晋书》，中华书局，1974，第 962 页。

⑩ 戴叔伦：《戴叔伦诗集校注》，蒋寅校注，上海古籍出版社，2010，第 231 页。

⑪ 杨镰：《全元诗》第 63 册，中华书局，2013，第 373 页。

续表

诗题	诗句	语典出处
《春闺》	东风不识入罗帷。	春风不相识，何事入罗帏。（〔唐〕李白《春思》）①
	夫婿天涯仍未归。	犹念天涯未归客。（〔唐〕刘禹锡《酬马大夫登涯口戍见寄》）② 蘼芜盈手泣斜晖，闻道邻家夫婿归。（〔唐〕鱼玄机《闺怨》）③
	碧桃花下燕双飞。	碧桃花下，醉到三更。（〔宋〕汪元量《忆秦娥·笑盈盈》）④ 落花人独立，微雨燕双飞。（〔唐〕翁宏《春残》）⑤
《春树》	听鹂忽忆携柑侣。	戴颙春携双柑、斗酒，人问何之，曰："往听鹂声。此俗耳针砭，诗肠鼓吹，汝知之乎？"（〔唐〕冯贽《云仙杂记》卷二）⑥
	极目云天渭北春。	渭北春天树，江东日暮云。（〔唐〕杜甫《春日忆李白》）⑦
《春草》	一年一度忆王孙。	又送王孙去，萋萋满别情。（〔唐〕白居易《赋得古原草送别》）⑧
《春花》	出门俱为看花行。	几时重作看花行。（〔元〕成廷圭《和李克约东皋杂兴四首·其二》）⑨

① 李白:《李太白全集》，王琦注，中华书局，1977，第350页。
② 刘禹锡:《刘禹锡集》，中华书局，1990，第522页。
③ 彭定求:《全唐诗》，中华书局，1960，第9049页。
④ 汪元量:《增订湖山类稿》，孔凡礼辑校，中华书局，1984，第175页。
⑤ 彭定求:《全唐诗》，中华书局，1960，第8656页。
⑥《景印文渊阁四库全书》第1035册，台湾商务印书馆，1986，第648页。
⑦ 杜甫:《杜诗详注》，仇兆鳌注，中华书局，1997，第52页。
⑧ 白居易:《白居易诗集校注》，谢思炜校注，中华书局，2006，第1042页。
⑨ 杨镰:《全元诗》，中华书局，2013，第450页。

续表

诗题	诗句	语典出处
《春柳》	三起三眠弱不嫌。	李商隐《江之嫣赋》云："岂如河畔牛星，隔岁只闻一过；不及苑中人柳，终朝剩得三眠。"汉苑有人形柳，一日三起三倒。（〔宋〕赵令畤《侯鲭录》卷二）① 汉武帝苑中有柳状如人，号曰人柳，一日三眠三起。（《本草纲目》卷三十五下引《三辅旧事》）②
《春鸟》	为语东风别有情。	东风自有情。（〔宋〕张九成《拟归田园·其六》）③
	叶底枝头自朋友。	莺虽为说不分明，叶底枝头谩饶舌。（〔唐〕白居易《和雨中花》）④
	钩辀格磔不知名。	正穿诘曲崎岖路，更听钩辀格磔声。（〔唐〕李群玉《九子坡闻鹧鸪》）⑤
《春燕》	如何王谢堂空在。	旧时王谢堂前燕。（〔唐〕刘禹锡《乌衣巷》）⑥
《春色》	文章妙手自空空。	后夜当使妙手空空儿继至。空空儿之神术，人莫能窥其用，鬼莫得蹑其踪。（〔宋〕李昉等《太平广记》卷一百九十四引裴铏《传奇·聂隐娘》）⑦ 文章本天成，妙手偶得之。（〔宋〕陆游《文章》）⑧
《春游》	拾翠佳人一笑逢。	佳人拾翠春相问，仙侣同舟晚更移。（〔唐〕杜甫《秋兴八首·其八》）⑨

① 赵令畤:《侯鲭录》，中华书局，2004，第61页。

② 《景印文渊阁四库全书》第774册，台湾商务印书馆，1986，第75页。

③ 《景印文渊阁四库全书》第113册，台湾商务印书馆，1986，第309页。

④ 白居易:《白居易诗集校注》，谢思炜校注，中华书局，2006，第1757页。

⑤ 彭定求:《全唐诗》，中华书局，1960，第6599页。

⑥ 刘禹锡:《刘禹锡集》，中华书局，1990，第310页。

⑦ 李昉、扈蒙、李穆等:《太平广记》，中华书局，1961，第1458页。

⑧ 陆游:《剑南诗稿校注》，钱仲联校注，上海古籍出版社，1985，第4469页。

⑨ 杜甫:《杜诗详注》，仇兆鳌注，中华书局，1997，第1497页。

续表

诗题	诗句	语典出处
《春游》	惹绿牵红都有意。	我不合带酒簪花，沾红惹绿，疏狂情性。（〔元〕乔吉《甜水令》）[①]
	天台何处访仙踪。	剡县刘晨、阮肇共入天台山取谷皮，迷不得返。（《太平御览》卷四十一引刘义庆《幽明录》）[②]
《春思》	落花时节雨如丝。	落花时节又逢君。（〔唐〕杜甫《江南逢李龟年》）[③]
	记得江南梅已著，缘何折寄一枝迟。	江南无所有，聊赠一枝春。（〔北魏〕陆凯《赠范晔诗》）[④]
《春梦》	云雨巫山事岂虚。	云雨巫山枉断肠。（〔唐〕李白《清平调·其二》）[⑤]
	亦随神女到华胥。	（黄帝）昼寝，而梦游于华胥氏之国。（《列子·黄帝》）[⑥]
	春草池塘得句无。	池塘生春草。（〔南朝〕谢灵运《登池上楼》）[⑦] 族兄灵运嘉赏之，云"每有篇章，对惠连辄得佳语"。尝于永嘉西堂思诗，竟日不就，忽梦见惠连，即得"池塘生春草"，大以为工。常云"此语有神功，非吾语也"。（《南史·谢方明传》）[⑧]
《春恨》	落花如雨雨如烟。	落花如雨雨如烟。（〔清〕董元恺《小重山·花下》）[⑨]
	十年悔觉扬州梦。	十年一觉扬州梦。（〔唐〕杜牧《遣怀》）[⑩]

① 徐征、张月中、张圣洁等:《全元曲》，河北教育出版社，1998，第 4244 页。
② 李昉、李穆、徐铉等:《太平御览》，中华书局，1950，第 194 页。
③ 杜甫:《杜诗详注》，仇兆鳌注，中华书局，1997，第 2060 页。
④ 沈德潜:《古诗源》，中华书局，2006，第 269 页。
⑤ 李白:《李太白全集》，王琦注，中华书局，1977，第 305 页。
⑥ 杨伯峻:《列子集释》，中华书局，1979，第 41 页。
⑦ 谢灵运:《谢康乐诗注》，黄节注，中华书局，2008，第 61 页。
⑧ 李延寿:《南史》，中华书局，1975，第 537 页。
⑨ 陈乃乾:《清名家词》，上海书店出版社，1982，第 59 页。
⑩ 杜牧:《杜牧集系年校注》，吴在庆校注，中华书局，2013，第 1214 页。

续表

诗题	诗句	语典出处
《春恨》	尽把芳心托杜鹃。	望帝春心托杜鹃。（〔唐〕李商隐《锦瑟》）[①]
《春残》	蜂蝶纷纷又过墙。	蛱蝶纷纷过墙去。（〔唐〕王驾《雨晴》）[②]

通过以上统计不难发现，这组咏物诗共使用语典95处，绝大部分出自前代的诗词作品。从语典生成的时间来看，上自先秦《诗经》，下迄清代，时间跨度极大。从语典的出处来看，涵盖了经、史、子、集四大部类，而以集部诗词类作品为主。由此可见，作者韩宝忠博涉群书、学贯古今，拥有丰厚的知识储备。

三、《春咏三十六绝》语典分析

（一）语典的来源

若进一步考察《春咏三十六绝》中语典的分布情况，可首先将其出处按照所占比重从高到低进行排列，所得顺序分别是唐诗、宋词、宋诗。其中唐诗39处，涵盖了绝大部分唐代著名诗人，李白、杜甫自不待言，王维、孟浩然、刘禹锡、柳宗元、白居易、李商隐、杜牧等著名诗人均赫然在列。宋词（17处）也涵盖了宋词有影响力的代表作家诸如欧阳修、苏轼、柳永、晏几道、秦观、贺铸、辛弃疾等；唐诗之外，宋诗（13处）亦是语典的重要出处，其中大诗人陆游一人独占4处，对苏轼、朱熹、朱淑真的诗作也均有选取。部分先唐文献如《诗经》《史记》，先唐作家如战国时期的宋玉、南朝谢灵运、沈约，虽有涉及，但数量不多。此外，还有出自元曲的语典3处、清词2处。由此可见，作者有着明确的创作理念，重在师法唐宋，故而作品兼具唐诗的玲珑兴象、宋诗的理趣以及宋词的细腻婉约。尤其是在对唐代诗人

① 刘学锴、余恕成：《李商隐诗歌集解》，中华书局，1998，第1579页。

② 彭定求：《全唐诗》，中华书局，1960，第7918页。

的语句化用中，我们能发现山水田园诗人占主要位置，花、风、云、鸟等意象多次出现，呈现出春季万物生发变化的丰神韵致，前人的语句在韩宝忠笔下有了新姿态。

通过上述统计还能发现，那些相去不远的本朝作家，也是作者化用学习的对象。《春咏三十六绝》中出自清词的两处语典，作者分别为董元恺、熊琏。董元恺是清初江苏武进籍词人，顺治年间中举，才名显著却仕途多舛，词作多写身世之感和归隐之志。熊琏为清乾嘉时才女，工诗词，兼工诗赋文章，性情旷达，诗词中多写对生活的敏锐体悟。韩宝忠作为清末民初诗人，距顺治乾嘉时期百余年，能够在众多诗词作家中注意到两人的作品，并对此袭用模拟，足见其学力之广博。由此亦可见出作者师法前人，绝不厚古薄今的态度。

如将语典所涉及的原作者，按照出现频次排列，由高到低则分别是李白（9次）、杜甫（5次）、陆游（4次）、杜牧（3次）、李商隐（3次）。此外白居易、刘禹锡各有2次。韩宝忠师法李杜，并仿效白居易、刘禹锡、杜牧、陆游、王安石等诗人的创作。这些诗人共通的诗歌美学追求即清新秀朗、浑融一体的诗歌境界，《春咏三十六绝》从语言模拟切入，取其意境风格的翻新出奇，由此也可见作者尊尚李杜、兼采众家之诗学主张。

（二）语典的运用方式

《春咏三十六绝》的语典运用，采取了原句袭用、改变语序、增删字词、改换字词等方式。虽形式多样，但读者是能根据关键的词语找出依循的原典的。韩宝忠对前人语典的运用，是在欣赏接受基础上的再创造，不同的运用方式，表现出他对古代诗词语言的熟悉，因而能熟练掌握各种写作技巧，熔铸前人诗词来阐发自己的诗心。

原句袭用即把前人诗词中的语句原封不动地运用到自己的作品中。《春咏三十六绝》中仅《春恨》中“落花如雨雨如烟”句，完全袭用了董元恺的“落花如雨雨如烟”。清代笔记小说《萤窗异草》中有一篇《小茜别传》，其中引诗“芳草王孙今已老，落花如雨雨如烟”[①]，塑造出落花飘零、春雨迷蒙的精

① 长白浩歌子：《萤窗异草》，黑龙江人民出版社，1997，第454页。

致优美意境，令人心旌摇荡。韩宝忠袭用此句，不单纯是对前人的借鉴，更将诗句融入自己的情感，表现出春季朦胧怅惘的轻愁，语陈而句新。

改变语序是将原诗句的语言顺序进行调整，使之形成既符合绝句的平仄格律，又营造出新意境的诗句。如《春日》中，“倚翠偎红”是将柳永词“偎红倚翠”顺序加以调整；“长安花看遍”是对孟郊“看遍长安花”的调整运用。语序的改变使原作的短语结构也发生了变化，在诗意的表达上更切合诗人创作时的心境。再如《春宫》篇中“梨香白雪柳黄金”句，系将李白“柳色黄金嫩，梨花白雪香”两句改变顺序，重新熔铸组合为一句。李白诗先言柳色嫩黄如金，再言梨花洁白似雪，用巧妙的比喻描摹出柳和梨花两种意象的主要特征。到了韩宝忠笔下，描写顺序有所改变，先言梨花香如白雪，再言柳黄如金。含义相同，语序和字数却发生了明显变化。李白的诗以白描见长，清新淡雅；韩宝忠则注重简要，将两句合并一句，并从押韵的角度考虑，将两种意象顺序调换，形成新的诗歌意境。

增删字词是《春咏三十六绝》中常见的语典应用方式。韩宝忠在原诗句的基础上增删相应字词，使诗句符合近体格律诗的平仄要求和对仗规则，在表情达意上也新颖别致，富于变化美。《春晓》中“一弯残月柳梢头”句，是将欧阳修的“月上柳梢头”增加字数，成为新的诗句。由五言扩充为七言，点明《春晓》所见之月为拂晓时分的“一弯残月”，传递出更加具体的时间信息，丰富了诗句的内涵。《春郊》中“十里杏花芳草外”句，则依据李彭老的“十里杏花雨”进行化用扩充，以春天郊外最寻常可见的杏花、芳草两种意象连用，突出表现原野上的盎然春意。由于《春咏三十六绝》本为七言，对于将前人语典删减成七言的形式比较少见。在本组诗中，删减字词出现在将两句诗删减浓缩成一句的情况下。如《春阴》篇中“海棠无语困人天”句，是将朱淑真的“谢却海棠飞尽絮，困人天气日初长”两句进行删减重组，朱诗中的海棠花谢，柳絮飞尽，白日渐长，春困愈甚，重点落在春困上，前面的描述都是铺垫。而韩宝忠用一句“海棠无语困人天”，简练精要，突出春日带给人的慵懒困乏。

改换字词是更深层次的语典化用。韩宝忠将前人作品中的词语和诗句拆解，并根据自身表达的需要重新组成一个有机整体。这样组合起来的诗句，不局限于原来作品的意境，在新的诗题和语境中，被赋予新的内涵。相对于前几种语典运用方式来说，改换字词更能表现出韩宝忠的文学功底和审美水平。如《春闺》中“东风不识入罗帷”句，是将李白的“春风不相识，何事入罗帏”改换相应字词，以更简洁精辟的表达重塑新的诗歌意境。又如《春露》中“侵晨花气袭人衣”句写清晨的春露顺着花瓣侵袭到赏花人的衣襟上来，与王维的“涧芳袭人衣”有异曲同工之妙。

（三）语典的艺术效果

《春咏三十六绝》中语典的运用呈现出精致典雅和含蓄蕴藉的艺术效果。

在诗人笔下，春季这样一个令人向往又引人惆怅感伤的季节呈现出浓郁的典雅气息。春日、春云、春雷、春雨、春风、春雪、春月、春露等等，都成为诗人的审美对象。精巧细致的春日风景借前代诗词作品中的语典写出，并且能够做到避俗就雅，造语隽永，尤能见出诗人的文化积淀。如《春闺》中“碧桃花下燕双飞”句，典出汪元量的“碧桃花下，醉到三更”和翁宏的“落花人独立，微雨燕双飞”。碧桃花下，燕子双双飞去，诗中女子在春末触景伤怀，将思念之情融入春日美景之中。碧桃花是女子青春的象征，双飞燕是女子对夫婿的思念。以此语典作结，使全诗工丽自然，精致优美。又如《春游》中的“拾翠佳人”“惹绿牵红”等，分别化用自杜甫的“佳人拾翠春相问”和乔吉的“沾红惹绿”，以秀美明丽的色彩烘托出春季出游的乐趣，注重提炼关键意象，为读者描绘出一幅香车美人、山青水翠的人间仙境，既有原作的美感又融入自己的情感体验，使整篇绝句气韵贯通，清丽流畅。

《春咏三十六绝》借助丰富的语典，还呈现出含蓄蕴藉的审美效果，在有限的文字中包蕴丰富的情感内涵，使诗句言有尽而意无穷。如《春树》中“听鹂忽忆携柑侣”，运用了冯贽《云仙杂记》卷二所记载的“往听鹂声”和章甫“应知解醉早携柑”的典故。韩宝忠以两个相关联的典故写出了春日悦耳的鹂声中忆友人的自然洒脱，情意含蓄深沉。《春夜》一诗“千金一刻可怜宵，珠箔高悬银烛烧。桃李芳园金谷酒，月圆花好几销魂”，四句均典有所出，皆属于对前人诗句的化用。诗人写春夜，首先由东坡先生的“春宵一刻值千金”切入，写春夜“千金一刻”，突出时间之宝贵。又借李商隐的银烛残焰、李白的桃李芳园、晁补之的月圆花好，着重写对美好夜晚时光流逝的伤感和哀怨，整体语境委婉曲折，蕴藉幽怨。韩宝忠对《春思》《春恨》等诗篇的创作亦是如此。从题目看情感直露，似有率直果敢之风，实际上细细揣度诗句，却往复回旋，意在言外。尤其是借助前人语典，将自己的情感隐藏，读来倍觉诗韵悠长。如《春恨》中“怕见春光不卷帘，落花如雨雨如烟。十年悔觉扬州梦，尽把芳心托杜鹃”，化用杜牧的“十年一觉扬州梦”句。昔日的放荡，表面的繁华喧闹，只不过是一场梦。杜牧也好，韩宝忠也罢，在落花春雨中发出醒悟后的感叹，抒发内心真正的烦恼忧伤。这种烦恼要如何排遣，春恨又该怎样化解呢？诗歌最后指出“尽把芳心托杜鹃”，是要学李商隐将相思无奈怅惘的愁绪寄托到夜半啼血的杜鹃鸟身上吧。李商隐的《锦瑟》寓意颇深，韩宝忠的《春恨》借其语词典故，同样是诗人发自肺腑的感叹，寄托遥深。

结语

组诗《春咏三十六绝》堪称整部《不如痴斋诗草》中咏物诗的代表作。诗中对前人诗句的承袭和化用，体现出韩宝忠对于诗歌典雅和含蓄的审美追求。语典的运用不仅继承和发扬了传统的诗歌艺术，讲求隶事用典、句有来处；且以其覃思妙笔，体物缘情，抒其本心，借助高度精练的语言和多样化的艺术技巧，与读者达成共鸣。在遣词造句上，《春咏三十六绝》表现出精致工巧的审美效果；在语典的筛选使用上，可谓远绍近取，兼收并蓄，尤其可贵的是“师其意，不师其辞”[①]，能自成机杼，凸显出诗人渊博的学识和深厚的文化底蕴。

① 韩愈:《答刘岩夫书》，载《韩愈文集汇校笺注》，刘真伦、岳珍校注，中华书局，2010，第865页。

第三部分
诗社唱酬视阈中的韩宝忠

Part 3

韩宝忠参加著湝吟社、梁园诗社、稊园诗社、净业诗社等结社联诗活动，持续时间比较长，唱和面比较广，体现了中国“诗可以群”的文学活动特点。

以事系诗：论韩宝忠参加诗社与诗歌创作的特点

彭　欢　郑凯歌[①]

韩宝忠（1875—1939），字剑芝，号望潇湘馆，祖籍安徽望江，历任刑部主事、山西沁县知事、河北唐山县知事等职，颇有政声，且擅长诗歌、书法。韩宝忠是晚清著涒吟社、梁园诗社、稊园诗社、净业诗社等诗社重要成员，手订诗集《不如痴斋诗草》。韩宝忠诗作丰富，成就颇高，时人华俊声评曰："举所历名区胜迹，託诸歌咏，其感怀悼亡诸作，忧伤憔悴，情见乎词。知其致力于诗者深矣。"[②] 又说："至诗中写景言情，琢句工雅，自是有目共赏之作，无俟余之赘言也。"[③] 韩宝忠所处时代社会背景复杂，经历着中国历史上前所未有的政治动荡和思想裂变，文人观念、情感都经受着前所未有的激荡，这些变动在韩宝忠诗文中留下深刻的印记。从韩宝忠诗文，能够看到清末民初基层知识分子在乱世之下的真实写照。韩宝忠参与的著涒吟社、梁园诗社、稊园诗社，与同时期的其他旧体文学社团一起构成新时期古典文学的一股强大血脉，不断延续着古典文学的生命力。现有研究主要在于以下三

---

① 彭欢（1996—　），女，贵州毕节人。贵州财经大学文学院2021级硕士研究生，福州阳光学院通识教育学院教师，研究方向为明清文学与文化。郑凯歌（1977—　），女，河南叶县人。文学博士，贵州财经大学文学院副教授，硕士生导师，研究方向明清文学与文化。

② 华俊声：《序》，载韩宝忠《不如痴斋诗草》，邓稳整理，巴蜀书社，2020，第1页。

③ 同上书，第2页。

点：一是对韩宝忠吏治思想及将韩宝忠作为下层官吏代表的精神境况研究，如袁昊《晚清民国下层官吏的精神境况与隐微写作——以韩宝忠〈不如痴斋诗草〉为考察中心》①、王朋《浅论韩宝忠的吏治思想——读〈不如痴斋诗草〉有感》②、牟歆《清末民国时期政治风云中的中下层官员心态索隐——以韩宝忠〈不如痴斋诗草〉为例》③；二是对韩宝忠诗歌内容的研究，如杨化坤《论韩宝忠〈不如痴斋诗草〉中的岁时诗》④、王虎和罗金红《浅析韩宝忠的爱国诗》⑤、苏琳琳《〈不如痴斋诗草〉中的时事诗考述》⑥等；三是对韩宝忠诗歌宗法对象的研究，如张宇超《韩宝忠与清末民初的渔洋诗风》⑦、徐江和田静《取法多师　融古出新——韩宝忠诗歌创作特色论析》⑧、雷琪《从模仿到自如：韩宝忠的诗歌艺术特征及其流变——兼论〈不如痴斋诗草〉"寝馈三唐"说》⑨等都认为韩宝忠诗歌主要宗法唐诗，并兼师众长。韩宝忠根据自身经历和心态，有选择性地加入诗社，与诗社的交流从青壮年时期一直贯穿到其生命晚期，在参与不同的诗社时，其诗歌内容和形式发生了相应变化，体现出参与

① 袁昊：《晚清民国下层官吏的精神境况与隐微写作——以韩宝忠〈不如痴斋诗草〉为考察中心》，载邓稳主编《旷观时局，寓情诗书：〈不如痴斋诗草〉研讨会论文集》，巴蜀书社，2022，第61—67页。

② 王朋：《浅论韩宝忠的吏治思想——读〈不如痴斋诗草〉有感》，载邓稳主编《旷观时局，寓情诗书：〈不如痴斋诗草〉研讨会论文集》，巴蜀书社，2022，第68—73页。

③ 牟歆：《清末民国时期政治风云中的中下层官员心态索隐——以韩宝忠〈不如痴斋诗草〉为例》，载邓稳主编《旷观时局，寓情诗书：〈不如痴斋诗草〉研讨会论文集》，巴蜀书社，2022，第74—82页。

④ 杨化坤：《论韩宝忠〈不如痴斋诗草〉中的岁时诗》，载邓稳主编《旷观时局，寓情诗书：〈不如痴斋诗草〉研讨会论文集》，巴蜀书社，2022，第97—107页。

⑤ 王虎、罗金红：《浅析韩宝忠的爱国诗》，载邓稳主编《旷观时局，寓情诗书：〈不如痴斋诗草〉研讨会论文集》，巴蜀书社，2022，第108—120页。

⑥ 苏琳琳：《〈不如痴斋诗草〉中的时事诗考述》，载邓稳主编《旷观时局，寓情诗书：〈不如痴斋诗草〉研讨会论文集》，巴蜀书社，2022，第121—131页。

⑦ 张宇超：《韩宝忠与清末民初的渔洋诗风》，载邓稳主编《旷观时局，寓情诗书：〈不如痴斋诗草〉研讨会论文集》，巴蜀书社，2022，第1—7页。

⑧ 徐江、田静：《取法多师　融古出新——韩宝忠诗歌创作特色论析》，载邓稳主编《旷观时局，寓情诗书：〈不如痴斋诗草〉研讨会论文集》，巴蜀书社，2022，第8—19页。

⑨ 雷琪：《从模仿到自如：韩宝忠的诗歌艺术特征及其流变——兼论〈不如痴斋诗草〉"寝馈三唐"说》，载邓稳主编《旷观时局，寓情诗书：〈不如痴斋诗草〉研讨会论文集》，巴蜀书社，2022，第20—31页。

诗社与其诗歌创作的互动关系，也表现出韩宝忠“以事系诗”的内在创作逻辑。

一、公忠体国：入著涒吟社

光绪三十四年（1908），韩宝忠34岁，入著涒吟社。此时韩宝忠任刑部主事、奉政大夫刑部主事民政部六品警官山西候补直隶州知州。韩宝忠经历“庚子国变”，在西迁避难的过程中，深切感受到国难之下黎民百姓的悲惨生活。韩宝忠在这个时期创作了大量反映国破家亡和悼念亡妻的诗歌，其风格与杜甫的沉郁顿挫十分相似，展现出“诗史”的特征。此时，韩宝忠面对残破的国家，仅凭底层官员和文人的身份，他能做的事情少之又少，因此选择加入著涒吟社，也是带着为国家尽微薄之力的想法的。著涒吟社成立于1908年2月15日，主要成员有沈宗畸、樊增祥、郑孝胥、陈宝琛、丘逢甲等人，前后共计入社诗人120余位，是清末北京重要的文学社团之一。著涒吟社以雅士才人之名集社，以“保守国粹”之名创办《国学萃编》，极具影响力。

（一）感叹国运，忧及自身

清末民初，文人结社蔚然成风，京师是北方地带文人结社的活跃区域之一，其社事活动极大地丰富和扩充了清代整体文人结社的内容。当时，全国各地成立的诗社不计其数，北京有著涒吟社、寒山诗钟社、稊园诗社、灯社，江苏有鲸华社、吴社，福建有冷红吟局、谈何容易社、武安吟社，山东有湘烟阁诗社，浙江有陶情社等。清代社名，一般取自结社地点、书斋名称、前人成句或前人社名等，当然也可能包含多层现实和历史因素，但无一例外地体现了结社主体的某种共同思想与审美。而诗社的渊源，一般受到地域传统、家族传统和师友风气等影响。各个诗社名称之后的诗心和追求与韩宝忠个人的创作亦有所关联。如著涒吟社的著涒取自《尔雅》太岁纪年法中的“著雍”“涒滩”[①]，即对应干支“戊”“申”，盖以成立之年命名。韩宝忠面对家国

① 《尔雅》卷六，郭璞校注，浙江古籍出版社，2011，第37页。

凋零，百姓生活在水深火热之中和亲人接连去世的惨象，在数不胜数的诗社中，选择加入以保守国粹为追求的著涒吟社，为动荡飘零的国家尽一份力。在1908年，清政府得到了短暂的平静，在风雨飘摇中慢慢将秩序组织起来，韩宝忠这时担任刑部主事等职位，为百姓办实事，其诗歌充满了诗史的性质，记录了自身的心路历程及做官经历，体现其公忠体国、忧心国家、关怀百姓的精神。

韩宝忠与志同道合的著涒吟社交往的过程中，尽力为动荡飘零的国家办实事，其诗歌创作是精神上的寄托之一。为在风雨中飘摇的国家担忧，也为自身的命运所忧愁。诗如《李肖峰乡丈因谏去官赋诗二律留别京友爰步元韵以和》其一：

宣南遥指谪仙居，笔底词源倒峡如。
直道不行空折槛，斯文将丧等焚书。
君今养晦身何辱，我学为官志已疏。
侈口富强无至计，望洋徒剩几唏嘘。[①]

该诗写作于1910年。此时的清王朝大厦将倾，有识之士上谏却遭贬外放，韩宝忠无奈地发现个人的力量太渺小，无法挽救这个破碎的王朝。著涒吟社在这一年活动丰富，每个月份都有丰富的社课和诗题等。所谓“国家不幸诗家幸”，在山河破碎的时候，以保守国粹为宗旨的著涒吟社更加积极的活动，保守内心一片净土。从1910年著涒吟社的诗题《感怀》《睡狮》《食肉糜》《陆军篇》等来看，著涒吟社的诗社活动与国运息息相关。“中国古典诗歌在漫长的历史中逐渐形成体裁和内容相对应的一种匹配关系”[②]，这首七律博参前贤，敛才就法，用意深切，属对工稳，运用众多的典故，表达个人面对国家覆灭的无奈，最后一句用“望洋兴叹”，表达面对清王朝覆灭的大趋势，个人微薄的力量无可奈何的感叹。

---

① 韩宝忠:《不如痴斋诗草》，邓稳整理，巴蜀书社，2020，第45页。

② 蒋寅:《清诗鉴赏·前言》，载韩经太主编《清诗鉴赏》，蒋寅注评，人民文学出版社，2022，“前言”第5页。

其二：

浊世休为脱颖毛，无端豸绣返词曹。
云天逸志盘孤鹤，淮海诗情策六鳌。
干济果谁成柱石，行藏原不为锥刀。
自公退食无余事，闲看儿童学体操。①

该诗引经据典，运用诸多典故，表达对李肖峰劝谏被贬外放的同情与宽慰。韩宝忠清晰地看到，在这个破败的政权中，表达经世致用的观点、发表希望国家兴盛的建议都是不能的，李肖峰就是一个典型的例子。李肖峰的遭遇代表了所有想劝谏的有识之士的共同境况，因此韩宝忠说"浊世休为脱颖毛，无端豸绣返词曹"。清王朝已经进入末世了，李肖峰这时候提出劝谏，不但没有得到采纳，还被贬外放，因此宽慰李肖峰"自公退食无余事，闲看儿童学体操"，远离官场的纷扰，享受隐退后悠闲的生活。这首诗虽然是写李肖峰的遭遇，表达对有志之士遭贬斥的愤懑与宽慰，但字里行间，韩宝忠也在表达自身的遭遇和看法。王朝进入末世，有识之士得不到重用，再多的治国良方都无法挽救，甚至可能遭致祸端。韩宝忠借李肖峰的遭遇，表达自己救国无望的无可奈何和看清时势、明哲保身的想法。

再如《感时》：

今叹才难与昔违，竞争奇想入非非。
几经沧海风潮恶，一览全球天地卑。
何事龙争耽虎视，未甘雌伏且雄飞。
男儿无计安磐石，羞说荣名衣锦归。②

该诗用今昔之对比，表达对时局动荡的无可奈何和自身壮志难酬的怅然之情。清王朝入关之后，自比天朝上国，闭关锁国，将自身认为是世界的中

① 韩宝忠：《不如痴斋诗草》，邓稳整理，巴蜀书社，2020，第45页。
② 同上书，第47页。

心，不与外界交往，直到被外国入侵，一次一次的交锋与失败中，终于认识到茫茫世界之大，清王朝只是众多政权之一，正如韩宝忠所言"一览全球天地卑"。这不仅可用来形容清王朝在整个世界面前的薄弱，也说明韩宝忠认识到历史前进的大趋势是不可逆转的，自己的才能抱负，在日新月异的变化面前，也是不足一提的。"男儿无计安磐石，羞说荣名衣锦归。"韩宝忠认识到自身的安稳尚且不能保证，更不用说报效国家和衣锦还乡的梦想了。可知，在整个政权面临的困境面前，以韩宝忠为代表的文人、官吏，无法独善其身，表达对时局的感叹和自身命运的担忧。

从韩宝忠1908年加入著涒吟社之后创作的诗歌来看，其诗与时事密切相关，韩宝忠对吏治表达高度的关注。从清王朝末期，相关官员劝谏却遭贬斥的遭遇论及自身命运。但这时期的韩宝忠还在朝廷为官，尽心尽力做好自己的工作，也颇有政声。因此，他只是感叹，还没有完全放弃清王朝的想法，且韩宝忠此时正值壮年，思想相对而言是积极的，还有积极投入吏治的热情，有挽救国家命运的梦想，与著涒吟社的追求有异曲同工之处。

（二）绝句组诗，感时伤怀

韩宝忠入著涒吟社期间创作的诗歌，多为七言绝句组诗，规模宏大，表达感情浓烈，振聋发聩。蒋寅先生指出："七绝则最适于记录瞬间触动的哲理情思，往往寄托了人们内心最隐秘、最深刻的理性反思和生命体验。"[①] 韩宝忠用规模宏大的绝句组诗，描写自己在庚子国变之后看到山河破碎的场景时，内心的哲思与反省。诗如《触怀》其一：

> 夫子关西岂偶然，乌纱原不愧青天。
> 拼将鹤俸频迎送，自典朝衣当酒钱。[②]

该诗表达时局极度动荡之下，以韩宝忠为代表的底层官员身世飘零，更

---

① 蒋寅：《清诗鉴赏·前言》，载韩经太主编《清诗鉴赏》，蒋寅注评，人民文学出版社，2022，"前言"第5页。

② 韩宝忠：《不如痴斋诗草》，邓稳整理，巴蜀书社，2020，第53页。

迭不断的景象。“乌纱原不愧青天”表达韩宝忠曾经也是一方父母之官，尽职尽能。但是官员变动太大了，每天都在迎来送往，朝廷发的俸禄已经不够了，还将官服典当，作为买酒钱，“拚将鹤俸频迎送，自典朝衣当酒钱”。“朝衣”对于士人来说，本是极度神圣之物，要珍之重之，但现在却可以用来典当买酒，可见清朝政权，名存实亡，连底层官员都看清了局势。韩宝忠用“典朝衣”这样一个现象，描写清政权末路时官员的作为，表达对时局的感叹，对自身命运的慨然。

其二：

姑为童蒙检学师，自惭文派负昌黎。
看朱成紫寻常事，可惜先生等木鸡。①

该诗表达壮志难酬的悲哀之情。“看朱成紫寻常事”句，化用“看朱成碧”的典故，描写韩宝忠对从前生活的怀念，对现状的不平。再如《中秋前五日沁源高令惠诗二章因步原韵和以寄之》其一：

生平抱负迈凡流，小试牛刀志未酬。
卖剑高贤思渤海，鸣琴良侣聚并州。
文章谁复伯华偶，宽简民称仲武俦。
仕学未优君善导，由来同气总相求。②

其二：

匆匆欢聚整归装，扫榻曾留三日香。
秋色应多朱鹤岭，宦情同在白云乡。
楼鸦有句惭诗笔，脍鲤无缘侑酒觞。

---

① 韩宝忠：《不如痴斋诗草》，邓稳整理，巴蜀书社，2020，第 53 页。
② 同上书，第 54 页。

两地相思共明月，琴泉山外望琴堂。[①]

这两首诗描写时局动荡之下，同在仕宦的友人变故颇多，感叹时局多艰。在这样的情况下，个人的荣辱得失就显得极为奢侈了。表达对时局的感慨和自身命运漂泊、壮志难酬的迷惘之情。

韩宝忠还有描写春天的绝句组诗《春咏三十六绝》，化用典故，规模宏大，借生机勃勃、万物复苏、繁花开遍的春天，描写迟暮之日的王朝，表达内心的怅惘之情。《春咏三十六绝》中，韩宝忠引经据典，大量化用唐宋文人诗词，表达浓烈的忧伤之情。如《春日》“戏把长安花看遍，夕阳犹未下迟迟”[②]化用诗人孟郊《登科后》“春风得意马蹄疾，一日看尽长安花”[③]，《春雪》“天工润物静无声，散逐东风满洛城。点缀梨花千万树，文章游戏许飞琼。”[④]“天工润物静无声”句，化用杜甫《春夜喜雨》“随风潜入夜，润物细无声”[⑤]，“点缀梨花千万树”化用岑参《白雪歌送武判官归京》“忽如一夜春风来，千树万树梨花开”[⑥]。韩宝忠《春咏三十六绝》几乎每首都运用了典故、化用诗句，甚至一首诗中化用多位诗人的诗句，可见韩宝忠博参众贤，学术修养深厚。韩宝忠《春咏三十六绝》描写了众多关于春天的景象，如林花、杏花、蜂喧蝶闹、万紫千红等热闹、生机勃勃的春景，但联想到 1911 年清王朝在风雨中飘摇，于是年 12 月 25 日，宣统皇帝颁布退位诏书的实事，可见韩宝忠在《春咏三十六绝》中表达的“万紫千红燥露晞”“恼人春意不须多”等，都是其内心焦躁的表现。充满生命力的春天，万物复苏，但清王朝却迎来了迟暮，这种对比在韩宝忠心中形成了巨大的反差，美丽的春景承载着韩宝忠内心的焦躁与怅惘之情，借乐景写哀情。

---

① 韩宝忠:《不如痴斋诗草》，邓稳整理，巴蜀书社，2020，第 54—55 页。

② 同上书，第 64 页。

③ 中国社会科学院文学研究所:《唐宋名篇·唐诗卷》，山东教育出版社，2003，第 199 页。

④ 韩宝忠:《不如痴斋诗草》，邓稳整理，巴蜀书社，2020，第 65 页。

⑤ 中国社会科学院文学研究所:《唐宋名篇·唐诗卷》，山东教育出版社，2003，第 136 页。

⑥ 同上书，第 167 页。

韩宝忠作为清王朝的士人、官员，其命运与朝政和国运息息相关。随着清王朝的逐渐衰落，韩宝忠的命运也随之飘零。韩宝忠用规模宏大的绝句组诗，酣畅淋漓地表达内心复杂的感情，一组组盱衡今古的七言绝句，描写清末政权更迭，底层官员浮萍般的命运，表达缠绵悱恻、动人心弦的怀旧之情。此时的韩宝忠关心家国命运，感情激烈挣扎，与著涒吟社关心国事，保守国粹的追求不谋而合。因此，入著涒吟社是韩宝忠选择的结果。

二、怀古思今：入梁园诗社

韩宝忠诗歌具有鲜明的诗史特点，以事系诗的诗学观念也体现在其对诗社的选择上。韩宝忠入梁园诗社时，创作的诗歌也随着其心态和处境的变化而变化，怀古思今。随着事态的不断恶化，清王朝终究覆灭了。作为清王朝官员的韩宝忠，所有的追求和荣誉都毁于一旦，他为之奋斗的目标也将不存在，此时他的心态发生了变化，加入了梁园诗社。韩宝忠心态由刚开始的报效国家、保守国粹，变为向往隐居，其诗歌也有鲜明的变化。入著涒吟社时，韩宝忠诗歌中多表现国家的风雨飘摇、自身命运的坎坷，加入梁园诗社后，其诗歌多关注自身感受，并且用新的心态看待时事变化，诗歌中新词、新事物多了起来。梁园诗社创作的诗歌大多闲适与感慨相交融，闲适惬意之余，充满了各种或喜或悲的人生感慨；不一味守旧，也不盲目迎新，怀旧与尚新相承接，在对于历史、故迹的怀旧情绪中，也用诗歌记录新生事物；有着渴望隐逸又担忧社稷民生的矛盾心态，渴望隐居于乱世之中，为求自保又不得不面对动荡的时局，担忧国家的安危和人民的命运。诗歌总体呈现内容丰富、语言质朴的特点。1936 年，62 岁的韩宝忠入梁园诗社，其心态、经历与梁园诗社的创作主张不谋而合。韩宝忠与梁园诗社交往的过程中，创作了充满人生感慨、故国之思的诗歌，情感真挚、感人肺腑。

（一）自身命运之感叹

韩宝忠在诗歌中抒发对清王朝的惋惜，借物托古咏怀的同时，感慨自身命运的坎坷。1936年，韩宝忠回北京参加梁园诗社。第二年，“七七事变”爆发，日军占领北平，成立伪中华民国临时政府，韩宝忠盘桓梁园诗社。这两年期间，韩宝忠更加见证了中华之巨变，从清政府的兴盛、衰败、覆灭直至各路势力入主中华，他经历了太多，其心态与诗歌创作也随之发生了巨大的变化。入著涒吟社时的韩宝忠，还怀揣着保守国粹，清政府复兴的想法，但入梁园诗社的韩宝忠，则是在世事面前毫无办法，只能看着历史裹挟着这个国家前进，从而心生感慨罢了。韩宝忠在这两年创作的诗歌中，借物咏怀，表达对清政府覆灭的感叹与自身命运的感慨。

如《和顾晴笙〈六旬自述〉元韵》其一：

宦海浮沉已四旬，衰年犹喜逐风尘。
窃惭末学无名辈，谁似先生自在身。
诗诵台莱周及甲，味同姜桂老来辛。
乔松冬岭何苍秀，腊尾春头见性真。[①]

其二：

悬弧设帨日舒长，韫椟方知美玉藏。
忙为一年花事好，味娱两馔菜根香。
同心梁孟情无限，绕膝儿孙乐欲狂。
绝口不谈天下计，开轩把酒话农桑。[②]

其三：

且将稼圃学樊迟，世变沧桑百不知。
莱彩今朝春荡荡，草堂昨夜雨丝丝。

① 韩宝忠：《不如痴斋诗草》，邓稳整理，巴蜀书社，2020，第226页。
② 同上。

澹如元亮何妨醉，痴绝长康亦足师。
同日霓裳仙众舞，又从甲子数干支。[①]

其四：

门设常关车马疏，闲吟无碍睡工夫。
称觞愿切蹤偏阻，联社才多德不孤。
朋至催诗频击钵，客来留饮惯蒸壶。
华笺寄我欣何似，探得骊龙颔下珠。[②]

《和顾晴笙〈六旬自述〉元韵》其一表达回首人生、宦海生涯，感叹国家和自身命运。“宦海浮沉已四旬，衰年犹喜逐风尘”句，表达韩宝忠宦海沉浮四十年来依然关心家国命运的一片赤子之心；“诗诵台莱周及甲，味同姜桂老来辛”句，既表明对顾晴笙才华的赞美，又表达自己宝刀未老，就像“姜桂”一样，越老味道越香醇；“乔松冬岭何苍秀，腊尾春头见性真”句，表明“乔松”这类遒劲苍秀的乔木，只有经历风雪，在寒冬腊月的时候才更能体现其真正的高洁品行。该诗韩宝忠用“姜桂”的越老越香醇，“乔松”的风雪之后更显品性来表达自己年老之后，品性和才学历经岁月洗礼，在沉淀中愈加深醇。《和顾晴笙〈六旬自述〉元韵》其二写用一年的忙碌换来岁时之日的珍馐美味、梁孟之同心同德和儿孙绕膝的欢快场面，表达平静生活的美好，而最后一句“绝口不谈天下计，开轩把酒话农桑”是韩宝忠真实想法的流露。该诗描绘农家宁静美好生活的画面，表达韩宝忠在乱世之中，报效国家的宏图大志无处可施，渴望能寻求一片净土，过普通平静生活的愿望。《和顾晴笙〈六旬自述〉元韵》其三与其四也均为描写田园生活、朋友诗酒往来的美好画面，静谧安逸，但结合历史来看，此时正是时局最为动荡之时，安身立命尚且成为未知之数，宁静美好的生活只是梦想的寄托罢了。

① 韩宝忠：《不如痴斋诗草》，邓稳整理，巴蜀书社，2020，第227页。
② 同上。

（二）隐逸生活之渴望

韩宝忠历经事态巨变、王朝巨变之后，年岁渐老且报国无门，其心态由报效国家转向渴望在乱世中得到平静隐逸的生活。与梁园诗社交往时，韩宝忠创作的诗歌与平淡的生活息息相关，诗歌中描写的是宁静美好、劳有所获的生活画面，但诗歌之外，却是战火纷飞、居无定所、四处逃亡的现实。可以说，诗歌中的美好生活场景只是韩宝忠的梦想，是在现实生活中难以实现的寄托。

如《初冬遣兴四绝》（梁园诗社）：

渔

一声欸乃水边腔，红蓼花中泊钓艭。
记起嘉鱼将入穴，冒冲风雪事寒江。①

樵

陨箨搜严计岂疏，担来谷口路回纡。
家家采窝温新酿，供得良朋会暖炉。②

耕

乐岁声中正小阳，晚餐同坐话农桑。
豚蹄盂酒劳相祝，才打场清又涤场。③

读

夜半高歌雪压庐，明朝争策灞桥驴。
冲寒到处寻诗料，岭上梅开画不如。④

① 韩宝忠：《不如痴斋诗草》，邓稳整理，巴蜀书社，2020，第 218 页。
② 同上。
③ 同上。
④ 同上。

这四首七绝用特点鲜明的意象描写“渔”“樵”“耕”“读”四种职业，表现宁静美好的生活画面。“渔樵耕读”是封建社会最主要的四种职业，代表人们的基本生活方式和价值取向。渔樵耕读分别指捕鱼的渔夫、砍柴的樵夫、耕田的农夫和读书的书生，职业中以渔为首。渔樵耕读是古代政治失意或厌倦官场的文人向往的自由理想生活，是一种回归自然、寄情山水的价值观的体现。《渔》用“欸乃”“红蓼”“嘉鱼”等意象，描写开船的摇橹声，水边长的花和美好的鱼，没有直接一字提到渔夫，但又字字都在描写渔夫的生活，形象生动。“樵”“耕”“读”也是一样，用鲜明的意象，描写各个职业的生活内容，特点鲜明。韩宝忠描写这四种职业，表达渴望宁静生活的愿望。韩宝忠在这四首诗歌中描写各个职业闲适、悠然自得的场面，内心看似十分平静，但字句之间又存在一股郁郁之气，和梁园诗社创作闲适与感慨相交融的诗歌相符合，闲适惬意之余，充满了各种或喜或悲的人生感慨。

再如《忆旧游》（梁园诗社）其一：

佐幕西林政未谙，且因避地解征骖。
联军战骑弥河北，结伴轻车走渭南。
观华人登万寿阁，赏花春醉八仙庵。
赈荒回首犹思痛，赤水横流近不堪。①

其二：

新市尧山更鹿城，十年宦迹遍虚声。
种蔬引水开场圃，植树成阴夹驿程。
荒碣羲台碑记古，圜桥文庙石镌精。
繁华辛集穷嚾雾，博得余风两袖清。②

这两首诗用今昔对比，表达韩宝忠看到满目疮痍，怀念官宦生涯的思想

① 韩宝忠:《不如痴斋诗草》，邓稳整理，巴蜀书社，2020，第220页。
② 同上。

感情。《其一》第一句“佐幕”“政”等字词，韩宝忠表达自己曾经为宦、建功立业的过去。而“西林”“避地”又可以看到韩宝忠因清政府的覆灭，仕宦身份不存之后远游避世的处境。“联军战骑弥河北，结伴轻车走渭南”用强烈的对比手法，“联军战骑”与“结伴轻车”相比较，可以看到八国联军的来势汹汹，军备精良，而韩宝忠作为战火之下的普通人，只能和家人、朋友轻装简骑，结伴逃亡。“河北”和“渭南”，八国联军在北，韩宝忠逃向南方，可见战争带来的伤痛体验。“赈荒回首犹思痛，赤水横流近不堪”句，韩宝忠回想起自己为官时为民请命，赈济灾民的情景，而如今满目疮痍，他也无可奈何，只能长长叹息了。《忆旧游》与杜甫描写战争的诗歌颇为相似，记录着战争带给国家、人民的伤痛，感叹自身命运的同时又对国家、人民表达深深的同情和担忧。韩宝忠有着渴望隐逸又担忧社稷民生的矛盾心态，渴望隐居于乱世之中，为求自保，又不得不面对动荡的时局，担忧国家的安危和人民的命运。

此外，韩宝忠《客吴桥县署感作》[①]“倦游尚积诗千首，退食堪羞鬓二毛”，《题龚县长守中浇花小影》[②]“退食不遑勤灌溉，花花叶叶饱醍醐”等，多次使用“退食”，表达归隐、从官场退出之意。但这并不是韩宝忠的本意，他还是很想报效国家、关心黎民，但这一切都随着清政府的衰亡而不复存在了。所以“退食”是被迫承受的后果，而不是韩宝忠主动选择的。但韩宝忠还是在无可奈何的处境中自娱自乐，写诗、养花，尽力去表达一种乐观豁达的心态，与苏轼类似。

入梁园诗社是韩宝忠选择的结果，梁园诗社的创作理念、诗心追求与韩宝忠的处境和心态是极为符合的。同时，加入梁园诗社对韩宝忠诗歌创作也大有裨益，其仕与隐的矛盾情感，面对新事物的无所适从，山河破碎、今昔对比的事态巨变，通过梁园诗社的创作特点一一清晰地表达出来了。韩宝忠与梁园诗社交往所写下的诗歌，大多都有简单的小序，更能体现“以事系诗”“诗史”的特点，将那段政权更迭、事态巨变的时期淋漓尽致地展现出

① 韩宝忠:《不如痴斋诗草》，邓稳整理，巴蜀书社，2020，第215页。

② 同上书，第216页。

来。此外，韩宝忠还加入稊园诗社、净业诗社、悟善社等，这些诗社或与释道名流相交，或自省内心，或诗境渐老。韩宝忠在不同的经历下加入这些诗心追求不同的诗社，可见其主动的选择与追求。

总结

韩宝忠以事系诗，将仕宦经历、酬唱往来和怀古等题材熔铸在其诗歌中，使其诗歌内容丰富、蕴意深刻，饱含对生活、人生的哲思和感叹。在清末民初繁多的诗社群体中，韩宝忠选择加入著涒吟社、梁园诗社、稊园诗社、净业诗社等，与其不同的经历是密切相关的。在王朝危亡、列强入侵之际，韩宝忠加入著涒吟社，以保守国粹为追求，创作规模宏大的绝句组诗感人肺腑，盱衡今古；在王朝灭亡、政权更迭的时候，韩宝忠加入梁园诗社，感叹国家命运之跌宕、个人遭际之坎坷，一腔热血却报国无门的惆怅，以及王朝覆灭之后，自身将生命寄托在隐居生活的静谧美好之上，渴望能够安身立命，保全自身；在一切动荡渐渐平息之后，韩宝忠加入稊园诗社，有《老马》《老妓》等诗，诗境渐老。韩宝忠还加入悟善社、净业诗社等，与释道名流交往，自省内心，寻求个人内心的安宁。由此可见，韩宝忠加入诗社的特点与其以诗系诗的诗学观念是一脉相承的。将实事熔铸在其诗歌之中，不仅使得其诗歌充满世事变更的岁月感，也可辅证清末民初、列强入侵的那一段动荡的历史。研究韩宝忠参加诗社的特点，更能体会韩宝忠诗歌的诗史特征，感受其诗歌的深刻内涵。

避世与救世：韩宝忠与悟善社同人的诗词创作

王子恒①

韩宝忠（1875—1939），字剑芝，祖籍安徽望江，生于北京，有《不如痴斋诗草》三册存世。近年来，韩宝忠逐渐进入学者视野，成为研究晚清民国诗词、书法与吏治的典型案例。结社是韩宝忠晚年最重要的社交活动，在这些社团中尤以悟善社最为特别，这是一个宗教团体，以民国政要为领导核心，本不属于诗词结社，但是悟善社同人将诗词视作传播教义、遣兴抒怀的媒介，每期集会必互相唱和，这些诗作反映出民国纷乱的世态与韩宝忠等人复杂的心态。

悟善社在多方面深刻影响了民国的社会与文化，值得深入挖掘，但是目前悟善社并没有受到学界足够的重视，只有宁鑫②、密素敏③等人从宗教学的角度有所论及。从诗词创作而言，悟善社的作品体现出韩宝忠等人在避世与救世两种选择之间的挣扎：一方面，悟善社员大多深陷政治风波而绝缘于官场，仕途的失意让他们萌生避世的想法，将宗教信仰当作人生依靠，过起“出家”生活。另一方面，他们又不甘心“与世隔绝”，利用宗教的教化作用以及自身影响力，在动乱的时局中传道布教、普济广施，积极地救世。此外，在晚清

---

① 王子恒（1999—　），男，江苏淮安人。中国海洋大学文学与新闻传播学院硕士研究生。

② 宁鑫：《同善社与悟善社及其思想比较研究》，硕士学位论文，陕西师范大学中国史系，2021。

③ 密素敏：《从档案资料看民国时期的救世新教》，《世界宗教研究》2011年第5期。

民国的旧体诗词研究领域，既往研究多关注“当行”作家与诗词社团的创作，并没涉及“宗教结社”的诗词书写。事实上，悟善社员的多重身份：官员、文人、信徒，让悟善社诗作突破文学的边界而具有多重价值。从悟善社出发，既可以发掘旧体诗词的别样形态，也可以探究宗教与文学、社会等千丝万缕的联系。

一、宗教、慈善与文学：悟善社的多重内核

悟善社成立于1919年，解散于新中国成立之前，社员曾一度高达五千余人，是民国时期重要的新兴宗教社团。作为一个现代宗教团体，悟善社许多方面表现出“新”的特质，它以宗教为根本，但又与超脱世外、潜心修行的传统宗教有着本质不同，它通过慈善行动积极扩大自身影响力，让社员再次回归世俗，实现自我的尘世价值。此外，其核心成员大多是在科举教育下成长起来的传统文人，他们雅善诗词、博学能文，经常以悟善社为媒介进行诗文交谊、抒发情感，同时也借用诗文来传播教义，因此文学书写也是悟善社的另一特色。总之，悟善社是一个以宗教为骨骼，以慈善为主要对外活动，以诗文唱和增进交流的复杂社团，需要从多个方面进行深入剖析。

从宗教的角度来看，悟善社起源于河南的广善坛，以扶乩为主要活动。1919年河南广善坛的三名信众王锦蕖、迮以增、郑景樵奉命来到北京，得到了张恩涛、周学仕、朱焕文等人的支持，在北京开设了悟善总社[①]。无论是广善坛还是悟善社，其本质都是“乩坛”。扶乩仪式在中国历史悠久，近代扶乩可以回溯到唐朝的“紫姑神”[②]。扶乩时先将丁字木架放置于沙盘上，由两人各执一端，随后口念咒语“请神降临”，神操控木架在沙盘上写字，谓之“降乩”[③]。晚清民国时随着社会巨变，原本秘密进行的“扶乩”活动飞速发展，很快席卷全国。梁启超曾用“乩坛盈城，图谶累牍”[④]来描述乩坛发展的盛况。

① 兴亚宗教协会：《华北宗教年鉴》，兴亚宗教协会出版，1941，第485页。

② 许地山：《扶箕迷信底研究》，岳麓书社，2011，第9页。

③ 吴康主编《中华神秘文化辞典》，海南出版社，1993，第473页。

④ 梁启超：《清代学术概论》，岳麓书社，2010，第96页。

悟善社也在这股“扶乩热”的推动下不断发展壮大，在济南、南京、哈尔滨、烟台、天津等地成立分社，甚至有大批外国人加入其中。悟善社活动频繁，不但每周开坛扶乩，如遇节日或者神仙诞辰还另外举行宏大的庆祝活动，从者众多，盛景非凡。作为新兴宗教，它融合了儒、佛、道、耶、回五教的教义，五教并尊，博采众长。这种办教理念让悟善社并不囿于一端，而是与时俱进，不断改革，这也让它得以在波谲云诡的民国社会中持续发展。

慈善事业直接促进了悟善社在底层民众中的发展，也是悟善社成员“救世”行为的代表。起初由于规模太小，悟善社的慈善活动并未能产生太大影响，1920 年 8 月，原步军统领江朝宗正式加入悟善社，皈依为弟子，由“吕祖”赐名慧济，并拉拢因学潮而下野的原国务总理钱能训一同加入。由于钱能训的名望地位与资历品德，他很快便成为“吕祖”钦定的教统，江朝宗任副教统。自此，悟善社的组织架构发生了根本转变，钱能训、江朝宗等人成为新一代的核心领导人，并且得益于他们在军政界的强大影响力，越来越多的下野高官如段祺瑞、吴佩孚、曹汝霖、陆宗舆等纷纷加入，悟善社大幅扩充了自身实力。当时由于连年战乱，再加上水灾、旱灾等在华北频发，民众的生活陷入极度困顿，而政府对于如此情形难以应对，“只有让渡部分资源给民间各慈善组织，鼓励他们积极参与赈济工作”[①]。在这种情况下，悟善社以“救护兵燹之苦民”为职志，“拯救贫民、赈救灾难、抚恤伤亡、筹备生计”[②]，多次前往灾区施放食物、棉服和现洋，并建立“贫民救济会”“贫民工厂”与“贫儿院”等公益机构，帮民众渡过难关。这些举措使得悟善社获得了民众的好感，收获了众多信徒，并开始在全国各地开办分社。慈善事业的有效推行离不开钱能训等下野政要的努力，他们不但积极捐款，还促使“外交部与赈务处各助款洋二万元”。[③]悟善社的慈善特性也体现出，钱能训、江朝宗等人不甘心在政治失意后聊当寓公，因而“另辟蹊径”，通过宗教团体来实现抱负，为宗教赋予“救世”的意义。

---

① 密素敏：《民国悟善社研究》，硕士学位论文，中国人民大学宗教学系，2009，第 16 页。

② 《悟善总社创办京师地方救护团之缘起》，《灵学要志》1923 年第 2 卷第 6 期，善业类第 1—4 页。

③ 密素敏：《民国悟善社研究》，硕士学位论文，中国人民大学宗教学系，2009，第 19 页。

作为一个以“乩坛”为主的宗教社团，悟善社的文学特性“与生俱来”。在中国古代，乩坛的形成总有文人的参与，它为文人聚会提供了一种与神仙诗词唱和、抒情遣兴的娱乐方式，因此备受欢迎。文人喜欢“邀集一些好朋友请求乩坛的神灵写诗或作画。乩坛上的作品往往能达到平日所无法达到的水准，这不免刺激人的神经，带来几分乐趣”①。当然，这些作品实质上是扶乩手所作，只不过在创作时依照神仙身份而创造不同风格的诗词，与神灵无关。“乩坛”唱和的传统一直延续到了民国，在悟善社内，每次仙人降乩之时，除了颁布神训，总要与社员互相唱和，或吟咏风物，或阐明教义，又或流露出内心的真情实感。悟善社成员对诗词唱和十分醉心，不同于其他宗教的组成，悟善社的成员大多学识渊博，如钱能训、袁永廉、王人文等人是进士出身，夏同龢更是高中状元，陆宗舆、龚心湛等人还有留学经历，可以说，悟善社是一种“文人结社”。因此这些文人组织扶乩活动时十分属意于诗词唱和。此外，由于身份的特殊，他们在现实生活中往往有许多“难言之隐”，也会借此机会表露出来。悟善社每周“扶乩”，并且成员众多，产生了许多作品，韩宝忠曾在其诗作中写道“文坛遍珠玉”，并在诗下自注“悟善社内附文坛，唱和无间”②，从中可以管窥当时盛况。这些作品本属游戏之作，在中国古代往往不会被保存下来，但是悟善社在成立初期便积极筹划推广社务，本着“一世劝人以口，百世劝人以书，赈灾无赀，惟劳笔墨口舌以图挽救”③的精神，在成立初期便创办社刊《灵学要志》，记录“神仙”与社员的诗词作品。此外，韩宝忠的《不如痴斋诗草》中也存有许多相关作品，让我们在今天仍可以阅读这些奇特的诗词。

总之，悟善社兼涉宗教与慈善，前者代表了悟善社成员在人生落魄时的“避世”心态，后者体现出悟善社成员充分利用自身能量进行“救世”，曲线地谋求人生价值。这两种矛盾心态在他们心中此消彼长，通过诗词创作被记录下来，成为民国历史中的一段隐秘叙事，有待被层层揭示。

---

① 陈明华:《民国新宗教的制度化成长——以世界红卍字会道院为重心的考察（1921—1937）》，博士学位论文，复旦大学历史系，2010，第 30 页。

② 韩宝忠:《不如痴斋诗草》，邓稳整理，巴蜀书社，2020，第 159 页。

③《灵学要志缘起》,《灵学要志》1920 年第 1 卷第 1 期，善业类第 1—2 页。

二、《不如痴斋诗草》中的悟善社诗词

韩宝忠在1925年已加入悟善社，从1925年到1938年间持续创作了数十首与悟善社有关的诗作，完整地记录了自己在悟善社中的唱和经历，他在诗中显现出内心的纠葛与矛盾，对剖析他晚年的生活与思想至关重要。

相比于参加稊园诗社、梁园诗社，韩宝忠的悟善社经历由于宗教神秘色彩而被研究者们忽视。如邓稳教授分析韩宝忠的《感时》诗时写道："这首诗题后注云'恭步冯真人锲坛元韵'，实是辞官初期诗人为排遣郁闷多与僧道交往的反映。"①。事实上，这首诗是作者参加悟善社乩坛时与"仙人"唱和而创作的，冯真人即为道教中的冯道真，是当时"临乩"写诗的神仙而并非现实中的僧道，悟善社也不只是韩宝忠"排遣郁闷"的工具。由于资料的缺失，关于韩宝忠与悟善社的信息并不能完全考据，仅可以从韩宝忠手书两卷《金刚经》中揣度一二。第一卷《金刚经》写于1924年，落款为"弟子韩宝忠薰沐敬录"②。悟善社五教并尊，因此佛教经书亦受尊崇，韩宝忠并未皈依佛教，说明"弟子"之称来自悟善社，这时韩宝忠应当已经入教，再加上韩宝忠1923年才辞官归乡，因此可以推断出韩宝忠的入社时间大约为1924年。第二卷《金刚经》写于1927年，落款为"天运丁卯年三月朔日 弟子韩双修薰沐敬书"③，天运是悟善社的内部称呼，以示与民国纪年相区别，这在《灵学要志》中多次出现。在悟善社内部，社员之间不称俗名而称道号，因此可以推断出，韩宝忠此时已经被赐名"双修"，因而在第二卷《金刚经》落款处更改名字，自称"双修"。

韩宝忠的悟善社诗词最早出现在1925年，这距离他被迫辞官还不足两年。作为宦海沉浮多年、一直勤勉政事的中下层官吏，加入悟善社并未使得韩宝忠获得心灵的解脱，仍然对国家以及自我满怀忧虑。他在《和朱悟慈寄

---

① 邓稳：《〈不如痴斋诗草〉的思想内容评述》，载邓稳主编《旷观时局，寓情诗书：〈不如痴斋诗草〉研讨会论文集》，巴蜀书社，2022，第212页。

② 韩宝忠：《不如痴斋诗草》，邓稳整理，巴蜀书社，2020，正文前甲子本金刚经照片。

③ 同上书，正文前丁卯本金刚经照片。

赠元韵》中写道："不尽兴亡感，相逢酒一卮。河山成破碎，尘海尚奔驰。"[①]朱悟慈与韩宝忠同为悟善社成员，在《不如痴斋诗草》中唱和颇多。这首诗透露出作者无可奈何的哀叹，只能用诗词创作来逃避烦恼："春寒花事晚，良约待敲诗"，以此获得暂时的心安。这与大多数悟善社成员的"避世"方式如出一辙，借着交际饮酒、推敲诗句来使自己无暇顾及现实的忧恼。或许一开始韩宝忠是为了寻求知音与发泄内心的痛苦，但是随着社团活动的不断深入，他开始沉迷于宗教本身，诗作之中再无"尘世之感"。这样的心态在《上巳》《春日即事》《孚佑帝君诞辰演剧敬赋二律》[②]等诗中持续显现。在《正阳帝君诞敬赋一律》中达到了极点。正阳帝君，姓钟离，名权，字云房，号正阳子，仕汉为将军，曾隐居于终南山，是吕洞宾的老师，四月十五日生[③]。那天悟善社举办了盛大的庆祝活动，诗人记录了当时的盛况："曲奏羽霓天共寿，瓢倾花露月当空。今宵恍赴瑶池宴，高会群仙策紫筇。"[④]悟善社用祝寿活动创造出了一个超脱世外的极乐仙境，与破碎衰败的现实世界形成了强烈的反差，令韩宝忠流连其中，不愿醒来。

随着悟善社通过慈善等方式不断活跃于"俗世"，并且其重要作用日益凸显，韩宝忠又无法抑制自己的抱负，开始畅想悟善社的救世之道。他深知当下的中国"荆棘满前途"[⑤]难以复苏。但是同时他又看到，悟善社在钱能训、江朝宗等人的带领下发挥强大的力量，甚至可以驱使政府为其服务。因此他"日冀吾教兴"，畅想悟善社可以像神龙一样"霖雨繁苍生，尺泽润其下"，他相信悟善社可以完成救世的宏伟目标，届时天下"郅治将大同"[⑥]。身逢乱世，韩宝忠不能无视苍生之苦，他常常忧叹："天下如斯瘦，方知国不肥。"[⑦]他为官一方时，尚可以通过各种举措保全境内百姓，但是如今身为庶民，他只能

---

① 韩宝忠：《不如痴斋诗草》，邓稳整理，巴蜀书社，2020，第 158 页。
② 同上书，第 160、164 页。
③ 张继禹主编《中华道藏》第 27 册，华夏出版社，2014，第 600 页。
④ 韩宝忠：《不如痴斋诗草》，邓稳整理，巴蜀书社，2020，第 165 页。
⑤ 同上书，第 166 页。
⑥ 同上书，第 166 页。
⑦ 同上书，第 1971 页。

借助悟善社来尽自己的一份力量。韩宝忠“救世”的热情并未能持续地燃烧，相反，这股热情很快又被“避世”的心态所取代。他在《自省》中写道：“一向持心悟道微，畏人车马任轻肥。何须鹬蚌相争夺，要共鱼鸢识跃飞。”[①]其中“畏人车马任轻肥”反用戴叔伦“长安车马随轻肥，青云宾从纷交驰”[②]的句意，表明自己皈依悟善社，闭门悟道，不问世事的心意。或许是受到“鹬蚌相争”的俗事的刺激，韩宝忠决意要共鱼鸢识跃飞，彻底远离尘世之扰。相似的诗意在《闲居》一诗中更为明显：

闲披妙法诵莲华，静坐禅心养慧芽。
绿蚁夜斟衡水酿，碧螺春醉洞庭茶。
案头时有良朋笠，门外从无热客车。
兴到临池聊解意，为人涂惯数行鸦。[③]

此时诗人只想在宗教中寻求内心的安宁，“门外从无热客车”暗示了作者闭门闲居的状态，经书、美酒、热茶与书法成为韩宝忠生活的全部。该诗作于1931年，此时的中国内战不断，又经历了“九一八事变”遭受外族侵略，陷入了历史的低谷。或许是他对于时局已经完全灰心，韩宝忠再没有了曾经的热情，只想在家中静坐修道，聊度此生。

原本韩宝忠已经不抱有希望，1932年吴佩孚的加入使他的心态再次出现了转变。吴佩孚曾手握重兵，叱咤中国，在国民革命中战败后，他离开政坛。此时悟善社已经改称“救世新教”，原教统钱能训早已逝世，亟须一位新的领袖。由于江朝宗曾在吴佩孚麾下任职，再加上救世新教成员大多具有与之相似的政治背景，因此他顺利地劝说吴佩孚加入了“救世新教”并且担任会长，由此韩宝忠得以与吴佩孚相识。从《不如痴斋诗草》来看，韩宝忠与吴佩孚过从甚密。韩宝忠有多首诗作与吴佩孚有关，如《代吴子玉将军赠宋怡

---

① 韩宝忠:《不如痴斋诗草》，邓稳整理，巴蜀书社，2020，第169页。
② 周振甫主编《唐诗宋词元曲全集·全唐诗》第5册，黄山书社，1999，第2034页。
③ 韩宝忠:《不如痴斋诗草》，邓稳整理，巴蜀书社，2020，第197页。

素》[①]《吴子玉将军六十一初度》[②]等。在民国的众多军阀中，吴佩孚学识、人品、威望俱出类拔萃，韩宝忠称赞他“人中麟凤属将军”，吴佩孚的出现让他再次燃起了救世的信念，他用“攘外安邦留正气，休将成败论英雄”来评价、安慰吴佩孚，并用“风雨飘摇小劫天，代君收拾好山川”来激励他，希望他能够重整旗鼓，改变满目疮痍的中国。韩宝忠知道，吴佩孚“抗敌雄心竟未纾，归来仍复理兵书”[③]，因此抱有很大的期待，只可惜吴佩孚并未再次出山，韩宝忠的救世理想与政治抱负未能得以实施。

1938年，在韩宝忠去世的前一年，他最终对悟善社产生了不一样的看法。这年冬天，他写下了《救世新教冬至郊天时逢瑞雪江副教统宇澄赋贺廿八字谨步元韵勉成四绝》[④]，其一为：“雪点冰销欲换年，果谁能力可回天。鲁论半部关平治，夜访方知宰辅贤。”自加入悟善社以来，他对教义教规始终服膺，是悟善社忠诚的弟子，但是此时他却对其产生了怀疑的态度。“鲁论半部”是“半部论语治天下”的典故，在此处应当喻指悟善社教义，他用这首诗暗示自己不再相信悟善社的“神力”，治理、改变国家需要现实中“贤明的宰辅”。这表面上是对江朝宗的称赞，实际上是对他的讽刺，联系四绝中的第三首“向不干求避乱年，北风积素晚凉天。闭门谢绝人来往，谁识袁安卧雪贤”可以进一步理解。袁安卧雪典出《后汉书·袁安传》，唐李贤注引《汝南先贤传》，记载袁安在大雪时独居家中，宁忍冻饿也不外出乞援。在1924年的一次乩坛中，“仙人”曾让江朝宗作诗咏袁安，因此韩宝忠在此有意提及袁安，与江朝宗进行对比。在历史上，江朝宗做出了与袁安截然不同的选择。北平被日军占领后，他非但不“闭门谢绝人来往”，反而积极活动投靠侵略者，出任伪北平市长[⑤]。韩宝忠对此大感失望，因此作诗暗讽，并连带着对江朝宗领导的悟善社也失去了信心。这是韩宝忠《不如痴斋诗草》中最后一首

---

① 韩宝忠:《不如痴斋诗草》，邓稳整理，巴蜀书社，2020，第202页。

② 同上书，第208页。

③ 同上书，第208—209页。

④ 同上书，第243页。

⑤ 密素敏:《民国悟善社研究》，硕士学位论文，中国人民大学宗教学系，2009，第45—46页。

与悟善社有关的诗，此后悟善社在他的生命中再也没有出现，而韩宝忠本人则真正践行了袁安的精神，避世独居，保全了节操。

从韩宝忠的生平中可以看出，他是一名很有政治抱负的干吏，因此当他突然被迫离开官场后，变得极不适应。他很想效仿陶渊明那样悠闲隐居，但是又放不下国家与同胞，矛盾心态贯穿了他的晚年生活。《不如痴斋诗草》中的这段独特经历，向世人展示了一名民国中下层官吏的心路历程，也为民国历史与旧体诗词研究提供了新的方向。

三、《灵学要志》中的诗词唱和

除了《不如痴斋诗草》，悟善社的社刊《灵学要志》中也记载了大量诗词，成为研究悟善社同人的重要资料。《灵学要志》1920 年 9 月创刊于北京，由迮仲良担任主编，设有论著、诗词、记事、轶闻、附录等栏目。其中的诗词分为两类，第一为“诗词类”栏目，专门记录各路神仙临乩时创作的诗词，署名为各“仙”、各“尊者”、各“真人”等，其实当然是扶乩手们所作。这类诗词主要是为了彰显神仙降临的神迹，其内容大多单调空洞，具有程式化的特征。第二为“唱酬类”栏目，记载神仙与社员之间的诗词唱和作品。这些作品也是在“乩坛”上写成的，署名多为社员道号，因此可以回溯出真实的作者。悟善社内有许多人热衷于此类活动，每次开坛必有诗作，且数量颇丰，他们很珍视自己与“仙人”的唱和作品，如江朝宗曾将其作品编为《天人感应唱和集》，以传后世。

和韩宝忠“避世”与“救世”心态的此起彼落不同，悟善社同人的状况更为复杂。在这些人中，最为特别的是江朝宗。1920 年，江朝宗由汪仲高介绍加入悟善社，此时的他在政治斗争中落败，“终日养和息虑”[①]，而此时的悟善社也只是一个小社团，无法支撑起他的政治野心。江朝宗参加悟善社，本出于对吕祖飞鸾显化之种种神迹的钦仰，在亲身见证悟善社的神力之后，他被彻底折服，便决心归附。江朝宗对教务极为上心，正是在他的运作下，悟

① 密素敏：《民国悟善社研究》，硕士学位论文，中国人民大学宗教学系，2009，第 10 页。

善社才得以进一步发展。由此看来，江朝宗似乎不关心政治，只倾心于宗教事务，并且他的诗作也表现出了这样的特征。他最爱吟咏风物，描摹村居生活，书写从和心境。如“数点青山罨紫烟，远笼村落接遥天。声声爆竹迎新岁，良地风来筑有年”。[①] 又如“岚光重叠献清奇，山静林幽客吐词。鸟语枝头花照眼，挥毫又自写新诗”。[②] 再如“浓阴笼四面，万绿拥楼前。林深鸣山鸟，清磬响村烟。雨霁天容净，翛然鹤亦仙，远峰留夕照，有客伴云眠”。这类诗篇数量众多，不一而足。在他的悟善社诗词中，看不到任何的功名之心，有的只是对自然美景的陶醉，仿佛他对闲居生活非常满意。甚至在许多诗中，他还明显地流露出了“避世”的想法，如“息影莲池暂作家，门临溪水引情赊……负郭平畴盈豆谷，到门野老话桑麻”。[③] 韩宝忠在《不如痴斋诗草》中对此也有记述：“莲池，在西便门外，元明为丽泽溪。溪水发源玉泉山，方塘半亩，满目芰荷，夏日为诗人游集之所。近归江宇澄将军，改作别墅。”[④] 江朝宗改造莲池以作别墅，远离都市，并化用孟浩然“把酒话桑麻”之诗意，显示出自己“息影”隐居之心。在另一首诗中，他表现得更为惬意：“雨歇江头放钓船，一篙撑破水中天。今朝喜得金鳞鲤，不向邻翁借酒钱。”[⑤] 诗人未必真做渔夫，但渔隐之乐已经跃然纸上。

遍观江朝宗的诗作，难以找到任何壮志未酬、想要舒展抱负之类的想法，仿佛他已经厌倦了政治斗争，一心只想隐居。但是实际上，他是悟善社中最向往权力的人，他始终不断地谋求政治地位，这与他的诗歌描写形成了强烈的反差。随着政府威信力的下降，以及悟善社在一次次慈善活动中的突出表现，他开始重视起悟善社的力量，以此来间接提升自己的影响力。他是悟善社的实际控制者，在他的运作下才会有越来越多的下野政要加入其中。首任社长钱能训，第二任社长吴佩孚，以及前国务总理段祺瑞、前驻日公使陆宗舆等人都是由他介绍入社。江朝宗将悟善社当成了施展才华与抱负的跳板，

① 江朝宗：《和作》，《灵学要志》1921 年第 1 卷第 3 期，唱酬类第 1 页。
② 江朝宗：《和作》，《灵学要志》1923 年第 2 卷第 7 期，唱酬类第 5 页。
③ 江朝宗：《和作》，《灵学要志》1926 年第 3 卷第 7 期，唱酬类第 11 页。
④ 韩宝忠：《不如痴斋诗草》，邓稳整理，巴蜀书社，2020，第 173 页。
⑤ 江朝宗：《和作》，《灵学要志》1923 年第 2 卷第 7 期，唱酬类第 6 页。

又凭借悟善社强大的资源与人脉不断游走在政治舞台的边缘，最后凭借日本人的力量重新掌握了权力。或许对于江朝宗而言，他的避世诗作只是逢场作戏，又或许他一直在避世与救世之间挣扎，只有在乩坛唱和时，他才能放下俗世名利，获得暂时的安宁。这些诗作的存在，为这位民国历史人物又增添了许多矛盾特征。

与江朝宗相比，王锦蘖的诗作则将自己真实地展示在了世人的面前。王锦蘖，河南人，道号悟真，别号秋渠，曾任盐务署第二科科长[①]。在政治与文学史上他籍籍无名，但是在悟善社内部他具有举足轻重的地位，1919年他受广善坛的派遣来到北京，成为悟善社的六位创立者之一。王锦蘖并非专业的诗人，他的诗并没有太多技巧，全是情感的直接流露。作为创社者，他起初一定带有"普度众生"的宏愿，因此在面对惨痛的社会现实时充满了忧郁。他用"雨雪严冬万木摧"来形容当时的中国，用"底事春灯尚贺年，可怜千里户无烟。脂膏供尽鳌山火，几处鸿嗷杂管弦"[②]写出民众生存的艰难。国事如此，作为小人物的他无法凭一己之力扭转，只能寄希望于刚刚成立的悟善社，在一次乩坛中他写下了"悲观不尽苍生劫，先遣阳春大地回"[③]，将悟善社比作了拯救苍生的"阳春"。不过久而久之，他发现悟善社在江朝宗与钱能训的带领下逐渐偏离了初衷，自己的宏愿无法实现，发出了"壮志消磨无可说，一灯独对影寥寥"[④]的哀叹。在此背景下，他对宗教也产生了怀疑："尘缘久厌学仙游，不作欢歌亦不愁……白云尚在龙门远，紫气难逢蜃浪浮。欲向钱塘问圆泽，青溟何处是瀛洲。"[⑤]他开始明白，自己曾经追求的仙境不过是幻影，依靠悟善社的力量根本不可能实现救世的愿望。和王锦蘖一样抱有救世期待的还有汪仲高，他也是悟善社初期的关键人物。当时外来的悟善社并没能成功打开北京"市场"，是汪仲高不遗余力地"为本社扬名声辟谰言"[⑥]，并且介

---

① 密素敏：《民国悟善社研究》，硕士学位论文，中国人民大学宗教学系，2009，第45页。

② 王锦蘖：《王君秋渠选二》，《灵学要志》1922年第1卷第12期，唱酬类第5页。

③ 王锦蘖：《和作》，《灵学要志》1921年第1卷第2期，唱酬类第5页。

④ 王锦蘖：《和作》，《灵学要志》1921年第1卷第2期，唱酬类第1页。

⑤ 王锦蘖：《和作》，《灵学要志》1921年第1卷第4期，唱酬类第10页。

⑥ 《姚姬传真人赠汪仲高序》，《灵学要志》1924年第2卷第12期，论著类第3—5页。

绍江朝宗加入悟善社，让悟善社“渐渐走进人们的视野”[①]。他的诗歌总是饱含热情，如“万古凌霄一羽轻，安良除暴最关情。等闲富贵非吾愿，愿建奇勋答帝京”。[②]与江朝宗汲汲名利的心态不同，他并不在乎“等闲富贵”，他所追求的是社会大同的终极理想，只可惜也以失败告终。后来他也趋于避世，用“一江风月是吾家”[③]的诗作表明自己的选择。王锦蕖和汪仲高是早期悟善社社员的代表，这类社员怀有救世的决心，想要用教义感化民众，使得民众能够脱离苦海。但是现实并没能按照他们设想的方案推进，相反，从20世纪20年代开始，中国持续经历了内战与抗日战争，国家每况愈下，惨痛的现实让他们不再抱有期待，也导致了“避世”心态的流行。

在悟善社中，和韩宝忠最像的是林炳华，他一直在痛苦中纠结。他时而胸中“块垒如山”，想要有所作为、施展抱负，时而“尘心洗净天心见，秋水南华读几回”[④]沉醉于宗教之中，不问世事。他的“振衣翔步万山巅，地老天荒鹤不前。欲度众生还自笑，此身犹在软红天”[⑤]一诗能够充分说明他的矛盾。“软红”典出苏轼“半白不羞垂领发，软红犹恋属车尘”[⑥]，指繁华喧闹的都市。他很想将众生接引到其乐无穷的仙界，可是他自己也身处红尘，不能超脱，又何谈助人呢？这让他找不到人生方向。和韩宝忠不同的是，他沉迷在宗教仙境的虚幻之中：“仙人拍手笑，世人何自苦。尘海厌浮沉，慈航倘可度。”[⑦]对他而言，悟善社最终变成了纯粹的精神依靠。韩宝忠与林炳华是悟善社中的大多数，他们并非悟善社的创始人，也不是悟善社的领导人，他们参加悟善社有各式各样的原因。他们都曾被悟善社的种种慈善救世行为所激励，但是又不断地被社会现实与自我处境所打败。最终，在幻想破灭后，他们要么选择深居简出，做到真正的避世，要么沉醉于宗教仙境之中难以自拔。

---

① 密素敏：《民国悟善社研究》，硕士学位论文，中国人民大学宗教学系，2009，第45页。
② 汪仲高：《和作》，《灵学要志》1921年第1卷第4期，唱酬类第13页。
③ 汪仲高：《和作》，《灵学要志》1921年第1卷第9期，唱酬类第8页。
④ 林炳华：《和作》，《灵学要志》1921年第1卷第2期，唱酬类第4—5页。
⑤ 林炳华：《和作》，《灵学要志》1922年第2卷第4期，唱酬类第8页。
⑥ 苏轼：《苏东坡全集》上册，邓立勋编校，黄山书社，1997，第402页。
⑦ 林炳华：《和作》，《灵学要志》1922年第2卷第4期，唱酬类第20页。

晚清民国时期，新兴宗教社团如雨后春笋般在中国大地上涌现。这些宗教团体以扶乩信仰为核心，以拯救世道人心、敦正社会风俗相标榜，在政府权威下降、国家法度废弛的空隙中发挥着巨大的影响力。同时，他们也保留了传统宗教的求仙问道、避世修禅的内核，由此构成了“避世”与“救世”的矛盾心态。悟善社的诗词书写，让许多在宏大历史叙事下被覆盖与忽略的人物留下自己的声音。韩宝忠与悟善社的诗词创作，既是一种宗教社交，也是以诗言志的文人传统，更具有以诗证史的历史意义。同时这也表明，在新文化运动的影响下，旧体诗词转变生存方式，依然在历史的罅隙中发挥着独特的作用。

第四部分
多维文化语境中的韩宝忠

Part 4

韩宝忠以书法存诗稿，体现出较高的书学水准。同时，韩氏又有较深的佛学造诣，其子韩镜清更是唯识学专家。综观韩宝忠生平，儒释兼修，为学有道，从政有功。其人生轨迹，是一个时代的缩影。

清民之交中下层士人的遗民情愫与书法取向

——以韩宝忠为中心

祝　童[①]

1922年胡先骕《评俞恪士〈觚庵诗存〉》论清遗民思想特征云：

> 以颠覆清室为不道，视辛亥革命为叛乱，不惜为清室遗老者，如沈乙庵、陈伯严、郑海藏、赵尧生诸先生是也；有志维新，对清室初无仇视之心，而并不以清室逊国、民国兴建为纲纪不隳的巨变，可是却以流人遗老而终其一生者。

清遗民为其时社会特殊群体，数量庞大，鉴别复杂。胡先骕这里提到的两种遗民，第一种以沈曾植、陈三立、郑孝胥、赵熙为代表，都是名重士林的前清巨宦，他们自然不会苟合新政权；第二种虽未指出代表人物，但显然指向大量的中下层官吏。学界对第一种遗民的研究成果巨夥，对第二种遗民进行考察的工作则显得较为粗疏，而韩宝忠则正好能代表这一类遗民。胡先骕这里明确第二种遗民的特点：一是在辛亥前不仇视旧政府，且“有志维新”；二是辛亥后或主动或被动地在新政府任职；三是以“流人遗老”心态终

---

① 祝童（1989—　），男，白族，贵州大方人。四川师范大学文学院讲师，中国国家博物馆博士后。中国古典文献学硕士生导师，四川省“天府峨眉计划”青年人才。研究方向为古籍法书鉴定与研究。本文为2021年度国家社科基金艺术学青年项目“清代法书目录整理与研究”（项目编号：2021CF03927）阶段性成果。

其一生。这些特点有着看似互为矛盾的地方，从宏观上难以解释，因此聚焦个案，从个案的人生历程中予以窥视，不失为一绝佳途径。

一、“有志维新，对清室初无仇视之心”

韩宝忠（1875—1939）于清末民国时期，先后担任刑部主事、山西沁县知事、河北新乐县知事、河北唐山县知事、河北束鹿县知事（据《年谱》），诗集《不如痴斋诗草》创作自1900到1939年，前后达40年。这40年中，先后跨越了八国联军侵华、清末新政、辛亥革命、袁世凯称帝、南北内战直至抗日战争等中国近代史上重大之历史事件。从牟歆的研究来看，在庚子国难和清末新政时，韩宝忠“对义和团并无好感”，忧虑并期望“改变时局”，希冀通过“变法”救亡图存[①]，完全符合胡先骕对第二类遗民的判断。

在这一时期，韩宝忠作诗，有一股礨礨然的豪放之气充肆其中。1900年，韩宝忠《长安》:“振衣匹马入秦州，未答生平气岂休。”[②]豪迈之气是显而易见的。《红鹤楼》:“一拳打碎呼庐笑，扫尽胸襟万斛愁。”[③]虽有愁结，但也有磊落气象。1901年，也有不少忠君效国之作。如《和继观察昌》:“中原一夕遍烽烟，折槛陈词亦枉然。方策赖君能不朽，孑身捧下九重天。”自注云:“红拳倡乱，曾递呈词剿灭。军机处公牒，继尽行携出，未失片纸。”[④]对继昌的忠君之为做了高许。《送别内兄陈鼎臣》:“把酒纵清谈，豪情肝胆见。”“值此多事秋，通权贵达变。”[⑤]豪放之气依然溢于行间。《送罗大汉臣》:“万里不辞营斗禄，知君医国有良方。”[⑥]国家罹病，士大夫胸怀抱负，有心干政，正是英雄造时势之际。

---

① 牟歆:《清末民国时期政治风云中的中下层官员心态索隐》，载邓稳主编《旷观时局，寓情诗书:〈不如痴斋诗草〉研讨会论文集》，巴蜀书社，2022，第74页。

② 韩宝忠:《不如痴斋诗草》，邓稳整理，巴蜀书社，2022，第9页。

③ 同上书，第12页。

④ 同上书，第15页。

⑤ 同上书，第19页。

⑥ 同上书，第20页。

然而，随着国难带来的种种社会问题和新政的失败，韩宝忠诗歌当中也呈现出一种抑郁之气。《题张亮丞道服小像》："行脚边江湖，前身定老苏""何年重采药，跨鹤到蓬壶"[①]，可以想见这首诗对苏东坡的欣赏和伴随着的隐居之志。须知，苏轼在晚清民国时期，受到士人特殊的尊崇，因为其飘零身世，在时代动荡之际，获得了广大文士大夫切身的同情和理解。《西征》："一官培植思庭训，廿载光阴悔墨磨。此去天涯何所事，愿抛簪组换农蓑。"[②]孤高之志可见。而这种抑郁之气的孤高，迅速为韩宝忠转化为无奈。其《巢父洗耳处》："欲蹈高风来洗耳，河流今日也尘氛。"[③]对清亡之前时局污浊的情况，心绪难平。《独坐》："欲求身隐恨无瓶，人醉何妨我独醒。"[④]则是对时局的无力。《感时》："旷观时局醒春婆，万变云霞瞥眼过。危幕岂堪巢燕雀，狂澜何事助蛟鼍。空思沧海捞明月，竟使流光付逝波。我欲归耕无处所，一腔热血敢消磨。"[⑤]尽管有鸿鹄之志，但是忍不住时光飞逝，只能任凭热血消磨，无奈之心昭然若揭。这类的诗作还有很多：

五洲何处可为家，世乱怀才未许夸。从此怕谈时事变，于今休作宦情赊。(《和曹令鹤卿》)[⑥]

直道不行空折槛，斯文将丧等焚书。君今养晦身何辱，我学为官志已疏。侈口富强无至计，望洋徒胜几唏嘘。(《李肖峰乡丈因谏去官赋诗二律留别京友爰步元韵以和》)[⑦]

变政空谈与事违，敢云法术继韩非。从来才大遭时忌，每欲言高愧位卑。(《自遣》)[⑧]

---

① 韩宝忠:《不如痴斋诗草》，邓稳整理，巴蜀书社，2022，第1页。

② 同上书，第2页。

③ 同上书，第7页。

④ 同上书，第16页。

⑤ 同上书，第33页。

⑥ 同上书，第37页。

⑦ 同上书，第45页。

⑧ 同上书，第47页。

今叹才难与昔违，竞争奇想入非非。几经沧海风潮恶，一览全球天地卑。何事龙争耽虎视，未甘雌伏且雄飞。男儿无计安磐石，羞说荣名衣锦归。(《感时》)[①]

"天演竞争新世界，人才如鲫未嫌多。""回首沧桑几变更，水流听罢看云行。""才短难偿求治愿，时危枉作不平鸣。""须念国民担负在，幽居忍赋辋川诗。"(《和王啸亭答周茗艻留别北京原韵四章》)[②]

《和曹令鹤卿》从怕谈时事，到不谈时事，这其中的转变是显而易见的。《李肖峰乡丈因谏去官赋诗二律留别京友爰步元韵以和》则是一种更强的无奈之态。《自遣》透露出作为一个中下层官吏，难以扰乱时局的无力感。《感时》则更明确地表达在这个风云变幻的时代，草芥之人难以施展抱负的苦楚。至于《和王啸亭答周茗艻留别北京原韵四章》，句句都是泣血之言。"生平抱负迈凡流，小试牛刀志未酬。"(《中秋前五日沁源高令惠诗二章因步原韵和以寄之》)[③]，"人经作客方知苦，我亦为官总是贫。"(《去沁任赴省感作》)[④]，皆是文人有志于天下国家，然困顿无力的写照。

显然，这些作于辛亥前的诗歌，完全能够想见韩宝忠"虽九死而其犹未悔"的干政的强烈意愿，可以推想，此时的韩宝忠恐怕不会对书法创作投入更多的精力，因为书法艺术不可能融入他此时的济世生活之中。1901 年华俊声为《不如痴斋诗草》序中云：

韩剑芝比部与余为世交，髫年工书……剑芝以素绢为余楷书数行，其妻画墨梅于左。余名之曰《双清图》，悬诸壁间。庚子之变，剑芝携眷避居山右，其妻及幼子相继殁于寓所。嗣其庶母长子由晋徙居沪上，剑芝孤身就幕陕抚，襄理案牍。辛丑仲冬，由陕归来，

① 韩宝忠:《不如痴斋诗草》，邓稳整理，巴蜀书社，2022，第 47 页。

② 同上书，第 51 页。

③ 同上书，第 54 页。

④ 同上书，第 57 页。

抑郁无聊，出诗一卷，嘱余披览。举所历名区胜迹，託诸歌咏，其感怀悼亡诸作，忧伤憔悴，情见乎词。知其致力于诗者深矣。[①]

“髫年工书”表明韩宝忠幼年有良好的庭训，又曾“以素绢为余楷书数行”，指明其或善于楷法。但这些只言片语，不足以对韩宝忠的书法成就做出一番勾勒。在辛亥前，文人科举必修书法，这只是本分而已。如果以诗、书二艺相较拟的话，可以想见的是，以1911年为节点，此前的韩宝忠书法，应该在英锐之中，亦带有一些抑郁之气。华《序》又说：“剑芝年力正强，若因境遇偶乖，少损其英锐之气，甚非余之所以望剑芝也。”可惜的是，韩宝忠并没有遵照华俊声的嘱托，保持其“英锐之气”，而以遗民身份，崇佛向道，书风也逐渐走向平和。具体来说，在1911年之后，经历了诸多事变，韩宝忠心态和诗书也都显得愈来愈澄静，与世无争。

二、“不以清室逊国、民国兴建为纲纪不隳的巨变”

在辛亥革命之后，新文化运动之前，这十年中，韩宝忠从36岁到45岁，心境经历了从积极到失望的历程，但始终“不以清室逊国、民国兴建为纲纪不隳的巨变”。

辛亥革命之初，韩宝忠是积极拥抱新时代的。其《祝〈法政经济报〉开馆四绝》：“何幸完全作国民”“权利自然休放弃”“欲来天演谋生活，莫当寻常警示钟。”“破坏非难建设难，人人欢夺自由权。”[②]这些诗句都反映出韩宝忠拥抱时局的心态。《宋畏三先生以癸丑春六十寿征诗勉步原韵以和》：“缔造冀成平等国，归来且作自由身。”“但使计然纡十策，任他欧亚利权争。”又自注云：“先生商学颇深，更饶经验，行将组织银行。”[③]这些新时代的话语入诗，显得浑然无迹，表明了韩宝忠积极入新世界的心态。又有诗题《民国四年二月二日在新乐署任恭贺〈大总统法〉告成，适逢第二科科长马华峰先生六旬

① 华俊声：《序》，载韩宝忠《不如痴斋诗草》，邓稳整理，巴蜀书社，2022，第1页。

② 韩宝忠：《不如痴斋诗草》，邓稳整理，巴蜀书社，2022，第57页。

③ 同上书，第59—61页。

晋四寿辰谨赋一律为祝》[①]，皆能明确其在新世界的干政之思。“不以清室逊国、民国兴建为纲纪不隳的巨变”，用胡先骕的这个说法纳囊之，是非常准确的。

不过，对新世界，韩宝忠始终有些不适应。1914 年《四十自述》：“遁世岂能如我愿，趋时未必惹人怜。”[②]1917 年《马化封科长返里赋诗二绝留别同人谨步原韵以和》：“国事频年似乱丝，生平未识太平时。”“宦游十载撇繁华，妻子相随到处家。”[③]1919 年《老吏》：“龙钟傀儡尚登场，案牍劳形两鬓霜。弄法最娴援旧例，奉行不惯读新章。偶逢讼事嫌重听，屡检文书怕健忘。”[④]都是对新世界中政治、文化、社会的不适应。这时候，无可奈何的状态又慢慢袭来。1926 年《春兴》其二：“四郊多垒罢耕田，村巷萧条日禁烟”“奢望闾阎元气复，大兵之后总凶年”；其五：“割据河山且任他，寄生聊比附松萝。旷观时局伤春去，争奈人心不古何？穷困始知交谊少，乱离翻觉爱情多。楼台得月都临水，未惯趋炎自辘轲。”其六：“战云四合动征鼙，整暇军容亦可师。卫令筹防真大树，流民失所企杨枝。东南誓守三章约，西北相持一局棋。莫道丰台花事好，正当戎马阋墙时。”[⑤]1926 年《顾华伯复以〈春兴〉叠前韵见赠仍步以和》：“多稼殷殷望大田，无端南北逐烽烟。滔滔皆是难为国，咄咄书空但仰天。”[⑥]在这些诗歌中，仔细体味，似乎作为一个政局之外的人，韩宝忠只能开始冷眼观照故国的一切。这种无可奈何背后，没有了怒发冲冠，而是似乎已经少了很多愤懑，平和地看待一切。因此，慢慢塑就了他怀念故国的情愫。

在书法上，从这一时期的表现来看，中年的韩宝忠当然还是积极的帖学路数，书法也逐渐融入他的生活之中。1911 年，张云楼说韩宝忠“诗宗李杜浑无迹，书法钟王妙入神”[⑦]。可见当时的韩宝忠还是传统的帖学风格。1914 年

① 韩宝忠：《不如痴斋诗草》，邓稳整理，巴蜀书社，2022，第 92 页。
② 同上书，第 78 页。
③ 同上书，第 101 页。
④ 同上书，第 109 页。
⑤ 同上书，第 176—177 页。
⑥ 同上书，第 179 页。
⑦ 同上书，第 59 页。

《李采繁索书折簟并赠绝句三章》:“久钦书法妙诸城，心逐萍踪一合倾。才钝亦耽浓墨癖，不期模范得先生。”[①]吴炬认为，“‘久钦书法妙诸城’，是指钦佩李采繁的书法能够达到刘墉的高妙水平，而‘才钝亦耽浓墨癖’则是指自己虽然资质驽钝，却也像李采繁一样喜欢刘墉书法的浓墨风格，浓墨是刘墉最重要的书法特点”。[②]1915年《无题》其四:“新制合欢团扇子，背人临写十三行。”[③]《玉版十三行》是王献之小楷代表作，被誉为“小楷极则”，笔画隽秀挺拔，结字萧散逸岩，顾盼有致，盛名千年不衰。晚清民国时期，影印技术大行，能全方位地展现十三行的精微之处，对普通士大夫来说，皆能窥见取资，不足为怪。不过，从这些有限的史料分析，中年的韩宝忠尚在传统二王领域内觅食，并受到时风的影响较深，暂未看出其自成一家的迹象。

三、“以流人遗老而终其一生”

韩宝忠从1919年一直到1939年去世，这二十年，是韩宝忠完全将书法融入生命体验的时段。具体来说，其时心境开始转向优游不迫，书法也因为“耽玩”而取得较高的成就。

（一）流人遗老身份的确立

其实，在辛亥之后，他就和很多遗老流人交游。在当时，韩宝忠就创作了很多祝寿诗，大部分都比他年长二三十岁，而这些故国臣子，皆具有深沉的遗老情结。1914年沈穆堂（保衡）六十征诗有自注云:“自癸巳至今二十年，或在淮，或在皖，辛亥一变，侨居上海，我瞻四方，蹙蹙靡骋，奈何余生于十月。”“辛亥归自皖，与儿子颐避居申浦。是冬，联儿自英卒业返，运儿亦弃职而归。”[④]无独有偶，《山西刘我民先生七十征诗代组侄拟排律二十韵以

---

① 韩宝忠:《不如痴斋诗草》，邓稳整理，巴蜀书社，2022，第83页。

② 吴炬:《兴来独运天机活——浅议韩宝忠先生的论书诗和书法》，载邓稳主编《旷观时局，寓情诗书:〈不如痴斋诗草〉研讨会论文集》，巴蜀书社，2022，第38页。

③ 韩宝忠:《不如痴斋诗草》，邓稳整理，巴蜀书社，2022，第99页。

④ 同上书，第83页。

祝》有“谈妙空古今，词严折悍强”句，并自注云：“辛亥，有某君以乡人拥重兵，设施颇为乡里病，公直造垒门，正色责让，某君遽谢过，立罢其事。”[①]如此种种，都是典型的遗老本事。以上两则材料的祝主，一个六十岁，一个七十岁，在辛亥后的“新时代”，和四十岁的韩宝忠有交游唱和之诗，恐怕不只是诗友之作，而是心态上的惺惺相惜了。同样是1914年，韩宝忠《祝无锡王伯渊先生七十长古》：“奔走风尘四十载，富贵于我如云浮。湖山仍是故乡好，二顷溪田可娱老。”并自注提到王伯渊的遗老身份：“公历办保阳保甲，宜昌、江汉各关文案、督署文案，历署沔阳吏目、施南，经历恩施县丞、穀城巡检、荆门州同后补大冶典史，辛亥秋由武昌樊口厘差，交卸回籍。”[②]在和遗老相交的这些唱和诗之中，透露出来的自适心态是在之前的诗歌当中无法觅见的。

新文化运动之后，韩宝忠和流人遗老的交往更加频繁。1921年《方宣甫先生七十征诗和以元韵》：“保我主权公是赖，折冲能戢敌军威”，后自注：“先生办理中法交涉事件，法人以兵轮示威要挟，先生据理坚持以保主权。”[③]方宣甫，江西人，这样的遗老故事在士林中的传播是很快也很广的。1923年魏寿岭先生赠别诗：“宦海茫茫讵有常，生逢斯世总心伤。”[④]1924年《寿李子深师八十二律》：“望阙频挥忧国泪，感时常耸作诗肩。”[⑤]显然，对李子深的遗民情绪，韩宝忠是深有体会的。郭搏九给韩宝忠诗歌自注云：“养疴北平，倏经数载，故乡欲归不得。近日东北边防苏俄侵扰，当局泄沓，未闻良策，徒抱孤愤。”[⑥]遗老身份，旷观时局，又年迈体衰，手无重权，只能抱以孤愤之思。至于和流人的交往，韩宝忠1936年《和白笑莲校书四律元韵》序云：“白笑莲……值沈变，来保省亲，有姊又逝，因家寒入天庆班以清倌应征。菽水养

---

① 韩宝忠:《不如痴斋诗草》，邓稳整理，巴蜀书社，2022，第85—86页。

② 同上书，第86—88页。

③ 同上书，第137—138页。

④ 同上书，第151页。

⑤ 同上书，第156页。

⑥ 同上书，第190页。

亲，守身如玉，志洁心苦，有足多焉。”[①] 诗云：“禅心絮莫沾泥悔，丽句花应梦笔生。”[②] 白笑莲诗则云：“一世悲歌咽沈水，千秋遗恨失陪京……故国归来人事改，萧条身世可怜生。”[③] 唱和之间，遗老、流人之间互倾的家国哀愁，昭然若揭。

新文化运动之后，随着对新世界不适应的长期累积和与流人遗老的交游影响，韩宝忠思想也发生了明显的改变，常常体现出故国之思，虽然在新政府任职，但内心已是典型的遗民心态了。1920 年《渔》：“河山仍故国，风雪泊寒江。”[④] 故国之思显然。1923 年《魏庚九先生新室落成赋诗索和元韵》：“怕闻时局弈棋残，小筑园林卜吉安。”[⑤] 从旷观时局到怕闻时局，这其中的转变是很明显的。1923 年《和徐茗樵〈重过安园〉律句》：“时衰自脱樊笼外，善养鸢鱼活泼机。”[⑥] 这种避世心态则是典型的遗老状态了。1925 年《和朱悟慈寄赠元韵》：“不尽兴亡感，相逢旧一卮。河山成破碎，尘海尚奔驰。”朱悟慈有诗云：“无恙此归聚，呼僮涤旧卮。河山双泪在，风雨十年驰。”[⑦] 大家同为遗民，这种怕闻时局的感受恐怕只有身处其中才能体悟。1925 年《自励》：“天下如斯瘦，方知国不肥。云翻旋雨覆，雌伏待雄飞。讲道时休间，知音日渐稀。闭门惟省过，一德懔危微。”[⑧] 在这样国将不国的时代，仅凭一己之力恐怕无力回天了，只是作为前清臣子，不得不出世干政而已。但面对“桑田沧海，面目皆非”“运蹇时衰”[⑨]“沧桑几变”[⑩] 的世界，无可奈何的中下层官吏，只能对酒当歌，“豪兴半酣终不浅，壮心一事总无成”[⑪]。1931 年《春思》（步斯文

① 韩宝忠：《不如痴斋诗草》，邓稳整理，巴蜀书社，2022，第 213 页。
② 同上书，第 214 页。
③ 同上书，第 214 页。
④ 同上书，第 123 页。
⑤ 同上书，第 154 页。
⑥ 同上书，第 155 页。
⑦ 同上书，第 158—160 页。
⑧ 同上书，第 171 页。
⑨ 同上书，第 186 页。
⑩ 同上书，第 190 页。
⑪ 同上书，第 190 页。

同扶韵答余大）：“昨向故宫参博物，文明犹是旧都城。”而原作亦有“芳洲杜若容将采，蜷局离忧睆故都”之句[①]，故国文明当然深深烙在这些遗老的身上。1938年，《和王可鲁〈春日感怀〉元韵》：“世变居卑堪自牧，时危见异敢思迁……卅载烟云匆过眼，北窗高卧亦神仙”[②]，一辈子的经历，才造就了旷达之思。王可鲁原诗云：

师友凋徂老愈悲，周陈而后几人知。莫探掌故桥山恸，早见维新朋党危。书史自娱余结习，恩情欲报是长期。渊明归去庸何易，甲子还应纪义熙。[③]

王可鲁自注云：“早岁倩林琴南、姚茫父两君为作《畏曙图》，时贤题咏，慰勉备至。”“当年北洋送余赴欧留学，为鹿文端所止。”“南海太夫子戊戌变法，先叔颖初公亦与其事。”[④]要知道，康有为、林纾、姚茫父都是著名的晚清遗老，虽然韩宝忠未曾和这几位遗老有密切过从，但是和王可鲁的互相影响之下，遗老情结自然是可以追想的。

（二）崇佛终老

自佛教传入中国始，每在易代之际，遗民总会和佛教产生关系。因此，在清民之交，确认了韩宝忠的遗民身份后，我们完全可以沿着这个思路考察他的宗教取向。果不其然，韩宝忠晚年于佛教尤为笃好。

从《不如痴斋诗草》来看，韩宝忠晚年和僧人多有交往。1934年《九月九日现明上人招游广济寺，与净业诗社同人分韵赋诗》：“清秋入古寺，佳日更新晴。侧叶寒元柏，分甘味美橙。谈经高惠远，送酒忆王弘。物外倏然得，裁诗击钵成。”[⑤]与僧人谈经论道，萧然物外，正是晚年的韩宝忠遗世之志。

---

① 韩宝忠：《不如痴斋诗草》，邓稳整理，巴蜀书社，2022，第195—197页。
② 同上书，第235页。
③ 同上书，第237页。
④ 同上书，第238页。
⑤ 同上书，第209页。

1935年《追悼道阶长老》:“连年毁寺起僧灾，只手狂澜仗异才。贝叶有经香炷顶，菩提非树镜无台。醵金淮海援民急，移锡京华护教来。誓愿不偿终不退，塔尖应见妙莲开。”并自注:“曾在江浙募款赈济各省灾民”[①]。念佛可以救国，正是当时谭嗣同、梁启超、李叔同等人的主张。

1919年的《老僧》，是《不如痴斋诗草》所见比较早的崇佛诗:“晨钟暮鼓付诸徒，花木禅房聊自娱。不识现身何甲子，算来行脚遍江湖。皈依莲座沧桑改，坐破蒲团色相殊。披剃恍然成隔世，去来今只一须臾。”[②]这是韩宝忠比较早的僧诗，或许为描述所见老僧，或许为自己崇佛的写照。1928年《寿郭搏九六十四律》其三:“宦海经过义气平，世情今更冷于冰。潜修妙得方知窍，静坐功深但服膺。”其四:“他年倘许蓬莱近，侍醉楼头向岳阳。”[③]即是韩宝开始潜修、静坐、悟道的避世之言。1931年《春思》:“五斗何曾变职斯，不求闻达少人知”“人因老至禅宗契，境为饥驱俗累纷”[④]，一方面是世事无常，动乱交加，另一方面或许是年龄越来越大的缘故，韩宝忠慢慢对佛教产生了兴趣。我们知道其三子韩镜清是北方唯识学的代表人物，推测受到韩宝忠的影响。而1931年的《闲居》中，明显地体现出其已有比较深厚的佛学修为:

> 闲披妙法诵莲华，静坐禅心养慧芽。绿蛙夜斟衡水酿，碧螺春醉洞庭茶。案头时有良朋笠，门外从无热客车。兴到临池聊解意，为人涂惯数行鸦。[⑤]

这首诗有两个关键点，一个是《莲华经》，是唯识论的重要经典，在晚清时期杨仁山的主持下，形而上的唯识学一度成为显学，韩宝忠对此可能受到影响；另一个是以临池解意，完全把书法当作一个挥洒内心的途径。而“案头时有良朋笠，门外从无热客车”则是出于寂静的环境下，把念佛与作书合

① 韩宝忠:《不如痴斋诗草》，邓稳整理，巴蜀书社，2022，第212页。
② 同上书，第109页。
③ 同上书，第187页。
④ 同上书，第195页。
⑤ 同上书，第197页。

二为一，是修身之至法。除此之外，1932 年《新年感作》：“学诗端在旨无邪，一变文风万里差。无复才思追大历，空谈政治迈元嘉。衷怀日更虚如谷，世味年来薄似纱。道德沦亡谁与说，杜门惟有诵莲华。”① 可以看到韩宝忠对《妙法莲华经》的执着，在无才思，又只能空谈政治的时候，或许确实只能杜门诵经了。1933 年《余节高以癸酉五十三岁生日自写七律五章见寄和以原韵》其二：“逍遥物外焚香坐，默诵南华秋水篇。”② 显然，对《庄子》的浸淫，也是韩宝忠寄托物外的重要方式。其五：“我闻如是更何云，见性修为厥在勤。净土降心非一佛，骚坛下笔扫千军。”③ 可见韩宝忠对净土宗的重视，于唯识学的笃定也由此补见了。对此，余节高有诗评价韩宝忠这时候的心境曰：“文学韩欧追孟辩，道参释老合儒心。乱世趋向宜高烛，遍处交朋篮合簪。” ④ “未来过去具何云，现在同空却励勤……假岁忘衰天与健，小家嘻嗃佛香薰。”⑤ 作为性理之学的基本素养，韩宝忠晚年对佛道二教的认识，恐怕已远远超过了他的进世之心了。1934 年《六十自述口占》：

> 十易年华若掷梭，复初欢喜诵弥陀。布衣蔬食随吾遇，两袖清风养太和。⑥

六十岁的年龄，世乱纷纷，高诵弥陀，确实已进入真正的超脱状态。1938 年《除夜》：“往迹怕谈游宦地，潜居且作忏修人”“尚有群书供啸傲，不教俗虑损精神”⑦。同年《秋夜诵经》：“熟读弥陀净土经，举头常鉴月光明。非台何处微尘惹，领略中宵一味清。”⑧ 过世前一年，尚做忏修之人，足见其以遗

① 韩宝忠：《不如痴斋诗草》，邓稳整理，巴蜀书社，2022，第 199—200 页。
② 同上书，第 203 页。
③ 同上书，第 204 页。
④ 同上书，第 205 页。
⑤ 同上书，第 206 页。
⑥ 同上书，第 207 页。
⑦ 同上书，第 233 页。
⑧ 同上书，第 241 页。

老身份而崇佛，是新文化运动之后终其一生的文化标签。

（三）帖学为体，碑学为用

新文化运动之后，随着韩宝忠遗民情愫的加深和交游崇佛的影响，其心境完全处于优游不迫的状态，加上有着充分的时间去浸淫书法，因此韩宝忠后二十年的书法，尽管还是在钟王之室，但由于在取材上有一些金石碑版的涉猎，书风典雅浑穆，且融入了易代的生命体验。

1922 年，顾华伯《秋夜书怀八首》（其一）：

> 故纸平生笑独钻，相形见绌兴阑珊。效颦未入钟王室，学步空瞻李杜坛。只以驽骀原下乘，敢云骐骥可同观。龙门咫尺神先往，愿贡芜词戛戛难。①

韩宝忠对此有和诗，可以看到，“龙门咫尺神先往”，和这样的朋友相交，书法取向自然不会局囿在帖学之境。晚清时期碑学大盛，“三尺之童，十室之社，莫不口北碑，写魏体”②，韩宝忠不可能不受到这样风气的影响，尤其在避世处居、优游不迫的状态下，以书艺涵养性灵，是再寻常不过的事情了。也正因如此，韩宝忠就有更多的时间和精力去琢磨书艺。还是顾华伯《秋夜书怀八首》（其五）：“涂鸦日向晚灯前，技养遑论丑与妍。雅爱君书重当世，允宜纸价贵多年。兴来独连天机活，人竞相求门径穿。得肉得筋同靖瓘，临池挥洒到毫颠。”③可见，韩宝忠书法为当世所重，说他书法“天机”自然，筋骨皆备，和索靖、卫瓘齐名。卫夫人在《笔阵图》中说：“善笔力者多骨，不善笔力者多肉。多骨微肉者谓之筋书，多肉微骨者谓之墨猪。多力丰筋者圣，无力无筋者病。”④顾华伯认为他作书有卫夫人、索靖、卫瓘的风采，高许备至。说明韩宝忠一定在钟王之外，对早期的章草和隶书下过一定功夫。因为

---

① 韩宝忠：《不如痴斋诗草》，邓稳整理，巴蜀书社，2022，第 147 页。

② 康有为：《广艺舟双楫》，载《历代书法论文选》，上海书画出版社，1979，第 756 页。

③ 韩宝忠：《不如痴斋诗草》，邓稳整理，巴蜀书社，2022，第 148 页。

④ 卫铄：《笔阵图》，载《历代书法论文选》，上海书画出版社，1979，第 22 页。

在民国时期，就曾一度流行楷隶相参的风格。今所见曾熙、郑孝胥、梁启超等书家皆是如此。可惜韩宝忠并没有留下更多的作品能坐实这一点，只能通过这些文字旁证来想象了。

韩宝忠处在篆隶盛行的时代，在北碑之外，受到篆隶的影响无疑是正常的。1926 年，顾华伯也有春兴之诗，索韩宝忠以和：

冷落东头旧日衎，于时庐旅避喧哗。刁知道弗防多棘，雅爱春深隐在茶。绕砌合围嗤门蚁，临池学篆惯涂鸦。斯冰遗墨千秋著，比拟规摹眼欲花。①

可见，顾华伯还对篆书尤其是铁线篆的代表书家李斯和李阳冰下过临摹功夫，这种潜移默化应该说是自然的。1932 年，韩宝忠《王劭农先生逝世十周纪念》诗："落笔伤凋落，谁留翰墨缘。兰亭陈秘本，槐院旧奇编。下笔称三绝，藏舟已十年。秦铜长乐颂，汉瓦太平镌。" ② 并自注云："壬申嘉平廿五日，为先生逝世十周，举行家祭，凡先生生平著作及收藏金石玉佩陈于厅事，遍邀知交亲旧展览留题，以纪景慕。" 可见在这个展览中，韩宝忠看到的秦汉金石碑版自不可少。1933 年《观宋怡素〈山水〉有作》中有 "篆隶钩皴压大痴"③ 之句，同时《代吴子玉将军赠宋怡素》中有 "下笔鹤啄沙，篆隶作图画" 之句 ④，都是在对篆隶笔法有着一定了解之后，才可能做到这样的评论。

可惜的是，韩宝忠在书法上天资不足，未能开创更高的水平。1934 年，韩宝忠六十岁，其《六十自述口占》："髫年胆妄擅书名，终日临池业未精。落纸刁成浓墨癖，愧人评论学诸城。"⑤"终日临池"，其实是书法的第一境界而已。孙过庭《书谱》："至如初学分布，但求平正；既知平正，务追险绝，既

① 韩宝忠：《不如痴斋诗草》，邓稳整理，巴蜀书社，2022，第 179 页。
② 同上书，第 201 页。
③ 同上书，第 202 页。
④ 同上书，第 202 页。
⑤ 同上书，第 207 页。

能险绝，复归平正。”[①]苏东坡云：“凡文字，少时须令气象峥嵘，采色绚烂，渐老渐熟，乃造平淡，其实不是平淡，绚烂之极也。”[②]孙过庭的平正之论，苏轼的绚烂之论，韩宝忠恐怕还未能得到其精髓。因为1938年《救世新教冬至郊天时逢瑞雪江副教统宇澄赋贺廿八字谨步元韵勉成四绝》有云：

> 寒催冬住近新年，几净窗明玉戏天。兴到挥毫摹逸少，传神犹让快晴贤。[③]

在经过了碑学的洗礼之后，临终暮年的韩宝忠，还是在钟王门下追寻，抛开天资无论，从学力上看，其显然是典型的复古帖学主义者。而从韩宝忠留下来的作品来看，也是如此，即继承有余，开创不足，只能算是一个踏实的学书者。不过，在1939年《东坡以己卯元旦寿同叔》中：“运转鸿钧泰始交，莫将修养帖轻抛。不须除翳求明药，流水浮云任解嘲。”[④]这首诗是韩宝忠的临终之言，到了这个时候，韩宝忠依然认为书法是修身养性的必经之途，换言之，尽管韩宝忠未能在书法上开创新的格局，但融入了其在这一特殊时代之下的生命体验，人书合一，亦堪流传。

要言之，通过以上的梳理，可以看到，韩宝忠的后二十年，是在耽玩金石、钩摹法书的日常中度过的。由此考察其书法取向，不难窥见，其书风上受到碑学流波影响较深，然帖学面貌依旧成熟，并占据主要优势；书学上，几乎未曾受到当时碑学之风的浸染，持中秉正，维护帖学传统。

余论

清遗民于文化上承继道统，虽显保守，然不失为文脉正宗。辛亥之后，

---

① 孙过庭：《书谱》，载《历代书法论文选》，上海书画出版社，1979，第129页。

② 苏轼：《与侄书》，载赵令畤《侯鲭录》卷八，清钱塘鲍氏刻知不足斋丛书本，第9页b。

③ 韩宝忠：《不如痴斋诗草》，邓稳整理，巴蜀书社，2022，第243页。

④ 同上书，第246页。

以寓居上海、北平之遗民为中心，其文化主张坚守传统，以正清明。而以韩宝忠为代表的清民之交中下层官吏，或为干政先锋，或为流人耆旧，也有着浓厚之遗民情结。韩宝忠在清民之交群星璀璨的书坛，或许不算是一流的书法家，但正因如此，在书风创作与书学理念方面，都不失为考察清遗民书法取向的重要范本。整体上看，清民之交的士人，所留下来的书法文献，从书作、书论两方面，集中反映出清遗民在书风、书学取向上“帖学为体、碑学为用”之特征。[①]通过解读，略可形成以下几点认识。

第一，以韩宝忠为代表之中下层士人遗民群体，承继汉学余脉，有着长期学习馆阁书风之生涯，在地覆天翻之家国背景下，尽管“碑眼看帖”思维已成定式，但大部分遗民唯知追思故物，心气沉郁，缺乏赵之谦、康有为那种执牛耳、开风气之魄力，而只能在既有之碑帖格局下从事书法生活。

第二，清民之交士人“帖学为体、碑学为用”之书法取向，是中国书法史上文质别辨、雅俗交锋之产物，清遗民自恃文化道统之持有者，其书法取向亦代表着书法道统所在。换言之，抽绎清遗民群体，回溯返流，从对清遗民书法取向之研究，进一步观照清代书法史，不失为一极佳之切入点。

第三，清民之交士人“帖学为体、碑学为用”之书法取向，是民国以来书法话语之逻辑起点：书法实践、批评、研究，皆无法疏离清遗民学术体系。碑帖二道体用之思，经于右任、沈尹默、祝嘉、沙孟海等学人先后阐教，一同开创了新中国成立以后书坛新的局面。

---

① 祝童:《论清遗民书法取向——以〈鼎脔〉周刊为中心》,《南京艺术学院学报（美术与设计）》2019 年第 4 期，第 114—119 页。

《不如痴斋诗草》散记

张　庆[①]

2023年5月，安庆师范大学叶当前教授在微信群里发了两条链接，我始知《不如痴斋诗草》。作者韩宝忠，字剑芝，祖籍安徽望江，光绪元年（1875）出生于北京，在清时任刑部主事、山西沁县知县，民国时历任河北新乐、唐山、隆平、束鹿县知事。

从链接及网上信息看，韩宝忠的孙子韩瑾是香港树德教育集团董事长，2010年投资创办了四川长江职业学院。2019年，韩瑾先生在其伯父韩镜清的遗物中，发现了祖父韩宝忠的《不如痴斋诗草》稿本，在时任四川师范大学文学院院长万光治推动下，经四川师范大学邓稳博士整理，2020年由巴蜀书社正式出版。2021年5月，四川长江职业学院长江书院揭牌仪式暨《不如痴斋诗草》学术研讨会同期举行，其学术成果《旷观时局，寓情诗书：〈不如痴斋诗草〉研讨会论文集》，由巴蜀书社于2022年11月出版发行。

2023年4月，望江县文博部门正在筹备历史文化名人作品图片展，我提供了安庆懒悟艺术馆馆藏的倪文蔚、余诚格、袁祖光、徐茗樵等望江名家的作品电子版。虽然“越雷池”抱了佛脚，但对韩宝忠的名字依然陌生。目前能见到的《望江县志》，是乾隆三十三年（1768）的版本，而1875年出生的韩宝忠显然不在其列；被学者吴东之称为“导[②]坠绪之茫茫，独旁搜而远绍”[③]

---

① 张庆（1964—　），男，安徽安庆人。安庆市懒悟艺术馆馆长、安庆市收藏家协会名誉会长、安庆市陈独秀学术研究会副秘书长，致力于安庆地域文化的收藏、研究。

② 导：按韩愈《进学解》应为“寻”字。

③ 吴成东：《序》，载程绍颐《安庆历代名人》，黄山书社，1996，第1页。

的《安庆历代名人》，收录安庆历代名家 2966 人，也未见韩宝忠词条；嘉庆十年（1805），望江知县师荔扉采辑《雷音集》，收录望江 46 位名贤 700 余篇诗文，推为清代前期望江一域的诗文大观。2009 年 6 月，望江县有关部门在《雷音集》基础上启动《雷音续集》工程。2011 年 8 月，收录了望江 278 位作者近 2000 首诗作的《雷音续集》，由安徽文艺出版社出版发行，经检索亦未发现韩宝忠的信息。我只好逆向求索，在京东上订购了《不如痴斋诗草》及《旷观时局，寓情诗书:〈不如痴斋诗草〉研讨会论文集》，回溯韩宝忠和家乡望江的渊源。

二十世纪八十年代初，常熟曹大铁追忆懒悟法师，先作《善哉行序》，再作《善哉行歌》，安庆报人唐大笠在《善哉行跋》中，记叙了这段不合常规却又妙趣横生的艺坛雅事。未料四十年后，我也亲历了一回大铁先生的“先序后歌”。京东下单后的第三天，我即收到《旷观时局，寓情诗书:〈不如痴斋诗草〉研讨会论文集》，而《不如痴斋诗草》却因缺货而延期发出。这样一来，26 万字的正篇未见，32 万字的研讨文集，我倒是先睹为快了。

论文的作者，来自上海大学、贵州大学、安徽财经大学、四川农业大学、四川师范大学等院校，大多是对韩宝忠诗歌艺术特征及其流变的探讨，亦有对韩宝忠不同时期的行笔特点及书法风格的分析。二十篇论文中，我详读了袁昊、王朋、牟歆、李俊杰、金晓的文字，这些文字或体察韩宝忠的精神境况、或浅论韩宝忠的吏治思想、或窥探韩宝忠的心态索隐、或感知韩宝忠的记忆温度、或重现韩宝忠的儒者风范，和我的收藏旨趣有相通互融，即不囿于对书画技巧、视觉形式的追求，不纠结书画的质地和品相如何，不着意名头、地位的大小和高低，关注的是内在的趣味和内容，关注的是那些湮灭不显却又平凡感人的“边缘人物”，关注的是学问德业、事功成就、时代特征以及地域文化精神的一种体现。由书画一道而及诗文声韵，我掩卷而思，书画同源而书画与诗也是同源，见面是缘而见字识论也是一种缘分。

缺憾的是，这二十篇论文中，我没有见到依稀的望江风情，也没有见到熟悉的皖江人物，倒是在韩瑾先生的跋文中，邂逅了两位家乡人。韩瑾先生的伯父韩镜清 1932 年考入北京大学，师从的名师中有徐中舒。2022 年 6 月，学苑出版社出版《韩镜清北大听课笔记》，徐中舒的《明初之东北及其对东北之经略》即录兹册，而徐先生就是从安庆走出去的著名历史学家、古文字学家；韩镜清先后任职北京大学、中央民族大学、中国社会科学院宗教所，致力于佛学经典的翻译、研究、出版，中国佛教协会会长赵朴初曾以书法扇面相赠，而赵朴老正是安庆太湖人。位于安庆城区天台里的全国重点文物保护单位世太史第，就是朴老的出生地。韩瑾先生的这段插文，为我的缺憾添加了一道乡土的韵味。

一周后，《不如痴斋诗草》姗姗到货。我打开一看，原先订购的八成品相变成了十成新。看了商家留言，方知原书售罄，商家特意增购了新书补发。虽然翘首七天，我还是为商家的守信打了五星。翻开目录，即见惊喜，一眼发现了韩宝忠写给余观察棨的诗。观察是官职，在清代是对道员的尊称。被称为余观察棨的余棨（1881—？）字节高，望江人，其父余诚格翰林出身，是康有为的座师，也是清末湖南的最后一任巡抚，民国时担任安徽旅沪同乡会的会长；其外伯祖父倪文蔚亦是翰林出身，效力湘、淮二军，曾任河南巡抚、河道总督。出了封疆大吏的倪家和余家，自然成了望江的高门大户。而余棨时任山西河东道，韩宝忠故以观察称之。

《余观察棨赠诗吴直牧闰辰用支韵索和》一诗，是宣统二年（1910）韩宝忠出任山西沁县知县时，写给同乡余棨的：

力挽狂澜未嫌迟，握瑾怀珠久蕴奇。
北海早钦高士范，西方争识美人姿。
驰驱我逐鱼龙戏，铢两君能燕雀持。
珍重良工医国手，莫教章句费神思。[①]

赠诗的起因是同僚吴闰辰升任解州知州，“一把手”余棨吟诗作贺，并向韩宝忠索和。此律的前段，韩宝忠以力挽狂澜、握瑾怀珠为喻，称余棨为高士、贤达。颈联抑己扬他，典型的官场应酬。关键是尾联，韩宝忠笔下的良工、国手，实为踌躇满志的自喻，“我劝天公重抖擞，不拘一格降人才”[②]的强

① 韩宝忠：《不如痴斋诗草》，邓稳整理，巴蜀书社，2020，第46页。
② 龚自珍：《龚定盦全集·定盦文集补·杂诗》，光绪二十八年刊本。

烈呼唤，才是蕴于诗中的潜台词。

邓峰博士根据韵脚分析，《余观察棨赠诗吴直牧闰辰用支韵索和》之后的《自遣》诗序："昨阅《晋阳公报》，得见某中丞《招隐》诗，因步原韵，率成二律，并呈翁观察"①，同样涵盖后面的《感时》一诗，我深以为许，并认为《自遣》中的"变政空谈与事违，敢云法术继韩非。从来才大遭时忌，每遇言高愧位卑"②，写的就是余棨的父亲余诚格。戊戌变法前，余诚格为记名御史，任内三个月，共上七十道奏章参劾时弊，一时名震京畿。变法失败后，余诚格作为康有为的座师而受牵连，由"御史中丞"贬为地方官。所以某中丞、翁观察，虽未明指，其实昭然。

韩宝忠离京到晋，见到《晋阳公报》上的《招隐》诗，触景生情一吐块垒："剑匣长鸣心未已，酒杯聊助性遄飞。加餐努力高堂望，多寄平安两字归"③，满满的青云之志，如剑在握蓄势在发。《自遣》而后的韩宝忠意犹未尽，再作《感时》一律："今叹才难与昔违，竞争奇想入非非。几经沧海风潮恶，一览全球天地卑。"④ 面对雄关漫道、世事艰难，"何事龙争耽虎视，未甘雌伏且雄飞"⑤ 的勃发，正是韩宝忠"学成文武艺，货与帝王家"的希冀和期待。不过"男儿无计安磐石，羞说荣名衣锦归"⑥ 中的一个"羞"字，却暴露了韩宝忠"忠厚传家久，诗书继世长"的文人底色，而正是这种仁政安民的良知，为韩宝忠"人经作客方知苦，我亦为官总是贫"⑦ 的官场生涯，埋下了伏笔。

民国八年（1919），韩宝忠由河北新乐知事调任唐山知事，适逢大名道尹姚联奎六十寿辰。姚联奎（1860—？），字星五，安庆桐城人，和姚鼐同宗，民国十年的《桐城麻溪姚氏宗谱》即由姚联奎主修。姚联奎和河南徐世章，是同年举人又为莫逆之交，而徐世章的兄长徐世昌时任民国大总统，他们的

---

① 韩宝忠:《不如痴斋诗草》，邓稳整理，巴蜀书社，2020，第 46 页。
② 同上书，第 47 页。
③ 同上书，第 46 页。
④ 同上书，第 47 页。
⑤ 同上书，第 47 页。
⑥ 同上书，第 47 页。
⑦ 同上书，第 57 页。

母亲出自桐城世家，故而“文治总统”徐世昌和文都桐城血脉相联。姚联奎能征善战，以治水见长，加上徐氏昆仲的深厚背景，自然在河北、河南官场上长袖善舞。

当上司兼同乡姚联奎以《六十自述诗四律》索和，时任唐山县知事的韩宝忠欣然依韵，一一为步：

其一：共沐春风风众人，自惭才拙困无津。
欲瞻龙马精神未，且颂鸳鸯福禄申。
岭上梅花期上寿，庭前明月证前身。
名亭进酒思乡饮，僚从称觞宴古春。
其二：曾绾兵符剑倚天，六军齐发扫狼烟。
堤平瓠子都称佛，酒饮麻姑且学仙。
察吏严明能殿最，安民心自有衡权。
巴音非敢阳春和，文字相酬亦是缘。
其三：延龄犹有傲霜枝，老圃容华不逐时。
佳句谁能三字易，闲情乃复一编持。
遥看南极辉光现，正荷中央特达知。
争说濮阳润九里，谋猷窥不到藩篱。
其四：催诗击钵老犹能，积厚流光百福膺。
莱彩承欢情本挚，桐枝挺秀喜何胜。
惜阴迹近思陶侃，忧国心长有杜陵。
一语堪为仁者寿，岁寒松柏比青曾。[①]

从京师衙门到偏远基层，滚爬摸打了十年的韩宝忠初心未改，依然关心民瘼、兴利除弊、振兴教育、整顿员警，深受黎民百姓的爱戴，“共沐春风风众人”，就是韩宝忠此时心境的写照。“曾绾兵符剑倚天，六军齐发扫狼烟”“察吏严明能殿最，安民心自有衡权”，明面上是献给姚联奎的，实为韩

① 韩宝忠:《不如痴斋诗草》，邓稳整理，巴蜀书社，2020，第 117 页。

宝忠蕴育于胸的抱负和追求。“延龄犹有傲霜枝，老圃容华不逐时”“催诗击钵老犹能，积厚流光百福膺”，是以晋、唐的陶侃、杜陵比拟当代的姚联奎，再以梅花、明月，莱彩、桐枝，松柏、青曾相簇相拥，“一语堪为仁者寿”的姚联奎，在韩宝忠词藻华丽、用典周备的诗句里，栩栩如生、飘然于前。

2016 年夏，姚联奎的一批旧藏从天津散落，我有幸结缘数件，其中有姚联奎叔辈姚元之的对联，有周馥、方寿衡、光开霁写给姚联奎的对联。还有一幅马其昶献给姚联奎的寿屏，大红鱼子笺楷书写就，镶骨轴头、原装老裱很是考究。马其昶以文学负名，著作十七种计三百余卷，有桐城派“殿军”之誉。马其昶是姚莹之子姚濬昌的女婿，虽长姚联奎五岁，身份却矮了一辈，所以寿屏上马其昶以姻世侄自称。雅洁纯懿的寿文、灵动俊逸的书法暂且不表，倒是马其昶的《星五姻丈先生六十双寿诗》，和韩宝忠的《姚星五观察六十自述诗四律》同期同景，百年后再聚皖江、并置我案，算得上收藏界的一件趣谈佳缘了。

当姚联奎的寿宴“嵩呼再再蟠桃献，乡饮双双邛竹持”[①]之时，隆平县知事蔡功甫却抱恙缺席，韩宝忠遂成人之美代贺四律：

其一：公才公望更诗人，山斗曾经接析津。
周甲小阳占月亥，逢辰多福自天申。
轻施玉烛调元手，共慕金刚不坏身。
酒进南山无别祝，大椿连理八千春。
其二：记得酬庸觐九天，衣冠曾惹御炉烟。
祥开熊轼参诸县，曲咏霓裳集众仙。
列阵森严威秉纛，平河疏浚妙通权。
躬逢盛会无佳句，聊结飞鸿印雪缘。
其三：彩戏南陔桂一枝，含饴四玉捧觞时。
嵩呼再再蟠桃献，乡饮双双邛竹持。
先放梅花春信喜，后凋松柏岁寒知。

① 韩宝忠:《不如痴斋诗草》，邓稳整理，巴蜀书社，2020，第 119 页。

傲霜菊好须珍重，淡影高标麂眼篱。
其四：理繁治剧我何能，六载穷乡自拊膺。
四境丰和心亦慰，三冬防守任谁胜。
关河几度思安武，风雨连朝感茂陵。
亮节高标空结想，百年矩矱重高曾。①

代人而步的律句，出自韩宝忠之手，却未出韩宝忠的胸臆。什么逢辰多福、共慕金刚，什么祥开熊轼、曲咏霓裳，什么几度思安武、连朝感茂陵，多为官场语言，或有谀辞之奉，不免“躬逢盛会无佳句，聊结飞鸿印雪缘”。而“四境丰和心亦慰，三冬防守任谁胜”，倒是为理繁治剧的同僚蔡功甫说了公道话。“平河疏浚妙通权”写的是姚联奎的政绩亮点，姚联奎治黄有功，这一年由大名道尹兼任直隶黄河河务局局长。然而，同样防汛治水、政绩颇著的韩宝忠，虽有乡绅“永垂不朽”功德碑加持，却未以升迁，平调隆平县接替了抱恙在身的蔡功甫。这次人事变动，韩宝忠可能始料未及。

1922 年，北洋政坛波诡云谲，已近天命之年的韩宝忠，坚辞刚刚转任的束鹿县知事一职。无官一身轻的韩宝忠，闲暇中拣出一页诗笺，正是同乡徐茗樵寄来的《重过安园》一律。徐茗樵（1870—1922），名旭，望江人，辛卯科（1891）举人。徐茗樵在清时曾分发广东道尹，民国后一直蹉跎于怀宁、台山、蒙自等县，十余年的官场生涯和韩宝忠的际遇相仿。著有《青湖诗钞》，可惜散佚不存。

安园是清代安徽抚署里的一处花园，许世英（字隽人）任安徽省长时，在安园建置后乐轩。韩宝忠对安徽省垣的人和事并不陌生，在“和徐茗樵《重过安园》律句”诗题之后留注：步许隽人省长《后乐轩》韵，诗曰：

退食余闲事觞咏，名园留映后先辉。
竹遥新翠延秋月，花聚残红坐夕晖。
矫矫孤怀争解榻，翩翩一品羡披衣。

① 韩宝忠：《不如痴斋诗草》，邓稳整理，巴蜀书社，2020，第 119 页。

时衰自脱樊笼外，善养鸢鱼活泼机。[①]

在这首诗里，退食余闲、花聚残红、秋月乡愁、夕阳西下主导了韩宝忠的精神世界，远离了官场的尔虞我诈，倒不失“时衰自脱樊笼外，善养鸢鱼活泼机”。不过陈蕃披衣解榻，可以迎来徐穉、周璆，而韩宝忠为乡长徐茗樵而和的律句，徐茗樵怕是读不到了。这一年7月23日，徐茗樵病逝于安庆菱湖公园的半园别墅。

1924年，韩宝忠回到北京，正值余棨官运亨通当上了众议院议员，住进北京的望江试馆。意气风发的余棨作《甲子元旦京居》二律，赋闲在家的韩宝忠，则以元韵为和：

其一：同居击钵斗奇新，回首并州十四春。
麦陇翻香惊作客，蓬门深闭懒迎宾。
骋怀沧海捞明月，过眼繁华散逐尘。
天下滔滔君有责，狂澜欲挽待何人。
其二：华诞争逐醉笙歌，谁复菁菁盛赋莪。
世道静参如水镜，人情今更薄云罗。
春花秋月闲中领，华岳河汾梦里过。
话到《尘思》重剪烛，当年侪辈已无多。[②]

往事不堪回首，而韩宝忠偏偏忆起十四年前的山西岁月，偏偏忆起乡人唱和的《尘思》诗集。从《余观察棨赠诗吴直牧闰辰用支韵索和》，到《自遣》《感时》；从“麦陇翻香惊作客”，到“蓬门深闭懒迎宾”，沧海骋怀的韩宝忠，看尽了过眼繁华，看尽了“人情今更薄云罗”。不过，这位不如痴斋主人，并非“也拟哭途穷，死灰吹不起”的一味唱衰，而是以“天下滔滔君有责，狂澜欲挽待何人”，来勉励这位当选议员的同乡侪辈。

---

① 韩宝忠:《不如痴斋诗草》，邓稳整理，巴蜀书社，2020，第155页。

② 同上书，第157页。

我寻诗、读诗，却不谙平仄，尤不喜分门划派。管你是唐是宋，我能读懂或者我愿意读懂，就会由表及里。这几年我瞩目的，多是几将湮没的地方诗集。当我手握尘封百年的《不如痴斋诗草》，不禁联想起怀宁的潘慎生，游幕汾州而殁，呕心沥血的《徵息轩诗稿》散佚殆尽；不禁联想起桐城的王葆枝，戍守边关时写就《适其适斋诗钞》，而故里文献却未见鸿影。所以，《不如痴斋诗草》一朝在握，便不忍释手，或晨对或剪烛，既见瘦硬又见婉约、既见险绝又见冲淡、既见三唐又见新声。而我更乐见的，是韩宝忠和余棨的唱和、和姚联奎的唱和、和徐茗樵的唱和，我很享受这种历久弥新的皖江氤氲。捧读之间，我又读到了韩宝忠1925年以《暮春》为题，恭和桐城姚鼐的一首七绝：

东风杨柳持腰蛮，谢却棠红雨未残。
飞燕双双过墙去，留春不住住春寒。①

在《不如痴斋诗草》中，唱和诗占了相当的篇幅，其中韩宝忠和亲家顾华伯就遥相唱和了二十八首。韩宝忠唱和的，皆为同时代的亲朋同僚。而唯一恭步的先辈，便是“桐城派三祖”之一的姚鼐。姚鼐的诗熔铸唐宋、刚柔并济，曾国藩推为有清第一家，承学者一直见贤思齐、向风成会。而韩宝忠以《暮春》独步惜抱，一句“飞燕双双过墙去”意味深长，颇见“却疑春色在邻家”②的诗境。这一抹邻家的墙外春色，抑或是姚鼐的才情照耀，抑或是千年未有的大变局，等着韩宝忠见仁见智。

从韩宝忠年谱简编看，这一年的韩宝忠已加入了悟善社。整理者旁注：悟善社是民国初年出现的带有宗教色彩的秘密社团，又称“世界六圣宗教大同会”。该教欲将儒教、佛教、道教、天主教、基督教、伊斯兰教六大宗教融为一体。③民国初年，“新宗教”如雨后春笋，诸如理教、蓝卍字会道院、黄卍字会道院、红卍字会道院、道德社、同善社等，其中也包括悟善社

---

① 韩宝忠：《不如痴斋诗草》，邓稳整理，巴蜀书社，2020，第161页。

② 《全唐诗》，中华书局编辑部点校，中华书局，1999年，第7988页。

③ 韩宝忠：《不如痴斋诗草》，邓稳整理，巴蜀书社，2020，第265—266页。

及后来的救世新教。这些社团均以六教合一为旨义，逐步由秘密状态转以慈善面世，背后都有旧军阀、旧官僚的支撑，譬如救世新教的正副主席为吴佩孚、江朝宗。而韩宝忠的家乡安庆，是红卍字会道院的地盘，名誉统掌是出任过财政部长的周学熙和出任过安徽省长的吕调元、许世英，实际统掌人是陈独秀的亲家、出任过安徽省咨议局议长的窦如珏。四十年代，国外学者对这些"新宗教"或"新兴道门"即有涉猎，国内学者自八十年代开始跟进研究。而将这些组织纳入"会道门"的前身而予取缔，并非学术界能为。

韩宝忠自1925年加入悟善社，到1928年加入救世新教，无意相涉政治，而喜与释道名流交往，甚至与欢场诗妓亦有吟咏，或参加梁园诗社，或参加稊园诗社，或参加净业诗社，吟诗诵经成为韩宝忠生活中不可或缺的部分，《不如痴斋诗草》第二册、第三册，便在这种态势下应运而生。

《不如痴斋诗草》第三册的首篇，便是韩宝忠与余粢的双鲤互动。1931年，余粢倦游回乡，住进了安庆天台里。这里原是明隆庆五年（1571）进士、浙江右布政使刘尚志（怀宁人）的宅第，明崇祯元年（1628），刘尚志的儿子刘若宰高中状元，天台里名声大噪；到了清代，天台里易为清康熙三十九年（1700）进士、左都御史杨汝毂（怀宁人）的产业；清同治三年（1864），嘉庆元年（1796）状元赵文楷（太湖人）之子、清道光二十一年（1841）进士赵畇购得此宅，佛教领袖赵朴初1907年出生于此；到了民国初年，这座人文渊薮的天台里，为余粢的父亲余诚格购得。1925年春，天台里牡丹盛开，余粢作七律《天台花讯图》，一时和者甚众，仅安庆懒悟艺术馆收藏的，就有怀宁解元潘寿培、宿松县志主纂张灿奎、太湖籍无为县县长李启光、望江进士袁祖光步韵的诗笺原稿。

这一年，"牡丹重放是归期"①的余粢，一边"杜门无个事，乐趣叙天伦"②，一边"网罗俊彦原无我""交情细考箧中诗"③；一边"灯盏谐声吾技老，

① 韩宝忠：《不如痴斋诗草》，邓稳整理，巴蜀书社，2020，第194页。

② 同上书，第195页。

③ 同上书，第194页。

只应诗句且推雄”[①]，一边招饮来自望江的同乡旧友。正在北京的韩宝忠，刚刚“昨向故宫参博物”[②]，这就收到了余棨在安庆天台里寄来的兴会之作，韩宝忠当即步韵一律：

迢迢双鲤未嫌迟，恰是东风解冻时。
四大众生原自寂，三年期月枉相期。
青云路隔知无我，白云音稀和者谁。
廿载《尘思》春梦觉，重提旧语入新诗。[③]

一曲落磬，“唱和频年臭味同，乱危何必问穷通”[④]的乡情、诗情，激发着韩宝忠一发而不可收，再步“麟春真伦”韵五律一首，又以《春思》为题，步“斯文同扶”韵七律四首，一时间“诗隔远超凡响外，交情真在不言中”[⑤]。收官的《春思》文韵一律，双目几近失明的韩宝忠“人因老至禅宗契”[⑥]，虽未脱思往事仰天云之累，驱俗息虑的禅机渐显端倪。

从韩宝忠与余棨的首次唱和，到1933年余棨的五十三岁生日，二十三年的光阴如白驹过隙。当移居上海的韩宝忠，收到余棨从北京寄来的七律五首，想起余棨的屡屡邀约，唯有奉答为报：

其一：一局残棋未可知，效颦终不合时宜。
南来霜鲤增离绪，北客秋鸿恨爽期。
白眼仍余嗣宗傲，苍颜但忆长公诗。
云山北向同游地，怅触并州旧日思。

---

① 韩宝忠：《不如痴斋诗草》，邓稳整理，巴蜀书社，2020，第196页。
② 同上书，第196页。
③ 同上书，第194页。
④ 同上书，第196页。
⑤ 同上书，第196页。
⑥ 同上书，第195页。

其二：银海今朝复了然，行吟礼忏尚年年。
故园偶赏天台月，画舫常冲欹浦烟。
欲出三千全世界，且参十二妙因缘。
逍遥物外焚香坐，默诵南华秋水篇。

其三：市隐繁华赋考盘，潜修无碍布衣宽。
诸天本许回心向，浊世何劳刮目看。
愿灭六根参佛果，未因五斗负鱼竿。
相期剪烛谈玄妙，何日春明暂解鞍。

其四：晨昏稽首拜观音，坐理松风一曲琴。
时雨为霖空有意，闲云出岫已无心。
奇才磊落真如锦，短发鬅鬙不耐簪。
斗韵催诗频击钵，雄奇气格亚高岑。

其五：我闻如是更何云，见性修为厥在勤。
净土降心非一佛，骚坛下笔扫千军。
关怀秋叶巴山雨，怅望江天日暮云。
解愠阜财留善政，蒲东犹忆谱南薰。[①]

余粲在清代为官，一直在道台一职徘徊。逊清后当选议员，渐渐热衷于宪政。虽然每每城头变幻大王旗，虽然“俗态货材纷入市”[②]，余粲还是期待着“再世今朝又睟盘，桑蓬四海放怀宽”[③]。一句“老猷攻守俨如军”[④]，可见沉浮宦海的余粲，尚不甘心退出政治舞台。而韩宝忠则旷观时局，“一局残棋未可知，效颦终不合时宜”，是对曾经上司的当头棒喝，行吟礼忏、故园偶赏、欲出世界、且参因缘，在韩宝忠的诗中叠加频出，更是语重心长。在年谱的编制者看来，韩宝忠“逍遥物外焚香坐，默诵南华秋水篇。市隐繁华赋考盘，

① 韩宝忠：《不如痴斋诗草》，邓稳整理，巴蜀书社，2020年，第203—204页。
② 同上书，第206页。
③ 同上书，第205页。
④ 同上书，第206页。

潜修无碍布衣宽”的唱和，已多见禅意。不过，“苍颜但忆长公诗，怅触并州旧日思”的韩宝忠，终是禁不住“斗韵催诗频击钵”，终是忘不了“见性修为厥在勤”，终是放不下“骚坛下笔扫千军”，始终置身于旧官僚、旧文人的圈子，虽有禅意相伴，却一直行走在心明累尽的渐悟路上。

韩宝忠在《不如痴斋诗草》中，曾笺注：清宣统三年，同宦山西，余节高以思韵七律索同人和，陆续成集，付梓名曰《尘思》。[①]怎奈世事难料，尘封百年的《不如痴斋诗草》今尚得见，而付之剞劂的《尘思》却隐入了尘烟。幸有韩宝忠的《不如痴斋诗草》，附录了余棨的十一首诗作，这也成了余棨的仅存“硕果”，韩宝忠的“千军笔阵凭君扫，独占骚坛此日雄”[②]虽为过誉，而余棨的十一首诗入围《雷音续集》，编纂者当无歧义。

韩宝忠在《不如痴斋诗草》中，又笺注：天台里，宅右有王父手植梧桐及藤架，左有井古圈，篆云“并受其福”。宅内船厅有先中丞手植芍药，在走廊内手植牡丹。于登仙箓前一年，与李景文（太湖人）、袁瞿兄（即前文提及的望江袁祖光）拍照于牡丹下，今独牡丹已毁矣。[③]这段文字录于余棨的原注。清道光二十一年（1841），赵昀在《遂园诗抄》中，就遂园的亭台花草，一口气吟了数十首，梧桐、藤架、牡丹、芍药，均入诗篇，唯古井阙如。今年端午节，我抱着《不如痴斋诗草》，特地赶到天台里，和管理处金忠扬主任一起寻旧探幽，发现宅左的古井尚在，只是井圈换成了新的，“并受其福”四个篆文为新刻的“遂园”二字替之。假以时日，还原天台里古井的本来面目，我们举杯称觞既醉而出，一定莫忘了韩宝忠老先生。

研读《不如痴斋诗草》，不能不提及韩宝忠的三子韩镜清，他不仅是《不如痴斋诗草》的保存者，更是一位佛学家、藏书家。韩镜清 1932 年考入北京大学哲学系，求学期间就在《海潮音》《西北论衡》上发文向佛，后以慧清为号，张中行等人一直以居士称之。韩镜清孜孜无求，编成 240 万字的《成唯识论疏翼》、汉译大藏经等重要典籍六十余种。所藏 1116 种 4312 册珍贵图书

① 韩宝忠:《不如痴斋诗草》，邓稳整理，巴蜀书社，2020 年，第 194 页。

② 同上书，第 196 页。

③ 同上书，第 197 页。

文献，全部捐给了中央民族大学图书馆。这位不惹尘埃、不宠无惊的韩镜清，才是一位真正的顿悟者。

在国立北京大学1948年12月出版的《国立北京大学历届同学录》上，韩镜清的籍贯填为河北大兴，通讯地址为前外打磨厂5号，韩宝忠年谱简编及韩念群的《忆谈集》，有东打磨厂5号、前门外打磨厂之目。2022年5月，我作《陈独秀在北京住所补遗》一文，深度阅读过北京肖复兴、侯磊两位先生关于打磨厂往事的视频及文字，并根据民国六年的《安徽旅京同乡录》、民国八年的《旅京安徽同乡录》，就陈独秀在打磨厂同泰店的住所进行过考证，并得到学界的认同。遂旧书重读，发现民国八年（1919）版本中，刊录了102位望江籍人士，其中：韩宝忠字剑芝，籍贯望江，现任唐山县知事，住址为前门外打磨厂中间路北①。随后是韩宝忠的长子：韩颐寿字百期，籍贯望江，时为天津电报局学习生②，住址同前。再后是望江的韩嵩寿、韩金寿、韩钟寿、韩彭寿，他们为曾伯仲季的兄弟，是否和韩颐寿同宗同辈，我未作考。倒是和韩宝忠有过唱和的望江同乡徐茗樵，1917年在北京的同升栈住过。而安徽旅京同乡会会长江朝宗，后来是韩宝忠参加悟善社（救世新教）的副主席。

"维桑与梓，必恭敬止"③，是檀玑为《安徽旅京同乡录》作序的宗旨，而檀玑正是韩宝忠的前辈同乡。檀玑，字汝衡，号斗生，望江新坝人，同治十三年（1874）进士，曾任福建学政、翰林院侍讲学士，时任清史馆名誉纂修，民间有"天下翰林皆后辈、朝中宰相半门生"之誉，以檀萃、檀崖、檀球、檀玑为代表的檀家，和望江的倪家、余家可以并驾。可能是檀玑"或憬然曰某某者吾畴曩之朋侪也、或又曰某某者吾先人之契交或与有瓜葛者、其介而孑者提携之、其耄而乏者存问之，睦姻任恤，风谊所关"④的感召相携，才有102位包括韩宝忠、韩颐寿父子在内的望江籍人士，在《旅京安徽同乡录》中登记入册。

1928年，国民政府定都南京，改北京为北平特别市。江朝宗由安徽旅京

---

① 《旅京安徽同乡录》，民国八年，第34页。
② 同上书，第34页。
③ 《安徽旅京同乡录·序》，民国六年，第1页。
④ 同上书，第1—2页。

同乡会会长易任安徽旅平同乡会会长。这一年，以“爱乡合群”为义的《旅平安徽同乡录》中，有北平市首任市长、安庆桐城人何其巩。在望江一邑中，刊有：韩宝忠字剑芝，籍贯望江，前任直隶新乐县知事，住址为打磨厂中间路北。[①] 随后是韩宝忠的次子：韩渔字笠夫，籍贯望江，京绥路局职员[②]，住址同前。

---

① 《旅平安徽同乡录》，民国十七年，第 16 页。

② 同上书，第 16 页。

跋

韩宝忠，作为历史上非重要皖江人物代表之一，因其处于中国“三千年未有之大变局”的特殊时期，其本身的文学、仕宦经历，以及直接或间接参与的历史、文化事件，在中国近现代史上具有典型的代表性。因之，2019 年在发现韩宝忠《不如痴斋诗草》等手稿后，四川长江职业学院便着手开始研究。

在诗草整理本出版后，2021 年 5 月，四川长江职业学院邀请省内外高校研究者开展了《不如痴斋诗草》学术研讨会，重点研讨诗草的思想内容、文学特色和宦迹郊游等情况。这次讨论，奠定了诗草阅读及研究的基本方向。

但是，我一直有一个疑惑，在韩宝忠的履历记载中，在正式的对外宣示中，在为别人撰写的碑帖落款中，他都表示、注明、诉说自己是安徽望江人。而根据现有资料，我们并没有发现他出生在望江，甚至也没有发现他到过安徽，更别说望江，为什么他一直称自己是安徽望江人？这一直困惑着我。

在基础资料整理逐渐丰富后，我们试着和相关科研院校、文史单位沟通，探索更广更深的研究之路。幸运的是，今年 3 月得到安庆师范大学的友好回应，皖江历史文化研究中心更是以浓烈的家乡本土文化研究情怀，对于皖江人物韩宝忠研究表现出极大热情和支持。

今年 5 月，我第一次踏上了安徽安庆这块土地。安徽，有着天然美景，物产丰富，英才辈出，安庆人、望江人更是热情好客、直爽实在。在安庆师范大学刘友忠副校长和皖江历史文化研究中心叶当前教授的陪同下，我参观了《不如痴斋诗草》中提到的故园天台里。时值孟夏，错失天台月，却遇天台雨。在赵朴初故居中偶然获知赵朴初与韩宝忠三子韩镜清曾有书法上的往来，这不禁让我对寻找到韩宝忠和皖江文化的关联点也有了更多的期待。

5月安徽之行后，我不由得认同安徽，我愿意做一个自豪的安徽望江人，就像我的祖父韩宝忠一样。望江县处于长江北岸，一代代先民沿江讨生活，早就遍布五湖四海，浩瀚的江水与莽莽的长江中下游平原锤炼出望江人勤劳勇敢、诚信经商、廉洁为官、自强不息的集体品格。汽车沿江水奔驰在同马大堤上，小舟循荷花荡漾在烟波迷漫的武昌湖中，置身历代江防要塞，凭吊古今英豪，历史的厚重感与当代的时代性交融在一起，亲密的血缘奔涌出藏在内心深处的无意识，激情澎湃已难以表达彼时彼情。此时若唱采菱曲，何人不起故园情！

祖籍安徽望江的韩宝忠，祖上已迁居北京近200年，宦迹也是围绕河北、山西展开，他和安庆、望江到底有怎样的互动呢？这些互动对于文学与地理学研究有怎样的意义？我的这些新问题刚好是“皖江文化与文学地理学”学术研讨会的关注范畴。在此机缘下，韩宝忠作为皖江人物，其相关研究成为2023年8月“皖江文化与文学地理学”学术研讨会内容之一。我受邀参会，再次踏上这片土地，荣幸之至。

会议安排紧凑，会场讨论热烈，来自河北、山西、山东、四川、安徽、江苏等地的专家学者、青年学子，列举文献，阐释新见，侃侃而谈。以一位诗人的交游拓展到一个时期的历史、政治、经济、文学，以一个家族的谱系反观千万家族的共性，以一批学者的研究印证一批亲历亲见亲闻者的口述史实，卓识远见，应接不暇。敬敷书院，是祖父诗文唱酬好友余节高曾经就读过的母校，以其饱经沧桑的历史，又一次见证本土诗人的研讨盛会。此时此地此况味，何人不起故园情！

研讨会上，安庆师范大学汪祚民教授和四川师范大学邓稳副研究员均考证韩宝忠和同乡的唱和，我从这两位专家的文章中进一步感受到了韩宝忠所体现出的“望江”文化情愫。其余学者严谨细致，考证了诗歌中所见的山西名物、河北隆尧韩宝忠德政碑、韩宝忠与近代诗社的互动等，以点线面结合的方式，点上细节开花，线上事件钩沉，面上聚焦社会，做到了韩宝忠文学生命和近代文化情态的互相融通，在里外互证和分合相参之下，深入剖析了文化与文学地理学关注的问题。

在此，我也对各位学者的精意覃思表示感谢！

韩　瑾

2023 年 10 月 11 日

